[개정]

유아를 위한

# 연극놀이

김 선 · 한정혜 · 제인현 · 이송은 지음
탁태옥 그림
정지연 음악

창지사

# 머리말

초판을 낸 지 11년만이다.

그동안 많은 분들이 이 책을 통해 연극놀이를 새롭게 알고 유아들에게 적용해 보았으며, 또 적지 않은 수의 분들이 직접 사다리연극놀이연구소까지 찾아와 교사 워크숍에 참여하고 아카데미에서 심화 공부를 하기도 하였다. 그분들의 관심과 열정에 감사한 마음이 드는 한편, 후속 책에 대한 압박감을 동시에 느낄 수밖에 없었다. 연구소에서 후속 책 준비를 시작한 지 꽤 오래되었음에도 불구하고 아직 원고를 완성하지 못하고 있는 상황에서 이 책의 개정판으로라도 우선 갈음하고자 한다.

사다리연극놀이연구소가 생긴 지 20년이 넘어간다.

이 책은 사다리연극놀이연구소에서 유아를 대상으로 개발하고 적용해 온 연극놀이 프로그램을 정리한 것이다. 사다리연극놀이연구소는 창단 초창기부터 죽 유아들과 연극놀이를 함께해 왔다. 처음 시작할 때는 교육 현장의 관계자나 부모님으로부터 공연에 대한 요구와 기대가 많았다. 화려한 무대와 의상을 갖추고 외운 대사를 말하며 연기하는 것이 곧 연극이라고 생각하시는 분들이었다. 실제 그런 공연을 보면 누구를 위한 공연인가 하는 생각이 들었다. 예쁜 내 아이를 사진 찍기 위한 공연, 즉 어른들의 만족을 위한 공연이 아닌가 하는 생각 말이다. 지금은 그런 보여 주기식 공연의 모습은 많이 사라진 듯하다. 최근 유아 문화예술교육의 가치가 새롭게 인식되고 확산되면서 '과정 중심, 참여자 중심'의 연극놀이도 유아교육 현장에서 많은 주목과 관심을 받고 있다. 정말 반가운 변화이다.

세월이 가도 변하지 않은 것이 있다.

사다리연극놀이연구소 초창기에 만났던 유아들이나 지금 만나는 유아들이나 모든 유아들은 연극놀이를 사랑한다는 사실이다. 성격이 활발한 아이도, 수줍음 많은 아이도, 조용한 아이도 연극놀이 하는 방법을 알고 있으며 자신의 방식대로 연극놀이를 즐길 줄 안다. 그들과 함께 연극놀이를 한다는 것은 교사에게 크나큰 행복이요 힐링의 시간이다.

이 책이 모쪼록 교사 혹은 부모가 유아와 연극놀이를 통해 행복하게 만날 수 있게 하는 친절한 안내서가 되었으면 좋겠다. 개정판이 나오기까지 지원을 아끼지 않은 사다리연극놀이연구소와 창지사에 진심으로 감사드린다.

2018년 10월

글쓴이 김 선

# 차 례

## 제 1 부 : 이론편 김 선

## 제 2 부 : 실제편 ● 한정혜 · 제인현 · 이송은

# PART 1
# 이론편

chapter 1

# 연극놀이란 무엇인가

연극놀이를 이론적으로 공부한 것이 아니라, 몸으로 직접 연극놀이를 체험하고 다른 이들에게 연극놀이를 가르치는 사람들에게 연극놀이가 무엇이냐고 물어보았다. '마음을 여는 것, 나를 알고 나를 표현하는 것, 즐겁게 연극을 배우는 것, 연극을 통해 세상과 삶에 대해 배우기, 사람을 만나 관계를 맺고 소통하기, 몸으로 느끼기, 조명이나 의상 · 소품 없이 상상력을 최대한 활용하여 연극을 만들기, 대본 없이 즉흥적으로 이야기를 짓고 연기하는 것' 등등 하나의 질문에 대해 수많은 답을 들을 수 있었다. 나 또한 질문을 하는 사람에 따라, 내가 처한 현실적 맥락에 따라서 그때그때 위의 답 중 한 가지를 선택해서 대답했었다. 연극놀이에 대해 이렇게 많은 정의를 내릴 수 있는 것은 연극놀이가 그만큼 수많은 측면을 담고 있기 때문일 것이다. 그래서 종종 혼란을 자아내기도 하고, 학자들 간에 논란도 일어나며, 일반인들의 올바른 이해를 끌어내기가 어려울 때도 많다. 하지만 그러한 연극놀이의 다층적인 측면은 수많은 목표를 위해, 수많은 활동의 장에서, 연령과 관심이 다른 수많은 사람들과 함께 연극놀이를 할 수 있었던 이유이기도 하다. 섣불리 연극놀이를 한 마디로 정의하기가 쉬운 일은 아니지만, 그래도 우리가 일반적으로 연극놀이라 부를 수 있는 어떠한 특성을 뽑아낼 수는 있다고 본다. 그러한 특성들을 중심으로 연극놀이에 대한 이야기를 시작해보고자 한다.

## 01 과정중심의 연극적 활동

연극놀이는 잘 만들어진 연극 공연을 앉아서 감상하는 것이 아니라, 연극적 활동에 직접 참여하는 것이다. 연극적 활동이란 연극예술이 포함하는 모든 과정을 의미한다. 인간의 경험과 사상이 담긴 이야기를 짓기, 이야기 속의 인물을 살아있는 사람의 몸과 언어를 통해 표현하기, 허구적 시공간을 현재 여기에 창조하기, 관객을 앞에 두고 무대에서 공연하기 등, 이는 다시 말하면 상상, 체험과 표현, 소통과 공유의 과정이기도 하다. 연극놀이에서 참여자들은 상상을 통해 실재하지 않은 세계를 창조해내며, 그러한 상상의 세계 속에 살면서 몸으로 체험하고 표현한다. 그리고 다른 이들에게 자신의 생각과 느낌을 소통하기 위한 방식을 탐구하고 공유한다.

그러나 연극놀이는 공연예술이 아니라는 점에서 우리가 일반적으로 '연극' 이라고 부르는 것과는 구별된다. 연극뿐 아니라 무용, 오페라, 음악 등의 공연예술은 관객을 대상으로 공연자가 직접 예술적 행위를 펼쳐 보인다. 즉 특정 시간에 특별한 장소에서 보여주는 사람이 있고 보고, 듣고 반응하는 사람이 있다. 이렇게 양자가 상호교류하면서 집단적인 경험을 공유하고 의미를 창출해낸다. 그래서 공연예술로서 연극을 논할 때 배우와 관객은 필수적인 요소가 된다. 관객은 연극을 완성시키고, 연극의 최종적인 의미를 결정짓는 존재인 것이다. 그래서 관객과 만나는 바로 그 순간을 위해 연극의 모든 과정이 이루어진다. 극작가, 배우, 연출, 무대 · 의상 · 조명 디자이너 등의 전문 연극 예술가들이 협력하여 통일된 무대 공연을 완성해 나가면서 효과적인 관객과의 소통을 위해서 여러 가지 연극미학적인 관습들을 지금까지 창조해왔다.

이와 달리 연극놀이는 관객과의 만남을 최종 목적으로 하지 않는다. 실재하지 않은 것을 상상하고 몸과 목소리로 자신의 생각과 느낌을 표현하고, 다른 인물이 되어서 이야기를 몸으로 체험하거나 직접 꾸며낸 이야기를 시각적으로 형상화하여 다른 사람들과 소통하는 과정 자체에서 즐거움을 얻고, 자신을 표현하며, 사상 · 개념 · 감정을 탐구한다. 따라서 연극놀이에서 참여자는 전문적인 연극적 기술이나 지식을 필요로 하지 않으며, 인간만이 독특하게 가지고 있는, '만약 …라면' 이라고 상상하는 능력을 활용하여 연기자, 극작가, 연출자, 의상이나 무대, 조명, 음향 디자이너의 작업을 통합적으로 경험한다. 이와 동시에 또 한 가지 매우 중요한 역할을 수행하는데, 그것은 바로 관객의 역할이다. 여기에서 관객은 돈을 내고 극장에 와서 관람하는 완전히 타자인 집단과는 구별되는 것으로서, 두 가지 층위의 의미를 지닌다. 첫 번째는 한 집단 내에서 이루어지는 상호작용적 의미의 관객이다. 즉 일방적인 자기표현에 머무는 것이 아니라, 이제껏 함께 연극적 체험을 하고 연극을 만들어왔던 참여자들이 서로의 관객이 되어 반응하고 소통하고 의미를 공유하는 것이다. 두 번째는 참여자 개개인에게 있어서 내적으로 작용하는 것으로서, 자신이 체험하고 행위한 것에 대해 거리를 두고 바라보면서 반성적으로 사고하는 의미의 관객이다. 연극놀이에서 참여자는 '남이 나를 어떻게 볼까? 우스꽝스럽게 생각하지나 않을지?' 와 같은 비판과 평가의 시선을 의식하지 않는다. 스스로 표현의 욕구를 억압하거나 검열하지 않고 온몸으로 경험의 세계에 뛰어든다. 하지만 그렇다고 자신의 정체성과 자아통제력을 완전히 잃은 채, 허구의 이야기와 인물을 현실과 혼동하는 것은 아니다. 감정적인 동일시를 통해 진실된 경험을 하는 동시에 거리를 두고 객관적으로 체험의 과정과 의미를 반영함으로써 참여자들은 자신의 가능성을 발견하고, 인간과 세계에 대한 이해를 넓혀나간다.

연극놀이에서 참여자들은 연극을 만드는 제작자일 뿐 아니라, 그것을 몸으로 느끼고 표현하는 배우인 동시에 관객이 되는 통합적인 연극체험을 갖는다. 즉 상상의 세계를 지금 여기에 현존하도록 창조하고, 그렇게 창조된 허구의 세계 속에서 일상과 다른 다양한 체험을 몸으로 겪으면서, 또 한편으로 그러한 체험에 거리를 두고 바라보면서 의미를 되새겨본다는 점에서 연극놀이는 미학적 성격과 교육적 성격을 동전의 양면처럼 갖고 있다고 할 수 있다.

## 02 구조화된 놀이

연극놀이가 과정 중심의 연극적 활동이라면 어떻게 연극적 활동을 하는 것일까? 그것은 '연극놀이는 놀면서 연극하는 것' 이라는 한 아동의 정의에서 답을 찾을 수 있다. 그렇다. 연극놀이는 즐겁게 노는 것이다. 그러나 자유스러운 상태에서 자연스럽게 발생하는 놀이와 달리 연극놀이는 책임 있는 성인에 의해 계획되고 안내되는 놀이이다. 정해진 시간에 일정한 사람들이 모여서 시작과 끝이 명확한 활동을 하면서, 모두가 합의하는 규칙을 준수하며 혼자가 아닌 여럿이 함께 놀이하는 것이다. 연극놀이의 놀이자들은 보다 안정된 환경 하에 다른 이들과 더불어 관계를 맺으면서 탐색하고 표현하고 수용하면서 집단적인 연극체험을 공유한다.

우리가 놀이라고 부르는 활동이나 행동의 가장 큰 특성은 자발성에 있다. 즉 놀이는 스스로 일어난 충동과 욕구에 의해서 참여하는 '내적으로 동기화된 행동' 이며, 외적인 보상이나 현실적인 유익함을 추구하는 것이 아니라 활동 자체가 좋아서 하는 '자체목적적 행위' 인 것이다. 인간은 놀이할 때 현실감을 잊을 정도로 고도의 주의집중력을 발휘하면서 몰입상태에 이른다. 이러한 몰입상태에서 우리는 자신의 행동이나 느낌을 따로 인식하지 않으며, 행동 및 환경과 자아의식이 하나로 합류되는 경험을 하게 되는데, 이는 곧 이성과 직관, 몸이 통합적으로 작용하는 상태로서 기존의 조건화된 반응체계를 벗어난 새로운 상상력과 창의력이 흘러나오는 순간이다. 또한 놀이에서 우리는 현실적인 제약으로부터 벗어나 자신의 능력과 인간적인 힘을 맘껏 시험해봄으로써 더 강하게 자아와 환경을 인식하게 되며 한편으로는 내적 통제 신념을 발휘한다. 내적 통제 신념(internal locus of control)이란 사람들이 자신의 행동과 행동의 결과를 스스로 통제하고 있다고 지각하는 정도이다(이은해 외 편역, 1993). 놀이하는 아동들이 내적 통제 신념을 발휘하여 순간적으로 자신이 원하는 것을 자발적으로 포기하고 놀이의 규칙에 복종하는 것은 놀이에서 최대한의 즐거움을 얻기 위해서이다. 예를 들어서 숨바꼭질 놀이에서 술래를 하고 있는 아동은 눈을 뜨고 다른 아이들이 어디 숨는지 보고 싶지만, 그러한 욕구를 견디고 끝내 눈을 감고 있다가 모두 숨은 후 비로소 눈을 뜨고 찾으러 다닌다. 숨바꼭질의 규칙에 복종할 때 더한 스릴감과 긴장감을 느낄 수 있으며, 숨은 사람을 자기 힘으로 찾았을 때 진정한 성취감을 맛볼 수 있기 때문이다.

연극놀이는 이러한 놀이성을 본질적인 핵심으로 한다. 즉 좋은 교육적 의도를 가지고 있지만 참여자들의 자발성이 발휘될 기회를 제공하지 않는 연극적 활동은 연극놀이가 아니라고 할 수 있다. 또한 실제 수업에서 즉흥적으로 방출되는 참여자의 반응과 욕구를 무시하고 리더가 계획한 결과만 고집하는 것 역시 연극놀이의 핵심에서 벗어난 것이다. '구조화된 놀이' 라고 할 때 이것은 과정에 관한 것이지 결과에 관한 것은 아니기 때문이다. 다시 말해 놀이 활동의 결과를 미리 고정시켜 놓고 시작하는 것은 아니며, 항상 끝은 열려있는 것이다. 그래서 연극놀이의 교사는 참여자들의 자발성을 훼손시키지 않고, 놀이의 자체목적성을 유지하면서도 최대한의 교육적 결과를 얻도록 하는 것을 주된 과제로 삼는다. 이를 위해 참여한 개개인이 이미 보유한 기술과 지식, 이해에 걸맞는 도전거리를 제시하며, 목표를 분명히 제시하고 적절한 피드백을 제공하며, 주의산만을 최소화할 수 있도록 환경을 구성하고, 자아의식이 행동 및 환경과 합류하여 통합적으로 작용하도록 연극적 활동을 구조화한다.

놀이성이 살아있는 연극놀이에서 참여자들은 본질적으로 '자신이 근원인 것의 즐거움(pleasure of being the cause)' (이은해 외 편역, 1993, 재인용)을 느끼며, 즐거운 상태를 지속시키고자 하는 노력 때문에 좋든 싫든 더욱 깊이 참여하게 되어, 과감히 실험하고 도전하며, 의식과 몸이 조화 속에서 함께 움직이는 미학적인 체험을 하게 된다.

## 03 열린 구조의 학습과정

연극놀이의 궁극적인 목적은 참여자들의 전인적인 성장과 개발에 있다. 즉 즐겁게 놀이하는 데서 끝나는 것이 아니라 구조화된 일련의 연극적 활동을 통해 참여자들이 자신의 내적 자원을 개발하고 주변 사회와 세계에 대해 새로운 인식과 통찰을 얻도록 하는 것이다. 놀이를 통한 학습은 더 이상 낯선 개념이 아니다. 20세기 초반부터 놀이 자체가 학습과 밀접한 연관성을 지니고 있음을 입증하는 이론적이고 실증적인 연구가 활발해지면서, 특히 유아교육 부문에 있어 잘 계획된 놀이는 유아들이 즐거움과 도전감을 가지고 학습하는 핵심방법으로 여겨져 왔다. 모든 인간이 공통적으로 가지고 있는 상상력과 동일시, 체현과 반영의 능력을 이용하는 연극놀이는 비단 유아뿐 아니라 어린이와 청소년, 성인에 이르기까지 자발적인 학습의 과정으로서 적용할 수 있다.

공연으로 올려지는 연극의 내용과 관객에게 전하고자 하는 메시지가 다양한 것처럼, 연극놀이가 다룰 수 있는 학습의 내용과 목표 역시 무궁무진하다. 몸짓과 언어로 자기의 생각과 느낌을 표현하는 것뿐 아니라, 논리적으로 사고하기, 가정하고 추론하기, 말하기, 읽기,

분류하고 셈하기 등과 같은 학습의 기본적인 기술과 동시나 동화 등의 문학의 이해, 자연현상을 관찰하고 탐구하기, 문화와 예술에 대한 이해 등 연극놀이를 통해 자연스럽게 동기를 유발하고 재미있게 학습하도록 유도하는 것은 얼마든지 가능하다. 연극놀이에 참여하는 대상의 연령과 특성, 교육적 요구, 흥미 등을 고려하고 교육현장의 요구를 반영하여 교사가 교육목표를 설정하고 구체적인 학습내용을 연극놀이를 이용하여 조직화하고 구조화할 수 있다.

연극놀이를 통해 이루어지는 학습의 가장 큰 특징은 경험을 통한 학습이라는 점이다. 이는 반복이나 훈련, 기계적인 암기, 일방적인 지식 전달과는 대조적인 개념으로서 환경과의 총체적인 상호작용 과정 속에서 스스로 문제해결 방법을 모색하고 의미를 찾는다는 점에서 자기발견적인 학습이라고 할 수 있다. 연극놀이에서 제공하는 경험은 소방서 견학이나 요리, 목공 활동 같은 직접적인 것이 아니라 상상의 허구문맥(fictional context) 속에서 이루어진다. 그러나 가정된 상황임에도 불구하고 참여자들은 감정적으로, 신체적으로 직접적인 경험을 하게 된다. 예를 들어서 〈흉내쟁이 호랑이〉에서 교사는 흉내를 내는 호랑이 역할을 하고, 아이들은 흉내를 당하는 동물들 역할을 하게 되는데, 이때 아이들은 허구라는 사실을 알고 있으면서도 놀림을 당한다는 느낌을 생생하게 가지면서 그에 따라 신체적으로 반응을 하게 된다. 실제 아이들은 얼굴을 붉히며 짜증을 내기도 하고, 화를 내면서 발을 구르고 폭력적인 자세를 취하기도 하고, 도망을 감으로써 상황을 회피하기도 한다. 진실한 느낌을 갖고 행위를 하지만 이것은 어디까지나 연극이라는 사실을 알고 있기 때문에 놀림을 당하는 약자의 입장을 안전하게 탐구할 수 있다. 실제 상황이라면 행위에 대한 결과를 감수해야 하지만, 놀이 공간 속에서는 결과에 대한 위험부담 없이 맘껏 자신의 생각과 가치판단을 실험하고 시행착오를 해 볼 자유가 있기에, 드라마를 '초형벌지역(no penalty area)' 이라고 일컫기도 한다. 실제 삶에서 우리가 겪을 수 있는 경험의 폭은 무척 제한되어 있지만, 연극놀이는 현실적 제약을 뛰어넘어 무한한 경험의 장을 마련해준다. 그것은 가상의 상황이지만 정서적, 인지적, 신체적 참여를 가능하게 하여 진실된 체험을 제공하며, 결과를 책임지지 않아도 되는 안전지대인 것이다.

연극은 구체적인 문맥 안에 학습자를 위치시키기 때문에 '여기 그리고 지금' 즉시 판단하고 결정을 내리고 행위를 해야 하는 입장에 처하게 한다. 그래서 학습자는 연극 속에서 기존의 자기 지식을 적절하게 활용하는 방식을 연습하고, 동시에 '더 공부하고 알아야 할 필요성' 을 느끼게 된다. 이것은 곧 '자신이 알고 있었지만 알고 있음을 의식적으로는 모르고 있는 지식' 을 외현화시키는 과정인 동시에 '모르고 있던 지식의 내면화' 과정이라고 할 수 있다. 〈우리 동네 빵집 이야기〉 연극놀이에서 유아들은 허리가 아파 빵을 만들지 못하는 빵집 아줌마를 도와주는 과정에서 빵이 만들어지기까지의 과정에 대해 어렴풋이 알고 있었던 것을 구체적으로 이해하고 명료화하게 된다. 또한 베이킹파우더를 직접 보고 맛을 보고 그 기능에 대해 빵집 아줌마의 설명을 들으면서 모르고 있었던 지식을 습득하게 된다. 감정적으로 곤경에 처한 사람을 도와주고픈 동정심이 자연스럽게 행위(빵 만들기)로 연결되며, 연극적 행위는 배움을 촉진시킨다. 그리고 빵이 다 만들어진 후 빵집 아줌마가 고마움을 표시하고 빵을 나누어 줄 때, 유아들은 자긍심을 느끼게 된다. 연극놀이는 구체적인 상황에서 의미 있는 학습을 유도한다. 이러한 학습은 단지 사실과 정보에 머무르는 것이 아니라 개인의 주관적인 느낌과 가치판단이 동반된 것으로 지식의 내면화 과정을 촉진시킨다.

경험을 통한 학습과정인 연극놀이는 열린 구조를 띠게 되며, 상호작용적인 관계 속에서 이루어진다. 경험이란 본질적으로 개인적이고 주관적이며 내적인 것이다. 똑같은 현상이라 하더라도 그것을 직접적으로 겪는 사람들은 감각적으로, 정서적으로, 신체적으로 각기 다른 체험을 하며, 그에 따라서 최종적으로 구성해내는 의미 역시 사람마다 달라질 수 있다. 그러나 또 한편으로 경험을 통한 의미생성과정은 공동체 구성원들 간의 사회적 상호작용의 영향을 강력하게 받는다. 연극놀이의 교사는 자발적이고도 긍정적인 상호작용 속에서 의미 있는 학습이 일어날 수 있도록 명확한 교육적 목표를 설정하고 초점 있는 활동을 계획하지만, 경험의 질과 결과까지 미리 규정짓지 않는다. 설령 설정된 목표와 달리 엉뚱한 방향으로 수업이 진행된다고 하더라도, 교사는 순간순간 참여자들과의 협상과정을 통해서 연극놀이 수업의 형식을 재조정하고, 새로운 의미의 출현을 유도한다.

chapter 2

# 연극놀이 체험의 특질과 교사의 역할

연극놀이 체험의 특질과 형식에 대한 이해는 어린이들의 놀이에 대한 관찰과 연구로부터 얻을 수 있다. 놀이 중에서도 모방과 가작화(make believe), 가장(pretend)과 상징의 이용을 포함하는 극적놀이(dramatic play)는 연극예술의 원형적 모습을 보여주며, 인간의 극적 상상력과 자발적인 놀이성을 학습과 성장을 위하여 활용할 수 있는 가능성과 그 구체적인 방법을 알려준다. 극적놀이를 하는 데 필요한 능력은 학습되는 것이 아니라 타고난 성향이지만, 3~4세에 이르러서야 그 형태를 드러낸다. 생후 1년 동안은 감각과 신체적 움직임을 통해서 주변 세계를 탐색하고 가까운 사람들과 관계를 맺기 시작한다. 이 시기의 놀이 다수가 듣고, 보고, 냄새 맡고, 만지고, 맛보는 감각 활동으로 이루어지는데, 이러한 감각 체험은 아동과 환경과의 관계를 확증하며, 위안과 자극, 호불호의 측면에서 전범위의 선택을 야기시킨다(Jennings, 1999). 또한 어린 영아들에게 움직임 그 자체가 특별한 가치를 지닌다. 자의든 타의든 팔, 다리와 다른 신체 부분을 움직여봄으로써 어린 아이들은 자신의 신체가 움직일 수 있는 가능성의 범주를 자각하기 시작하고, 몸에 대한 자신감을 획득하면서 점차 신체적인 모험을 감행할 준비가 된다. 다음 단계에서 아동은 신체를 넘어서서 외부 세계와 보다 적극적인 관계를 맺는다. 다양한 외부 물질들에 대해 여전히 신체적으로 반응한다고 해도, 자신과 별개인 물체들과 장난감들에 초점이 두어진다. 처음에는 그러한 물체들을 조작하고 탐색하는 감각적인 놀이에 머물다가 의미와 상황들을 창조하기 위한 상징으로서 그러한 것들을 이용하게 된다. 즉 상상력이 발달하면서 현존하는 것을 초월하여 순수하게 감각적인 것에서 상징적인 가장의 세계로 이동하는 것이다. 이 시기의 놀이를 일컬어 '상징놀이(simbolic play)' 혹은 '투사 놀이(projective play)' 라고 한다. 아동은 장난감이나 인형, 주변 물체들을 실재하지 않은 것들로 변형시키고 인격화시켜서 놀이하며, 그림을 그리고 이야기를 듣고 말하기를 즐기며 물체들을 통해 짧은 극적인 장면들을 창조하기도 한다. 3~4세 무렵이면 투사놀이의 연장으로서 스스로 역할을 맡아 자신의 몸과 목소리를 이용하여 인물을 체현하는 역할놀이 단계로 이동한다. 자신이 마치 다른 사람이나 동물인 것처럼 행위하거나 말하는데, 이것은 어린 아동이 주변에서 보고 관찰한 것을 선택적으로 재현하는 모방적 행위와 머리 속으로 상상한 것을 신체를 통해 구체화하는 행위 모두를 포함한다. Ward(Koste, 1995, 재인용)는 이러한 극적놀이를 '알고 있는 것의 연습' 과 '미지의 것에 대한 탐구' 라고 설명한다.

극적놀이는 협의적으로 아동이 상상의 상황 속에 있다거나 자신이 다른 누군가라고 가장하여 행위하고 말하는 역할놀이 중심으로 정의된다(Brown & Pleydell, 1999). 이때 놀이 주제가 적어도 다른 한 명의 역할 놀이자와 협동해서 진행되고 놀이자들 간에 언어나 행동으로 상호작용이 일어나면 그 놀이는 사회극적 놀이라고 따로 분류하기도 한다. 반면 광의적으로 해석하여, 상상적인 변형의 심적 작용을 포함하는 놀이가 곧 극적놀이라고 하여(Koste, 1995) 역할놀이, 사회극적 놀이뿐 아니라 투사놀이 혹은 상징놀이까지 포함하여 극적놀이로 정의하기도 한다. 전자의 정의에 따르면 극적놀이는 3~4세에 시작되며, 후자의 경우 1세 후반부터 시작된다고 볼 수 있다. 다음에서는 세 가지 측면에서 극적놀이를 살펴보면서 연극놀이 체험의 기본 특질을 이해해보고자 한다.

## 01 상상을 통한 변형

극적놀이에서는 상상력이 발현되어 작용함으로써 주변의 실재하는 물체들과 환경을 다른 것들로 변형시킨다. 어린이들의 소꿉놀이나 전쟁놀이, 병원놀이 등을 살펴보면 우리는 무수한 예를 발견할 수 있다. 막대 하나가 총으로 사용되기도 하고, 올라타는 말이 되기도 하고, 주사로 변형되기도 한다. 또한 식탁을 집으로 이용하고, 의자 두 개를 붙였다 떼면서 문이 열리고 닫힘을 표현한다. 이러한 상징의 이용은 아동이 가진 사고구조에 근거한 것이라고 Piaget는 설명한다(이은해 외 편역, 1993). 발달적으로 볼 때 현실 세계를 실험적, 논리적 사고에 동화시키기 이전에 현실을 먼저 자아에 동화시키는 자기중심적인 사고 단계에서 상징놀이가 나타난다는 것이다. 막대를 이용하여 총을 쏘는 경우를 생각해보면 총은 표현화된 것이 되고, 막대는 표현물이 된다. 이때 '표현화된 것(signified)' 의 견지에서, 놀이는 아동으로 하여금 자신의 과거 경험을 다시 경험하게 하고, 현실보다는 자아에 만족을 주기 위해 생긴다. '표현물(signifier)' 의 입장에서 보면, 상징주의는 아동에게 주관적 느낌을 표현하는 데 없어서는 안 될 생생하고 역동적이며 개인적인 언어를 제공하는 것으로서, 집합적 언어로는 부적절한 것을 대신해준다. 즉 표현화된 것의 실제적 대치물인 상징적 사물은 언어적 부호로는 결코 이룰 수 없는 방법으로 표현된 것을 실제로 존재하게 한다는 것이다(이은해 외 편역, 1993).

한편 Vygotsky는 '상징' 대신 '추축(pivot)' 이라는 용어를 도입하여 이러한 놀이행동을 설명하였다. 언어와 사물 사이에 그리고 의미와 보는 것 사이에 밀접한 융합이 일어나서 의미적 장과 시각적 장(field)의 분리가 불가능한 유아가 사물로부터 사고를 분리시키기 이전에, 추축으로 사용할 어떤 물건을 필요로 한다는 것이다. 말(馬)을 상상하기 위하여 아동은 막대기에서 말을 추축으로 사용하여 행동을 규정할 필요가 있다고 보았다. 진짜 말에서부터 말의 의미를 분리하여 막대기(의미가 증발되지 않도록 하기 위해 필요한 물질적 추축)에 전이하고, 막대기를 마치 말인 양 여기고 행동하는 것은 의미를 갖고 조작하는 데 있어서 아주 중요한 전환적 단계이다(이은해 외 편역, 1993).

극적놀이에서 아이들이 숱하게 보여주는 물체의 상징적인 변형에 대해 Piaget와 Vygotsky는 각기 다른 관점에서 중요한 점을 지적해주고 있다. 상상을 통해서 물체를 변형하여 놀이하는 것은 유아기의 상징주의적인 사고방식에 근거한 것으로서 유아 자신에게 주관적 느낌을 생생하고 역동적으로 표현할 수 있는 수단을 제공해주며, 또한 물체로부터 의미를 분리해내어 조작하는 추상적 사고의 출발점이라는 점이다. 한편 블록을 과자인 양 접시에 담아 친구에게 주며 먹으라고 할 때, 아이들은 먹는 척할 뿐이지 진짜로 블록을 씹지는 않는다. 즉 블록을 블록으로서, 동시에 과자로서 인지하고 있는 것이다. 이와 같이 두 가지 표상(representation)을 가질 수 있는 사고 능력을 '이중사고(double thinking)' 라 부르는데, 이중사고는 읽고, 쓰고, 셈을 하기 위해 필요한 상징 만들기 과정에도 똑같이 적용되는 능력이다. 블록이 과자의 이미지를 만드는 것과 같은 방식으로 종이 위에 쓰여지는 자음과 모음의 조합이 특정한 이미지를 불러일으켜야 하는 것이다. 극적놀이는 아이들이 그것을 연습할 수 있는 한 가지 방식이라고 할 수 있다(Brown & Pleydell, 1999).

## 02 허구문맥과 의미의 창조

두 번째로 살펴볼 극적놀이의 특성은 허구문맥의 측면이다. 아이들은 극적놀이에서 몸짓과 언어를 사용하여 가장된 상황과 역할을 만든다. 유아들은 역할을 만들고 누가 어떤 역할을 맡을지 협상하며, 주제나 가상의 시나리오를 만들어낸다. '만약 …라면' 이라는 가상의 상황 속으로 들어가는데 그것은 곧 아이들이 스스로 창조해낸 허구문맥인 것이다. 허구문맥(fictional context)이란 우리가 함께 믿기로 동의한 가상의 상황으로서, 서로 상호작용하는 인물들과 허구 속에 나타나는 그들의 신체적, 사회적, 문화적 환경을 구체화하는 상황을 포함하는 것으로서 정의된다(O' Toole, 1992). 허구문맥은 현실문맥과 대비되어 사용되는데, 다음의 놀이를 예로 들어보자. 한 아이가 인형에 물을 뿌리면서 놀이를 하고 있다. 이 놀이의 현실문맥이 '아이가 인형에 물을 뿌리고 있다' 라면, 허구문맥은 '엄마가 아기를 목욕시키고 있다' 라고 할 수 있다. 현실문맥과 허구문맥은 모두 구체적인 세계라고 할 수 있으며, 하나가 다른 것을 대체하지 않는다. 즉 두 세계 모두 동시에 존재하며 상호 독립적이다. 이런 두 세계의 상호독립성은 극적놀이와 드라마의 특징이며, 다른 형태의 놀이로부터 극적놀이를 구분지어 주는 것이자 다른 예술 형식으로부터 드라마를 구분지어 주는 것이다. 두 가지 문맥이 상호 관계하는 이런 방식이 바로 드라마 체험의 질을 규정짓는다(Bolton, 1979).

허구문맥을 실현시키는 것은 구체적인 행위를 통해서인데, 이러한 가장된 행위는 주변 세계와 사람들의 모방에서 비롯된다. 모방은 주변 세계와 자신 내부에 대한 아동의 선택적인 관찰로 시작하여, 관찰한 데이터의 흡수, 그것의 재조합과 해석, 그것의 몇 가지 새로운 배열을 통한 재생 등을 융합시키는 복잡한 조작을 포함한다. 아동은 실제의 어떤 사람과 닮은 것처럼 보이도록 그 사람처럼 행동하고 말하려고 애쓰며 실생활과 유사한 상황을 만들어내고자 한다. 이처럼 아동은 성인 세계를 재현해 보려고 노력하지만 아동의 현실과 주변 환경 때문에 정확한 모방 가능성이 제한을 받게 되므로, 극적놀이에 다른 요소가 삽입된다. 이 요소가 바로 비현실성의 요소, 즉 가작화 또는 상상적 요소이다. 가작화는 모방을 위한 보조 역할을 하는 것으로 볼 수 있다. 그것은 시간과 공간 면에서 아동이 처한 현실의 한계를 극복할 수 있게 해주는 기술이며 실생활의 사건들을 보다 풍부하게 재현해주는 기술이다(이은해 외 편역, 1993).

허구문맥에서 이루어지는 구체적인 행위에 대해서도 Vygotsky는 '추축' 이라는 용어를 적용하였다. 땅 위에 발을 구르면서 자신이 말을 탄다고 상상하는 아동은 그것으로 인하여 행위와 의미의 관계를 역전시키는 것이라고 하면서, 극적놀이에서의 의미의 우세성을 지적한다. 실제 행위(말타기)로부터 그 행위의 의미를 떼어내려면 그 실제 행위를 대체할 특정의 행위 형태를 갖는 하나의 추축이 필요하다. 행위는 부차적 위치로 퇴각하면서 그 선회축이 된다. 의미는 다시 하나의 다른 행위를 수단으로 하여 행위로부터 떨어져 나온다. 추축이 되는 물체와 행위를 통해 아동은 의미를 창조하는 것이다. 이것은 현실문맥과 허구문맥이라는 두 가지 구체적인 문맥 사이에서 이루어지는 상호작용을 통해서 이루어진다. 이러한 의미는 주관적인 의미와 객관적인 의미로 나누어볼 수 있는데, 주관적인 의미란 체험에 적용되는 개인적, 개별적, 자기중심적, 정서적 의미를 말하며, 객관적 의미란 집단적, 사회적, 일반적, 과학적인 의미를 가리킨다. 여기에서 두 가지 예를 살펴보자. Vygotsky는 한 동료의 실험적인 작업에 대해 기술하였는데(이은해 외 편역, 1993), 그 동료는 자매가 되는 놀이, 즉 현실에서 놀이를 하는 두 자매의 경우를 기술하고 있다. 5세와 7세의 두 자매가 서로에게 '자매놀이를 하자' 고 하며 놀이를 하는 것이었다. 이 경우 실제문맥과 허구문맥은 완전히 일치하는 경우인데, 이는 곧 놀이의 방향성이 행위와 별개의 것임을 입증하는 것이라 할 수 있다. 그 소녀들은 자매이며, 놀이 매체를 이용하여 '자매인 것이 어떤 것인지 보기' 위해 자신을 이화시키고 있는 것이다. 그들은 '자매인 것' 의 일상에서 명백히 드러나지 않는 자매 관계의 '규칙들' 을 탐구하는 데 관심을 두고 있다. 그러므로 놀이는 단순히 '존재하는 것' 이 아니다. 놀이는 존재를 탐구하기 위해 존재의 형식을 이용한다. 그러므로 놀이는 본질적으로 추상화를 향한 방향성을 지닌다. Vygotsky(이은해 외 편역, 1993)는 결론짓는다. 발달이라는 견해에서 보면 상상의 상황을 창조한다는 사실은 추상적인 사고를 발달시키는 수단이라고 할 수 있다.

또 한 가지 Piaget가 제시한 예를 들어보자. 피아제는 어린 남동생의 출생에 질투심을 느끼고 있는 아동의 경우를 기술하였다. 이 아이는 크기가 서로 다른 두 개의 인형을 가지고 놀이하다가 작은 인형을 멀리 여행보내고 큰 인형은 엄마와 함께 집에 남아있게 한다. 그 아동이 남동생과 자신을 놀이에 적용시키고 있음을 인식하지 않은 상태라면 Piaget는 이런 경우를 2차 혹은 무의식적인 상징[1)]이라고 지적하였다(Bolton, 1979, 재인용). 여기에 연극용어를 적용시킨다면, '새로운 남동생에 대한 질투' 를 외적 행위의 테마 혹은 하위 텍스트라고 부를 수 있을 것이다. 연극 용어로 제목, 플롯, 무대가 그 연극의 중요 의미를 제공하는 테마 없이는 불완전한 것이듯이, 아동의 활동도 행동의 의미를 조정하는 내적 측면을 지닌다. '동생은 위협적이다' 라는 자신의 태도를 극적놀이의 행위를 통해서 발언하고 있는 것이다. '같음' 을 추상화하는 두 자매의 예에서처럼 Piaget의 예에서 아동은 두 인형 중 작은 것을 여행보낸다는 점에서 크기의 차이와 떠남을 추상화하고 있는 것 같다(Bolton, 1979).

극적놀이에서 아동이 보여주는 현실에 대한 모방적이고도 상상적인 재현행위의 동기에 대해 여러 가지 해석이 있어왔다. 가장 일반적으로는 새로운 지식과 경험의 흡수 수단으로서의 반복으로 여긴다. 이 외에도 억압된 정서의 표출로서 보는 견해도 있으며, 자기중심적 사고의 반영, 추상적 사고를 발달시키는 수단으로 보는 견해도 있다. 여기서 중요한 것은 아동은 두 가지 구체적인 현실문맥과 허구문맥의 상호작용을 통해서 의미를 창조한다는

1) 2차 상징과 대조적으로 1차 상징이란 아동이 의식적으로 선택한 상징을 가리킨다.

점이다. 흔히 연극놀이 하면 표현적 행위로서, 보여지는 것에만 주목하여 유아교육에서 표현영역의 활동으로서만 인식하는 경우가 많다. 그러나 연극놀이의 교사는 외적 행위를 통해 겉으로 드러나는 부분뿐 아니라, 의미 영역에도 주의를 기울인다. 그러므로 연극놀이는 학습과도 밀접한 연관성을 지닌다. 기존에 아동이 가지고 있는 세계관과 태도에 도전하면서, 다른 각도에서 바라보고, 그것을 각자 자신의 주관적인 정서와 지식에 통합하도록 주의를 기울인다.

## 03 역할연기와 즉흥

이번에는 극적놀이를 역할의 측면에서 살펴보자. 역할연기는 곧 자신을 변형시키는 행위이다. 물체를 상징적으로 이용하는 것에서 더 나아가 자신을 변형시켜서 마치 자신이 다른 인물인 것처럼 놀이하는 것이다. 베개를 아기로 변형시켜서 등에 업고 자장가를 부르는 엄마 역할을 수행한다거나, 종이 상자를 컴퓨터로 사용하여 손가락으로 딱딱 치면서 아빠의 말과 행동을 흉내내곤 한다. 이러한 유형의 놀이에서 아이들은 그들이 이미 알고 있는 것을 반복적으로 체현하고 있는 듯 보인다. 그러다가 상상력을 이용하여 현실 세계의 제약으로부터 자유로워지기 시작하면서 행동의 다른 조합을 시도하기도 한다. 아이들이 놀이에서 연기하는 역할 유형을 다음 세 가지로 나누어 볼 수 있다. 행위중심적인 체현이 그 첫 번째로서, 여기에서는 인간적인 특질이 문제되지 않는다. 예를 들면 차 운전하기, 시장보기, 음식먹기 등이다. 다음에 정형적인 인물의 체현으로 이동하는데 아이들은 사람들을 직업인으로서 파악하여 건축가, 경찰, 교사 등의 놀이를 한다. 반면 이후 허구적 인물을 체현할 때에는 인물들이 이름과 몇 가지 성격을 갖는다. 나쁜 늑대, 거인, 슈퍼맨, 그림책이나 텔레비전에 나오는 인물 등이 그 예이다(Hendy & Toon, 2001).

극적놀이에서 아동이 역할을 맡아 행위하고 말하는 것은 예술적 의미에서 우리가 흔히 '연기(acting)' 라고 하는 것과는 구분된다. 배우가 하나의 역할을 맡아 연기할 때, 그것은 관객으로 하여금 허구적인 인물을 살아있는 사람처럼 생생하게 느낄 수 있도록 하는 것이 주요 목적이다. 그래서 그 인물의 과거 역사를 연구하고 그에 따라 발생하는 인물의 성격과 습관, 말투, 다른 사람들과 관계 맺는 방식 등을 총체적으로 창조하여 배우가 자신의 신체와 정서, 지적인 능력을 총동원하여 인물의 내면적인 상태를 외적으로 드러나도록 한다. 이는 매우 복잡한 과정이며, 또한 장기적인 훈련이 바탕이 된 전문적인 기술을 요한다. 그러나 극적놀이에 있는 아동은 허구적 인물의 전체적인 인간성과 삶을 표현하는 것이 아니라, 자신으로서 하나의 역할을 수행하고 있는 것이다. 자신이 이미 이해하고 있거나 알고 있는 역할의 행동적 특성이나 속성을 띤 채, 현실이 아닌 허구적 상황 속에서 행위의 과정과 결과를 충분히 탐색하고 있는 것이다. 역할은 그러한 상황 속에서 살기 위한 준거로서 작용한다. 그래서 극적놀이의 경우, '역할' 이라는 용어 대신에 '가장 자아(pretend self)' 를, '연기' 대신 '체현(act out 혹은 enactment)' 혹은 '체험적 역할 연기(experiencial role playing)' 라는 용어를 사용하기도 한다.

연극놀이에서 주요한 방법으로 사용하는 '즉흥(improvisation)' 은 바로 '상상을 통한 변형', '허구문맥 속에서의 의미의 창조', '체현' 이라는 극적놀이의 본질적 특성을 포함하는 개념이다. '즉흥' 이란 예정된 대본 없이 즉석에서 역할을 수행하면서 가상의 상황을 '겪으며 사는 것(living-through)' 을 말한다. 즉 남에게 보여주기 위한 연습이 아니라 지금 여기에 상상의 세계를 창조하면서, 동시에 스스로 창조한 그 세계 안에서 현재적 체험을 하는 것이다. 따라서 극적놀이에서처럼 연극놀이의 참여자들은 소품이나 의상, 무대, 조명을 걱정할 필요가 없다. 우리의 몸과 상상력만 있으면 즉흥은 이루어진다. 상상력은 현재 존재하는 시공간과 주변의 물질적 조건을 변형시킴으로써 현실적, 물질적 제약을 벗어나는 세계를 창조하는 수단이라면, 우리의 몸은 그러한 세계를 감각적으로 구체적으로 체험하는 수단이 된다. 이러한 즉흥의 과정 속에서 우리는 잠재된 무의식적인 욕구를 방출하게 되고, 창의적인 가능성들을 열어 보이기 시작하며, 인간과 삶의 의미들을 탐색하게 된다. 연극놀이에서 즉흥은 공연과 대조적인 개념으로서 자기발견과 탐색의 의미를 갖고 있지만, 한편으로 즉흥은 배우의 창조적인 충동을 개방시킴으로써 배우의 상상력과 자발성을 무대 위에서 최대한 발휘하게 할 수 있다는 점에서 현대의 전문적인 연극집단에서도 많이 활용하는 연기 방법이 되었다.

## 04 연극놀이 교사의 역할

즉흥을 기본적인 방법론으로 하는 연극놀이는 자발적인 극적놀이와 교사주도적인 학습이 결합된 형태라고 할 수 있는데(Brown & Pleydell, 1999), 이때 교사는 단지 어린이들의 자발적인 극적놀이에 개입하는 성인 이상의 의미를 지닌다. 교사는 어떤 형태로 극적놀이를 미학적이고 연극적인 경험으로, 또한 아동들의 전인적인 발전을 위한 학습의 기회로 변환시키고 있는 것인지 알아보기로 하자. 극적놀이도 다른 놀이처럼 탐색과 통제라는 두 가지 측면을 가지고 있다. 그것을 Bolton(1979)은 '나에게 그것이 일어나고 있다 ; 내가 그것이 일어나게 하고 있다' 의 동시적 운영이라고 지적한다. 아동들은 능동적으로 극적 상황과 역할을 자신이 설정하며 규칙을 고안한다. 놀이에서의 규칙은 물리적 법칙처럼 복종해야 하는 규칙이 아니라 놀이하는 아이 자신에 의해 만들어진 것이다. 자기제한적이고 자기결정적인 규칙이라는 점에서 아이들은 극적놀이에서 외적인 목적의 성취보다 수단의 지배에서 더 큰 즐거움을 느낀다. 그런 의미에서 극적놀이는 과정중심적이며 자체목적적이라고 할 수 있다. 즉 외적 보상이나 실제적인 효과를 위해 놀이를 하는 것이 아니라 활동 자체 내에 목표를 포함하는 내적 동기에 의한 것이다(이은해 외 편역, 1993). 이러한 극적놀이의 자체목적성 때문에 어린이는 자신이 고안한 허구 세계에 수동적으로 복종하면서 '나에게 그것이 일어나고 있음' 을 느낀다. 이러한 복종은 완전히 자발적인 것으로서 규칙에 복종할 때 더한 즐거움과 해방감을 느끼게 된다. Vygotsky(이은해 외 편역, 1993)는 이에 대해 규칙에 대한 복종과 충동적 행동에 대한 자발적 포기는 놀이에서 최대쾌락에 이르는 길이므로 아동은 규칙을 따르고 자신이 원하는 것을 포기하게 된다고 지적하였다. 이때 교사는 '나에게 일어나고 있다' 의 측면, 즉 체험 자체에 참여자들과 똑같은 차원에서 참여하는 것은 아니다. 아이들은 일차적으로 그것이 즐거워서 놀이를 하는 반면, 교사는 교육적 관점 하에 분명한 의도를 가지고 참여자들의 긍정적인 발전에 대한 책임을 갖고 있기 때문이다. 따라서 교사는 '내가 그것이 일어나도록 하고 있다' 는 측면에서 작용하는 것이며 능동적인 양식을 확장시키는 것이다. 그렇지만 아이들의 능동성을 완전히 위임받거나 빼앗는 것은 아니다. '우리, 즉 교사와 참여자들이 함께 그것이 일어나게 하고 있다'가 될 수 있도록 이미 아이들 자신이 행해온 극적놀이의 구조적인 확장을 꾀하는 것이라고 할 수 있다(Bolton, 1979). 이는 곧 재미있는 활동에 참여하는 것의 효과와 학습목적의 요구 사이에서 균형을 잡는 것이며, 또한 교사에 의해 계획된 학습 의도와 학생들의 '놀이'를 연결시킨다는 것을 의미한다. 아동들은 교사의 잘 짜여진 구조 안에서 움직이고 놀이하면서 교사의 목표에 접근할 수 있는 동시에, 지금 발생되고 있는 드라마가 곧 자신의 것이라는 점을 인식하게 된다. 연극놀이에서 아이들의 극적놀이와 교사주도적 학습과정이 결합되는 형식을 도표로 나타내면 다음과 같다(Toye & Prendiville, 2000).

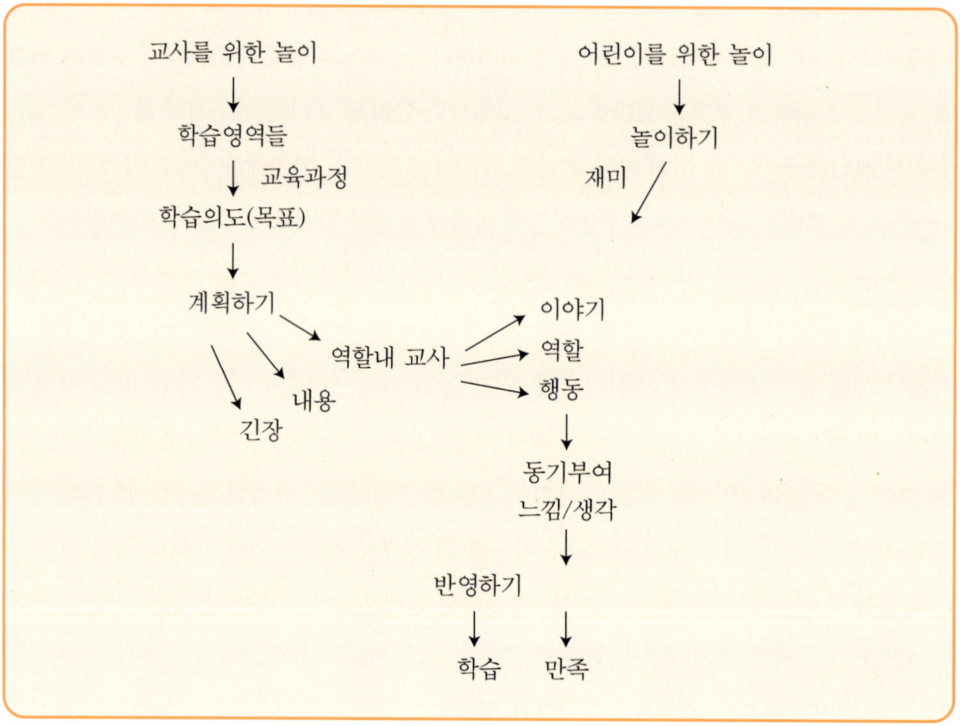


위 도표에 대해 부연설명을 하자면, 교사는 학습 영역을 선정하고 구체적인 학습목표를 설정한 다음, 연극놀이 수업을 계획할 것이다. 이때 연극놀이의 내용, 즉 허구적 문맥 설정과 함께 교사와 어린이들을 위한 역할이 설정되고, 여러 가지 연극놀이 관습들을 선택하여 극적인 긴장감을 초래할 수 있는 상황을 구조화한다. 이것은 이야기와 역할, 행동의 형태를 띤 수업방식으로 드러난다. 한편 어린이들은 놀이적 상황에서 출발하여 이야기를 즐기고 역할을 맡아서 행동을 한다. 허구문맥과 역할의 행위를 하면서 구체적인 동기를 부여받고 자신으로서의 느낌과 생각이 유발된다. 이것으로 연극놀이 수업이 끝난다면 아이들은 "재미있었어요."라고 말하면서 놀이에서 오는 만족감을 느끼는데 머물 것이다. 그러나 교사가 중재하는 반영(reflection)의 과정을 함께 하면서 허구적인 문맥 내에서 허구적 인물의 행위의 의미에 대해 생각해보고, 허구적 상황에서 유발된 생각과 느낌을 토대로 자기 삶과의 연관성을 찾게 되는 과정을 통해 학습이 이루어지게 된다.

chapter 3

# 유아교육과 연극놀이

## 01 예술교육으로서 연극놀이

유아들에게 미술, 음악, 무용 등의 예술 활동을 접하게 함으로써 삶을 풍부히 하고 자신의 상상력을 맘껏 펼치고 자신을 창의적으로 표현할 수 있도록 도와야 한다는 점에서 이의를 제기하는 사람은 없을 것이다. 그러나 아직 우리나라에서는 연극예술이 유아교육에 있어서 미술이나 무용, 음악만큼 일반화되지 않은 상태이다. 연극 역시 유아들에게 풍부한 자기표현의 기회를 주며, 미적 감각 능력과 미적 가치관을 함양시키며, 개인의 자원을 전인적으로 발달시키는 예술 활동으로서 무한한 가치를 지닌다. 특히 유아들의 자연발생적인 극적놀이 성향을 고려할 때 연극은 유아에게 접근이 용이한 예술매체이다. 예술교육으로서 연극을 가르친다고 할 때, 이 역시 공연 활동이 중심이 되는 것은 아니다. 그러면 유아에게 적합한 연극 활동의 목적과 그 내용은 무엇일까? 다음에서는 1987년 '미국 연극과 교육 연합(AATE : American Alliance for Theatre and Education)' 에서 발표한 '연극놀이/연극 교과과정(A Model Drama/Theatre Curriculum)' (AATE, 1987)을 참조하여 이를 살펴보고자 한다.

AATE(1987)는 연극놀이를 '발표를 위한 것이 아닌, 어떤 유형이든 비공식적인 극적인 체현' 으로서 교육적 가치 혹은 체험을 위한 것으로 규정하고, 연극은 좀 더 학문적이고 전문적인 예술 영역으로서 '관객을 앞에 두고 무대 위에서 배우들과 기술자들에 의해 이루어지는 극적인 해석(dramatic interpretation)' 에서 정점을 이룬다고 설명한다. 그러나 연극놀이와 연극을 대립되는 개념이 아니라, 연극교육의 연속체[2)]의 양 끝을 의미하는 상호연관된 개념으로 보고 있다. 연극놀이는 모든 연령의 교육에서, 또한 커리큘럼의 모든 과목에서 적합한 한편, 예술형식과 학문적인 과목으로서 연극예술에 대한 체계적 연구는 중등교육에서(중학교 3학년 이상) 시작되는 것이 바람직하다고 판단한다. 이에 중학교 3학년 이상의 연극교육에서는 일반과정과 심화과정으로 나누어 커리큘럼을 제시하고 있다. 유아와 초등학생들은 연극을 보러 가고 연극제작에서 공식적인 체험을 가지기도 하지만, 이 시기의 학생들에게 연극교육은 개인적 발전과 창의적 표현을 강조하는 즉흥적이고 비공개적인 연극놀이 활동에 중심을 두고 있다. AATE의 과정중심적인 연극놀이/연극 교과과정에서는 네 가지의 목표를 설정하였다. 첫째 개인의 내적 · 외적 자원을 개발하기, 둘째 예술적인 협력작업을 통해 연극을 창조하기, 셋째 연극을 사회적 정황과 연관짓기, 넷째 미학적 가치기준을 형성하는 것이다. 각 목표를 이루기 위해 필요한 태도, 이해, 기술의 정도를 학년별[3)]로 발달단계에 적합하게 기술하였다. 다음에서는 연극보다 연극놀이에 보다 중점을 둔 유아기의 교과과정을 좀 더 자세히 살펴보도록 하자.

## 가. 개인의 내적 · 외적 자원을 개발하기

비단 연극뿐 아니라 모든 형태의 유아기 예술교육에 있어서 개인의 내적 · 외적 자원을 개발하는 것은 가장 기본이 되는 교육목표이다. 조기 예능교육의 폐해는 대부분 이 점을 간과한 데서 비롯된다. 아이의 적성과 취향, 흥미를 무시한 채 기술 중심의 예능교육을 일방적으로 부과하는 것은 도리어 예술로부터 멀어지게 하는 결과를 낳을 수 있기 때문이다. 유아

2) 연극놀이/연극 연속체 개념은 다음과 같이 도표로 나타낼 수 있다(Davis and Behm, 1978).

| 자연적인 상태에서의 극적놀이 (Drama in its natural state) | 연극놀이 (Guided Drama) | 참여연극/연극놀이 (Participation Theatre/Drama) | 연극 (Theatre) |
|---|---|---|---|

3) AATE는 유아기, 1-3학년, 4-6학년, 7-8학년, 9-12학년으로 나누어서 교육 커리큘럼을 제시하고 있다.

기는 개인의 개성과 능력, 재능이 충분히 발현된 상태가 아니며, 많은 부분 잠재되어 있는 상태이다. 전인적인 관점에서 그들의 내적 · 외적 자원을 충분히 개발할 수 있는 기회를 놀이적인 분위기 속에서 제공하는 것이 올바른 접근일 것이다. 연극교육 역시 이러한 관점과 맥을 같이 한다. 따라서 유아교육의 일반적 목표 및 교육 과정과도 가장 많이 합치되는 지점이기도 하다. 연극교육에서 개인의 내적 · 외적 자원으로서 다루는 영역은 감각과 정서, 상상력, 움직임, 언어, 목소리, 규율(discipline), 자아개념(self-concept)이다. 유아기에 각 영역에서의 목표와 기대효과는 다음과 같다(AATE, 1987).

| 목적 : 개인의 내적 · 외적 자원을 개발하기 | | |
|---|---|---|
| 태도 · 기술 이해 | 목표 | 기대효과 |
| 감각과 정서 지각 | 감각과 정서적 체험을 주도하고 그것에 반응하기 | 1. 감각적 자극에 반응한다.<br>2. 감각적 체험을 탐색한다.<br>3. 감각들을 확인한다.<br>4. 극적놀이를 통해 과거의 감각적, 정서적 체험을 기억한다.<br>5. 극적놀이에서 느낌을 공유한다.<br>6. 자기 자신과 다른 사람의 감정 표현을 가치 있는 것으로 인식한다. |
| 상상 | 극적놀이와 이야기 말하기를 통해 이미지를 표현하기 | 1. 기억 속에 이미지들을 저장한다.<br>2. 극적놀이에서 다른 물체를 표상하기 위해 구체적인 물체들을 이용한다.<br>3. 극적놀이 동안 역할과 체험을 모방한다.<br>4. 다양한 친숙한 역할을 수행함으로써 공감을 발전시키기 시작한다.<br>5. 다른 사람이 주도하는 상상의 세계에 반응한다. |
| 움직임 | 창의적 표현을 위해 움직임을 이용하기 | 1. 긴장 이완, 몸의 조화와 유연성을 개발하기 위해 신체적인 몸풀기 활동을 실습한다.<br>2. 다양한 비이동 움직임을 모방한다.<br>3. 방향, 높이, 형태, 크기와 속도를 변화시키는 언어적인 신호와 소리 신호에 반응하여 공간을 자유롭게 움직인다.<br>4. 소리, 음악, 시, 이야기와 그림들이 연상시키는 다양한 이미지들에 반응하여 움직인다. |

| 태도 · 기술 이해 | 목표 | 기대효과 |
|---|---|---|
| 언어 | 개인적 탐색과 사회적 상호작용을 위해 언어를 이용하기 | 1. 집중하여 듣고 말한다.<br>2. 극적놀이에서 다른 사람의 목소리와 언어를 모방한다.<br>3. 무생물체와 환상의 캐릭터에게 소리와 말을 부여한다.<br>4. 독백과 대화를 이용한다.<br>5. 드라마 활동에서 다른 사람들과 협력하고 그들과 상호작용한다. |
| 목소리 | 자아표현의 수단으로서 목소리를 이용하기 | 1. 발화(vocalization)를 포함한 다양한 소리들에 대한 감각적 인식을 보여준다.<br>2. 자아표현의 수단으로서 소리들을 모방하고 소리 조합들을 모방한다.<br>3. 동물, 기계, 자연의 소리들을 구별하고, 그 소리를 모방한다.<br>4. 극적놀이에서 분위기, 느낌, 감정을 표현하기 위해서 말소리(language sound)를 이용하기 시작한다. |
| 규율 | 극적놀이에서 책임 있는 행동을 보여주기 | 1. 적절하게 주목을 끄는 행동을 보여준다.<br>2. 상호협력적으로 참여한다.<br>3. 타인의 소유물에 대해 존중감을 보여준다.<br>4. 타인의 공간에 대해 존중감을 보여준다.<br>5. 주목받고자 하는 타인의 요구에 대해 존중감을 보여준다. |
| 자아개념 | 극적놀이에서 자아인식과 자신감을 개발하기 | 1. 드라마 체험에 의욕적으로 참여한다.<br>2. 다른 사람의 말에 귀 기울이고 반응하면서 다른 사람들과 상호작용한다.<br>3. 극적놀이에서 다른 사람들의 아이디어에 귀를 기울이고, 그 아이디어를 사용한다.<br>4. 극적놀이에서 목적 성취에 대해 자부심을 보여준다.<br>5. 신체와 음성으로 표현할 수 있는 존재로서 자신을 발견한다. |

## 나. 예술적 협력작업을 통해 연극을 창조하기

연극은 혼자 하는 것이 아니라 여럿이 함께 참여할 때 가능하다. 유아들은 연극을 만들어 가는 과정에 참여하면서 다른 사람들과 함께 협력적으로 작업하는 기술을 획득하며, 이야기와 실제 삶 속에서 만나는 다양한 사람들의 문제들을 검토해볼 수 있다. 역할을 맡아 연기를 하고 연극을 만드는 과정은 상상, 변형, 즉흥적 반응에 바탕을 둔 연극놀이의 형태로 이루어진다. 대본을 보고 연극을 만들고, 의상과 소품 등을 갖추어 다른 사람들 앞에서 공연을 하는 과정은 유아에게 해당되지 않는다. AATE는 이러한 공연발표를 중학교 이상의 청소년에게 적용하고 있는데, 그것도 대본을 외워서 교사의 지시를 받으며 공연을 하는 것이 아니라, 즉흥적인 연극놀이를 바탕으로 스스로 창작을 하거나 희곡 분석의 과정을 겪으면서 주체적인 창조자로서 연극을 만들고, 기타 기술적인 요소들을 스스로 운영함으로써 공연을 만들어 나가도록 하고 있다. '예술적 협력작업을 통해 연극을 창조하기' 라는 목적 하에 다루어지는 영역은 대인관계 기술과 조화, 문제해결, 즉흥, 인물 구축, 연극 만들기/극작, 연출, 기술적 요소, 극장 경영이 있다. 이 중 연출과 극장 경영은 중등학교 이상에서 다루어진다. 유아기 각 영역에서의 목표와 기대 효과는 다음과 같다(AATE, 1987).

| 목적 : 예술적 협력작업을 통해 연극을 창조하기 | | |
|---|---|---|
| 태도 · 기술 이해 | 목표 | 기대효과 |
| 대인관계 기술/앙상블 | 드라마 활동을 다른 사람들과 함께 하면서 그들에게 반응할 수 있는 능력 개발하기 | 1. 드라마 활동에서 다른 사람들과 상호작용한다.<br>2. 수신된 구어적 메시지를 이해했음을 보여준다.<br>3. 다른 사람들과의 대화를 통해서 생각과 느낌을 공유한다.<br>4. 자신의 요구와 다른 타인의 요구를 인식한다.<br>5. 다양하고 친숙한 역할들을 수행함으로써 공감을 발전시키기 시작한다.<br>6. 다양한 역할 행동과 느낌들을 체현한다.<br>7. 모두 함께 행하는 행위와 노래를 통해 조화(coordination)를 연습한다. |

| 태도 · 기술 이해 | 목 표 | 기대효과 |
|---|---|---|
| 문제 해결 | 이야기와 삶 속의 사람들은 문제를 가지고 있음을 인식하기 | 1. 이야기와 상황 속에서 등장인물들의 단순한 문제를 인식한다.<br>2. 이야기와 상황 속에서 등장인물들이 어떻게 문제를 해결하려고 노력하는지, 어떻게 문제를 해결했는지 확인한다.<br>3. 현실의 삶과 환상의 문제 상황과 해결을 체현한다.<br>4. 이야기와 삶 속의 사람들은 해결될 수 있는 문제를 가지고 있음을 인식한다. |
| 즉흥 | 드라마 활동에 참여하기 | 1. 해설, 음악, 조명과 같은 자극물에 즉흥적으로 반응한다.<br>2. 사람들, 동물들, 물체들을 모방한다.<br>3. 물체, 자아, 타인의 변형을 보여준다.<br>4. 극적놀이에서 느낌을 탐색한다.<br>5. 극적놀이에서 환경을 탐색하고 설정한다. |
| 인물 구축 | 모방을 통해 역할을 수행하기 | 1. 극적놀이에서 다양한 역할들을 시도한다.<br>2. 노래, 손유희, 이야기에 대해 소리와 행위로 반응한다.<br>3. 역할을 보여주기 위해서 스카프와 의상을 이용한다.<br>4. 다른 크기, 형태, 움직임의 속성을 지닌 사람들, 동물들, 물체들의 움직임을 모방한다. |
| 연극 만들기/ 극작 | 극적놀이에서 삶의 체험과 상상의 장면들을 모방하기 | 1. 구조화된, 비구조화된 극적인 탐색에 참여한다.<br>2. 간단한 이야기를 창조한다 ; 그것을 말하고 체현한다.<br>3. 사람들, 장소, 물건들의 관찰을 설명한다.<br>4. 역할 묘사에 있어서 상상력을 이용한다. |
| 기술적 요소 | 극적놀이 동안 선택된 환경의 부분들을 인식하기 | 1. 연기 공간과 객석 공간을 구분한다.<br>2. 특정한 목적을 위해 물체를 이용하는 것을 인식한다.<br>3. 자연에서 빛, 그림자, 색깔을 발견한다.<br>4. 주변 소리들의 출처를 확인한다.<br>5. 다른 유형들의 의상을 인식한다.<br>6. 얼굴의 특징을 인식한다. |

## 다. 연극을 사회적 정황과 연관짓기

유아기 연극적인 놀이들이 삶의 모방으로부터 시작되듯이, 현실적인 삶은 허구적인 연극의 재료가 되고, 또한 연극적인 체험은 사회와 주변 사람들을 이해할 수 있는 토대를 마련해준다. 연극이 삶과 동떨어진 거짓말의 세계가 아니라 유아 자신의 삶과 밀접한 연관성을 지닌다는 것을 유아들이 인식할 수 있도록 현실과 허구 사이에 다리를 놓아주는 것은 연극교육의 주요한 목표이다. 이는 곧 교사들이 사회 영역 학습에 연극놀이를 활용할 수 있는 근거가 된다. '연극을 사회적 정황과 연관짓기' 라는 목적 하에 다루어지는 영역은 연극과 삶, 역할과 직업, 연극유산이 있는데, 이 중 연극유산은 초등학교 이상에서 다루어진다. 유아기 각 영역에서의 목표와 기대효과는 다음과 같다(AATE, 1987).

| 목적 : 연극을 사회적 정황과 연관짓기 | | |
|---|---|---|
| 태도 · 기술 이해 | 목표 | 기대효과 |
| 연극과 삶 | 현실적 상황과 환상의 상황을 탐색하기 | 1. 가정과 학교생활을 모방하는 드라마 활동에 다른 사람들과 함께 참여한다.<br>2. 현실적인 삶의 상황들을 연기한다.<br>3. 환상의 상황들을 연기한다.<br>4. 실제 상황과 환상의 상황 사이의 차이를 구분하기 시작한다. |
| 역할과 직업 | 역할 연기를 이용하여 다양한 사회적 역할들에 대한 인식을 개발하기 | 1. 가족 역할을 체현한다.<br>2. 친구들과 지역사회 봉사자들의 역할을 체현한다. |

## 라. 미학적 가치관을 형성하기

위의 세 가지 목적은 연극을 체험하고 창조하는 것에 관련된 것이라면, 네 번째 목표는 '연극을 어떻게 바라볼 것인가' 의 문제라고 할 수 있다. 유아 자신들이 일상적으로 놀이하는 모방과 체현의 양식이 어떻게 연극이라는 예술과 관련되는지 이해하고, 다른 예술과의 차별성을 인식하며, 전문적이고 완성된 연극 공연에 관객으로 참여함으로써 연극을 비롯한 예술에 대한 미학적인 가치관을 형성할 수 있도록 하는 것이다. 이러한 목적를 달성하기 위해 유아에게 전문적인 연극 지식이나 기술을 가르치는 것은 적합하지 않다. 연극놀이의 체험과 공연 관람을 통해 연극의 내용과 형식에 대해 스스로 생각하고 판단할 수 있는 기회를 다양한 방식으로 제공함으로써 유아 개개인이 삶 속에서 자연스럽게 예술을 가까이 하며 그 즐거움을 향유할 수 있도록 한다. '미학적 가치관을 형성하기' 라는 목적 하에 다루어지는 영역에는 연극 요소, 연극 관람, 연극과 다른 예술, 심미적 반응이 있다. 유아기에 각 영역에서의 목표와 기대효과는 다음과 같다(AATE, 1987).

| 목적 : 미학적 가치관을 형성하기 | | |
|---|---|---|
| 태도 · 기술 이해 | 목표 | 기대효과 |
| 연극 요소 | 드라마 활동에서 역할과 환경을 탐색하기 | 1. (플롯) 이야기를 잘 듣고 반응한다.<br>2. (주제) 이야기의 주제를 확인한다.<br>3. (등장 인물) 이야기 속의 사람, 동물, 혹은 의인화된 존재의 뚜렷한 물리적 특성을 인식한다.<br>4. (대사) 극적놀이에서 대화를 이용한다.<br>5. (스펙터클) 환경을 설정하고 인물을 표현하는 데 있어 그림, 의상, 소품을 이용한다.<br>6. (음악) 등장 인물과 느낌을 표현하기 위해서 목소리, 악기, 주변의 소리들을 다양하게 이용한다. |
| 연극 관람 | 현장 공연에 반응하기 | 1. 관객 에티켓을 인식하고 연습한다.<br>2. 연극 공연에 대해 감상한 것을 신체적, 언어적, 그림으로 표현한다.<br>3. 묘사된 등장 인물과 배우는 다르다는 것을 인식한다.<br>4. 공연의 장소가 연극적인 무대로 변형되었음을 인식한다.<br>5. 가장 좋아하는 인물과 가장 싫어하는 인물을 확인한다. |
| 연극과 다른 예술 | 다양한 예술 형식을 체험하고 연극에 그것을 연관짓기 | 1. 감각적 자극물에 반응하는 것이 모든 예술에 기본이라는 인식을 보여준다.<br>2. 예술 작품을 만들기 위해 필요한 도구들, 매체, 기술들을 실험한다.<br>3. 다양한 예술 형식에 참여함으로써 유발되는 느낌의 증거를 보여준다.<br>4. 다른 예술 형식들 사이에서 유사점과 차이점을 발견한다.<br>5. 드라마 활동의 동기를 유발하고 드라마 활동에 대해 언급하기 위해서 다른 예술 형식을 이용한다.<br>6. 미학적 판단의 근거가 되는 예술 체험의 레퍼토리를 구축하기 시작한다. |
| 심미적 반응 | 드라마 활동에 정서적으로 반응하기 | 1. 극적놀이에 몰입했음을 보여준다.<br>2. 극적놀이에서 만족감 혹은 기쁨을 체험한다.<br>3. 연극 체험을 즐긴다. |

## 02 누리과정과 연극놀이

자아표현과 풍부한 감성을 키우기 위한 예술교육으로서 연극놀이를 독립적으로 유아들에게 가르칠 수도 있지만, 2013년부터 어린이집과 유치원에서 실행되고 있는 3~5세 연령별 누리과정에 교수 · 학습의 매체로서 연극놀이를 활용하는 것 또한 가능하다. 3~5세 연령별 누리과정은 유치원과 어린이집에 다니는 모든 만 3~5세 유아에게 제공되는 공통의 교육과정이라고 할 수 있다.

유아는 자신을 둘러싼 세상에 대해 배워나갈 때 분리된 내용 영역이나 분절된 교과로 배우는 것이 아니라 통합된 전체 경험으로 배운다. 통합은 부분들을 전체에 관련시켜 결합해 가는 과정이며, 유아는 자신의 경험들을 통합하여 전인적으로 성장 · 발달한다(교육과학기술부, 2013a). 학습과 발달이 통합적으로 이루어지는 유아의 특성을 반영한 누리과정은 초등 이상의 일반 교육과정과 뚜렷이 구별된다. 가장 큰 차이는 교육과정의 구성과 운영에 있어서 분리된 교과 중심이 아니라, 통합된 접근을 꾀하고 있다는 점이다. 3~5세 연령별 누리과정은 유아의 발달과 생활 경험을 통합하여 신체운동 · 건강, 의사소통, 사회관계, 예술경험, 자연탐구의 5개 영역으로 구성되어 있으며, 유아들의 생활과 관심, 흥미를 반영한 생활주제를 중심으로 5개 영역 간의 통합성과 함께 영역별 교육내용 간의 통합성을 고려하여 교육활동을 계획하고 운영하도록 하고 있다.

통합성과 함께 유아교육의 또 하나의 특성은 주요한 교수 · 학습의 방법으로서 놀이가 기초가 된다는 점이다. 유아기에 놀이는 자연스러운 학습수단으로서 인지발달, 정서발달, 사회성 발달을 증진시키며 유아 자신의 행동을 지배할 수 있도록 하는 정신적 도구라고 할 수 있다(로드로마 · 리옹, 1998). 유아교육 프로그램 유형에 관한 실제적인 연구에서도 유아의 놀이와 흥미를 중심으로 하는 프로그램들의 유아들이 교사 지시적인 유아보다 자아존중감과 문제해결능력이 높을 뿐 아니라, 지적, 사회적, 정서 발달과 일상생활 능력에서 일반적으로 장기적인 효과를 보인다는 결론을 내리고 있다(이기숙, 2003). 유아는 놀이를 통해 가장 효율적으로 학습할 수 있다. 누리과정 또한 교수 · 학습 방법의 첫 번째 항목으로 '놀이를 중심으로 교수 · 학습 활동이 이루어지도록 한다.'

(교육과학기술부, 2013a)고 밝히고 있다.

유아교육의 통합성과 놀이 중심의 교수방식은 연극놀이를 유아들의 일상적인 교육활동에 적용할 수 있는 근거가 된다. 유아들의 자발적인 극적놀이를 구조화한 연극놀이는 무엇보다 유아들의 흥미와 관심, 현 수준(where the child is)으로부터 출발하며, 유아들에게 이미 친숙한 극적놀이 형식에 토대를 두고 있다. 또한 즉흥으로 이루어지는 연극놀이에서 유아들은 삶을 살아가는 방식과 동일하게 언어와 신체, 사고와 감정, 상상력과 창의력을 총 동원하여 상상의 세계를 구체화하고 통합적인 경험을 하게 된다. 이는 곧 '분리된 내용 영역보다는 통합된 전체 경험에 의하여 세계에 대하여 경험하고 더 잘 배운다'는 유아들의 발달특성에 적합한 것일 뿐 아니라, '학습자의 성장이란 경험의 누적적 재구성에 의하여 일어나므로, 경험의 재구성이 일어날 수 있도록 교육과정을 구성하고 개발해야 한다.'는 진보주의 교육관에 부합하는 것이다(이기숙, 2003).

연극놀이는 다른 어떤 매체보다도 이전의 경험을 새로운 경험과 통합하여 학습자가 주체적으로 지식을 구성해 나갈 수 있도록 의미 있는 맥락(context) 속에서 학습의 내용과 개인적, 사회적 주제 혹은 문제를 재위치시킨다. 연극놀이가 이렇게 제공하는 구체적인 맥락은 호기심과 학습의 동기를 유발시키며, 내용 영역과 교육활동들을 의미 있게 묶어주는 통합교육의 틀을 마련해 준다. 예를 들어 〈아기 돌보기〉는 '가족'이라는 생활 주제 하에 다루어질 수 있는 프로그램인데, 아기 돌보는 방법을 모르는 아줌마가 유아들에게 도움을 요청하고, 유아들은 아기 돌보는 방법과 필요한 도구와 물건들을 알려 준다는 이야기 맥락을 가지고 있다. 여기에서 유아들은 '곤경에 처한 아줌마(교사)'를 도와주어야 하는 상황에 처함으로써 동정심을 가지고 적극적으로 문제에 개입하게 된다. 이 과정에서 유아들은 문제를 알아보기 위해 질문을 하고, 자신이 알고 있는 바를 알려 주기 위해 설명을 하거나 몸짓으로 시범을 보이며, 때론 논리적 이유를 밝히기도 한다. 또한 아기 돌보는데 필요한 도구와 물건을 가려내는 과정에서 다양한 생활용품들의 용도를 알아보게 된다. 그리고 아줌마 역할을 맡은 교사와의 상호작용을 통해 도움을 주고받는 사회적 관계를 체험한다. 이 프로그램은 '학습자로 하여금 유용한 구성원이 되게 하기 위하여 학습자의 실생활에 비추어 경험을 전체적으로 재구성'(이기숙, 2003)한 통합교육의 한 예라고 할 수 있다.

이처럼 연극놀이는 본질적으로 대화적이고 참여적이며, 지식과 학습과정의 통합, 인지적 영역과 정의적 영역의 통합, 지식과 행위의 통합, 지식과 실생활의 통합을 꾀할 수 있는 최적의 교수 학습 매체라고 할 수 있다.

다음에서는 누리과정에서 제시하고 있는 5개의 영역 각각이 연극놀이와 어떻게 연관될 수 있는지 알아보도록 하겠다.

## 가. 신체운동·건강

유아가 신체운동 능력을 가지고 건강한 신체 및 정신을 유지하는 것은 자신에 대한 긍정적인 인식을 형성하는 것은 물론 대인관계에서도 자신감을 가질 수 있게 한다. 이 시기 유아는 신체운동을 성공적으로 수행하면서 성취감을 느낄 수 있기 때문이다. 이러한 경험은 유아가 또래 친구들과 우호적인 관계를 형성하는 기초가 된다. 따라서 유아가 긍정적인 신체 인식 능력을 형성하기 위해서는 발달 수준이나 흥미에 적절한 신체운동 활동을 제공해 주는 것이 중요하다. 또한 생활 속에서 자연 재해나 안전사고의 발생 위험 또한 증가하고 있으므로, 유아가 다양한 신체운동 활동에 적극적이고 지속적으로 참여함으로써 기본 운동 능력을 형성하고 건강하고 안전한 생활 습관을 기르도록 지원하는 것이 중요하다.

신체운동 · 건강 영역은 유아가 자신의 신체를 긍정적으로 인식하고 신체활동에 즐겁게 참여함으로써 유아기에 필요한 기본 운동 능력과 기초 체력을 기르고, 건강하고 안전한 생활을 실천하는 능력과 태도를 기르기 위한 영역이다. 이 영역은 '신체 인식하기', '신체조절과 기본 운동하기', '신체활동에 참여하기', '건강하게 생활하기', '안전하게 생활하기'의 다섯 가지 내용범주로 구성되어 있다. 앞의 세 내용 범주는 주로 기본 운동 능력과 신체활동에 관련된 내용이며, 나머지 내용 범주는 건강하고 안전한 일상생활 습관에 관한 내용으로 신체운동 및 건강이라는 차원에서 통합된다(교육과학기술부, 2013a).

연극놀이에서도 자기 몸과 감각에 대한 인식 및 신체활동은 매우 중요시된다. 미술이나 음악과 달리 연극놀이에서의 주된 표현 도구는 외부에 있는 것이 아니라 바로 참여자 자신의 몸과 언어이다. 유아들에게 있어서 감각과 신체는 자아와 외부 환경을 탐색하고 학습하는 수단이고, 움직임과 몸짓은 아주 자연스럽고도 친숙한 자기표현 수단이다. 그래서 유아 대상의 연극놀이는 다양한 감각 활용과 신체활동을 포함한다. 그런데 유아들의 경우 그들이 과도하게 자신의 움직임을 의식하게 하는 것은 불필요하며 도리어 억압적인 것이 될 수 있다(Somers, 1994). 연극놀이는 덜 의식적인 차원에서 이러한 활동을 다루는 바, 기계적인 훈련이나 반복보다는 유아들의 자연스러운 몸짓놀이와 탐색, 표현적인 움직임을 적극 활용한다. 이러한 연극놀이를 통해 유아들은 즐겁게 신체활동에 참여할 수 있으며, 신체 능력을 긍정적으로 인식하고 기본 운동 능력을 기를 수 있을 것이다.

연극놀이에서는 우리나라나 외국에서 옛날부터 어린이들 사이에서 행해져 온 전래의 공동체 놀이를 많이 활용한다.

> 전래놀이는 기민한 몸, 빛나는 눈, 그리고 발그레한 볼과 같은 강렬한 생리적인 반응들을 발산시킨다. 몸의 피로는 참여와 동시에 사라진다. 전래놀이는 신체기관을 효과적으로 가동시키고, 위기의 순간을 극복하는 데 필요한 총체적인 생리적 반응을 활성화시킨다. 놀이하는 사람은 어떻게 무엇을 해야 할지 생각할 겨를도 없이 그 순간에 필요한 것을 행동할 뿐이다. 이러한 자발적인 행동은 정형화된 생각과 조건화된 반응체계를 정화시켜 주는 것이다. 흥미롭게도 어린이뿐 아니라 어른들도 놀이할 때 같은 결과가 나타난다(Spolin, 1986).

본 교재에 실린 연극놀이 중 〈거인, 마녀, 난쟁이〉 〈우리 집에 왜 왔니?〉 〈품앗이 놀이〉 〈닭잡기 놀이〉 〈무궁화 꽃이 세수합니다〉 〈선장놀이〉는 이러한 전래놀이를 그대로, 혹은 변형한 것이다. 모두가 상당한 양의 이동 운동을 포함하며, 감각과 신체 부위의 협응, 균형감과 민첩성, 공간 속에서의 신체인식 능력을 필요로 한다. 그중에서도 〈우리 집에 왜 왔니?〉 〈무궁화 꽃이 세수합니다〉는 전래놀이를 변형하여 표현적인 몸짓을 유도한 것이다. 이런 놀이를 하면서 유아들은 '어떻게 표현해야 하지?' '남들이 나를 어떻게 볼까?' 하는 자의식에서 해방되어 무의식적이고 직관적인 표현력을 개발하게 된다. 흥미롭게도 전래놀이는 어른들에게도 마찬가지의 효과를 가져 온다. 그래서 대상에 상관없이 일반적인 연극놀이 수업에서 전래놀이가 워밍업 활동으로 많이 활용된다. 워밍업(warming up)은 말 그대로 '몸을 덥히는' 것으로서 긴장을 풀고 일상적인 자아와 일상 삶으로부터 묻혀 온 선입관과 자의식을 떨쳐 내고 심리적인 자유를 획득하는 동시에 새로운 체험에 집중하게 하는 과정이다. 유아교육 현장에서는 신체활동의 하나로서 이러한 놀이들을 독립적으로 사용해도 좋을 것이다.

누리과정의 신체운동 · 건강 영역에서 '감각능력 기르고 활용하기'는 유아가 여러 가지 감각기관을 활용하거나 협응함으로써 사물과 주변 환경을 인식하는 능력을 키울 수 있는 내용으로 구성되어 있다. 유아는 감각기관을 통해 여러 가지 자극의 차이를 느껴보고 이를 활용하기 시작하며, 점차 감각기관을 서로 협응하여 감각적 차이를 보다 예민하게 구분하게 된다(교육과학기술부, 2013b). 비단 주변 환경을 지각하고 정보를 받아들이는 것 뿐 아니라 아름다움을 느끼고 표현하는데 있어서도 감각은 매우 중요하다. 무언가 표현한다는 것은 구체적인 감각 경험과 상상력이 어우러질 때 가능하기 때문이다.

연극놀이에서는 직접적으로 오감을 활용하는 활동 외에도 과거의 감각 경험을 기억하여 온몸으로 재현하는 '감각기억' 활동들도 다루어지는데, 이러한 감각기억 활동을 통해 아이들은 사물과 자연물을 보고, 듣고, 냄새 맡고, 맛보고, 촉각으로 느끼는 방식을 기억하고 탐구할 수 있다. 감각의 인식과 활용을 이야기극화(Story Dramatization)[4]에서 통합적으로 적용한 연극놀이가 바로 〈토끼와 당밀〉이다. 이 프로그램에서 유아들은 오감을 사용해서 병 속에 담긴 실제 물질이 무엇인지 알아낸다. 여기서의 구체적인 감각 체험은 붙기놀이를 통해 변형되고, 이야기극화에서는 몸짓을 통해 재창조된다. 즉 아무 것도 없는 상태에서 끈적끈적하고 달콤한 맛이 나는 '당밀'이 있다고 믿고 '토끼'의 역할로서 당밀을 먹고 몸의 부위가 차례차례 붙어서 꼼짝 못하게 되는 상황을 창조하는 것이다. 우리는 몸의 감각을 통해 환경을 인식한다. 그런데 여기에 머물지 않고 감각을 되살려 몸으로 그것을 표현할 수 있으며 또한 그것을 다른 이들과 소통할 수 있음을 알 수 있다.

---

4) '이야기극화'란 교사의 안내에 따라 하나의 이야기로부터 즉흥적으로 비공식적인 연극을 창조하는 과정을 의미한다.

연극놀이의 움직임 활동은 리듬 있는 움직임(rhythmic movement)과 창의적인 움직임(creative movement)으로 크게 나눌 수 있다. 리듬 있는 움직임은 특정 리듬이나 박자에 맞추어 움직이거나, 움직임을 통해 어떤 흐름과 리듬을 창조하는 것을 말한다. 〈걷다가 멈춰!〉가 전자의 경우라면, 〈몸으로 말해요〉는 후자의 경우라고 할 수 있다. 창의적인 움직임은 다른 생물체와 인물들의 움직임과 무생물의 작동에 대한 관찰과 인식을 바탕으로 한 움직임이다. 움직임은 아이들이 감정과 생각을 표현하고 탐구하는 방식이다. 이것은 아이들이 의사소통을 하는 자연적인 방법이며, 감각 통합의 발달 뿐 아니라 사고와 학습에서 중요한 역할을 한다는 것이 최근의 뇌 연구의 결과로 보고된 바 있다. 움직임이 학습 체험의 구성요소로 작용할 때, 유아들은 정보의 순서, 새로운 어휘와 개념 등을 훨씬 잘 기억하게 된다는 것이다(Brown & Pleydell, 1999). 드라마 수업의 맥락 내에서 창의적 움직임은 동물의 움직임, 감정, 그리고 자라나는 식물, 비, 바람, 파도, 떨어지는 나뭇잎, 흔들리는 나무 등과 같은 자연의 현상 등을 탐구하는데 이용될 수 있다. 아이들은 무게, 속도, 크기와 형태, 반대와 같은 개념들을 창의적 움직임을 통해 신체 역학적으로 흡수를 하게 된다. 연극놀이의 리듬 있는 움직임과 창의적 움직임 활동을 통해 유아들은 신체 부분의 인식을 확장하고 이동·비이동의 기본 운동 능력과 대근육 기술을 신장시킬 수 있다. 또한 움직임 활동은 예술경험을 비롯한 다른 누리과정의 영역에서도 통합적으로 활용할 여지가 많이 있다.

신체운동·건강 영역의 또 하나의 중요한 내용은 건강과 안전교육이다. 건강한 생활습관과 태도는 하루 아침에 이루어지는 것이 아니기 때문에 생활 속에서 지속적으로 지도되어야 하는 내용이다. 또한 유아가 자신의 건강을 유지하고 위험에 대처하는데 필요한 지식과 기술, 태도를 습득할 수 있도록 하는데, 이때 교육적 경험은 단순한 사실이나 규칙을 가르치는 정도에서 벗어나서 문제해결력을 길러주거나 다양한 상황 속에서 적용하는 것을 배우는데 도움을 줄 수 있어야 한다(이기숙, 2003).

연극놀이는 문제해결력과 유연한 대처 능력을 충분히 연습할 수 있는 장을 마련해 준다는 점에서 건강과 안전교육의 훌륭한 교육방법의 하나가 될 수 있다. 유아들이 구체적인 상황 속에서 역할을 수행하면서 자신이 알고 있는 것을 적용하고 실험해 보면서 새로운 기술, 태도, 지식을 습득할 수 있기 때문이다. 가장놀이, 병원놀이, 식당놀이, 버스나 기차놀이, 가게놀이, 소방서놀이 등 흔히 아이들이 하는 소꿉놀이를 확장하여 교사가 교육적 의도를 가지고 적절히 개입한다면 흥미롭고도 유익한 수업이 될 수 있다. 본고에 실린 〈우리 동네 빵집 이야기〉 프로그램은 교사 개입의 예로서 '역할내 교사(teacher in role)'[5] 기법을 활용하고 있다. 몸이 아파서 빵을 못 만들고 있는 '빵집 아줌마'의 역할을 교사가 수행하면서 유아들의 도움을 요청한다. 아이들은 아줌마를 도와 빵을 만드는 과정 속에서 위생에 대한 내용을 익히고 실습한다. 이 프로그램은 요리 활동을 주로 다루고 있지만, 밀가루, 우유, 계란 등의 물질을 탐구하고, 감각적으로 탐색하며, 먹을 것과 위생의 문제를 함께 생각해볼 수 있도록 하는 통합적인 형식을 띄고 있다.

연극놀이에서 신체는 주요한 표현수단이기 때문에, 본질적으로 연극놀이 자체가 신체운동 · 건강 영역의 '신체인식', '신체조절과 기본 운동', '신체활동 참여' 교육에 적합한 형식을 지니고 있다고 볼 수 있다. '건강과 안전' 교육의 경우에는 간단한 역할놀이 혹은 과정드라마(Process Drama)[6] 형태의 연극놀이를 적용함으로써 보다 생활과 밀접한 학습을 유도할 수 있다.

## 나. 의사소통

의사소통 영역은 언어의 기본 형태인 구어와 문어를 활용하여 나와 다른 사람의 느낌이나 생각, 경험을 상황과 상대방에 알맞게 소통할 수 있는 능력을 기르는 영역이다. 또한 말과 글의 관계를 알고 읽기와 쓰기에 흥미를 가져 언어 사용을 즐기도록 하는 영역이다.

유아기는 구어 사용 능력이 급격히 확장되고, 문어 사용에 대한 흥미와 이에 대한 기초 능력이 발달하는 시기이다. 영아기에 주로 많이 사용되었던 몸짓, 표정 등의 비언어적 표현이 줄어들면서, 유아기에는 주변 생활에서 경험한 다양한 사물이나 사건들에

---

5) '역할내 교사'란 교사가 역할을 맡아 드라마에 참여자들과 함께 참여하는 것을 말한다.
6) '과정드라마'란 연극놀이 수업방식의 하나로서, 연극놀이 관습을 다양하게 적용한 연극적 맥락 내에서 유아들이 특정 테마나 이슈를 탐구할 수 있도록 하는 수업방식을 말한다.

대한 이야기를 이해하고 또 이를 적합한 어휘로 표현하는 것이 중요하다. 유아는 문장 내에 숨겨진 상대방의 의도를 해석할 수 있어야 하고, 자신의 생각이나 느낌 등의 의도를 상대방에게 적절히 전달할 수 있어야 한다. 또한 그림책이나 인쇄물처럼 철자로 이루어진 다양한 내용들에 관심을 가지고 그 속에 담겨진 의미를 파악할 수 있어야 한다(교육과학기술부, 2013a).

유아교육에서 언어교육의 전통적인 견해는 말하기, 듣기, 읽기, 쓰기를 통하여 의사소통 과정을 가르치는 것을 의미한다. 과거에는 이와 같은 과정들을 각각 분리해서 따로따로 교육하였다. 이는 유아기를 읽기, 쓰기를 위한 준비기라고 보는 전통적인 언어교육의 관점을 반영한 것이었다. 즉 읽기, 쓰기는 듣기, 말하기와는 달리 배우기가 어려우므로 체계적으로 형식적인 교육이 필요하며, 5~6세 이전의 유아는 읽거나 쓸 준비가 되어 있지 않기 때문에 유아의 언어교육에서는 음성 언어인 듣기, 말하기 교육을 중심으로 교육내용을 선정하고, 읽기와 쓰기는 초등학교에서 다루어야 한다는 것이다(이기숙, 2003). 그러나 1980년대 이후 유아의 문해(literacy)발달에 대한 연구들은 말하기, 듣기, 읽기, 쓰기 기능들은 분리해서 볼 수 없으며 의사소통 과정 속에서 상호 연관된다는 것을 밝히고 있다. 특히 '문해 출현' 이론과 '총체적 언어 접근법' 은 유아를 위한 언어교육의 기본적인 관점과 교수방법론에 결정적인 변화를 가져왔다.

'문해 출현(Emergent Literacy)' 이란 문해 습득은 연속적인 과정으로서 아주 어려서부터 구어와 문어, 책 등을 접하면서 시작되며, 유아들은 학교에 들어가기 전에 문해에 대한 지식을 가지고 들어가며 그런 지식은 초기의 읽기, 쓰기 경험에 의해서 발달된다는 것이다. '총체적 언어 접근법(Whole Language Approach)' 은 구어이든 문어이든 그 목적은 의사소통이므로 유아가 말하기, 읽기, 쓰기를 잘하도록 도우려면 가능한 한 의미 있게 통합해야 한다는 입장으로서 읽기를 다른 언어교육과 분리할 것이 아니라 유아들이 자연스럽게 스스로 언어를 배우는 것처럼 전체적으로 통합해야 한다는 것이다(이기숙, 2003). 이러한 관점에서 언어를 보다 통합적인 체계로 보고, 언어 습득은 유아에게 의미 있는 능동적, 목표 지향적인 과정을 통하여 이루어진다는 입장을 누리과정은 반영하고 있다. 누리과정의 의사소통 영역은 '듣기', '말하기', '읽기', '쓰기' 네 가지 내용 범주로 구성되어 있으며, 이들 네 가지는 말과 글의 사용에 중점을 두고 서로 연관 지어서 경험하도록 하고 있다.

연극놀이에서의 소통은 언어에만 의존하지 않는다. 참여자들은 몸을 통해서도 자신의 생각과 느낌을 표현하며, 막대나 천 같은 주변의 간단한 물품을 상징적으로 활용함으로써 상상의 세계와 소통한다. 참여자들은 언어와 몸짓, 비언어적 상징들을 총체적으로 이용하여 의미를 창조하고 그것을 공유한다. 이것은 동일한 이야기 맥락을 가지고 있는 문학 형식과 연극이 달라지는 지점이기도 하다. 예를 들어서, '얼음조각상'[7]은 인물의 관계와 행위, 장소 등을 재현하기 위해 언어가 아니라 공간, 몸짓, 물체들을 이용한다. 마임 역시 마찬가지이다. 연극은 언어적 매체일 뿐 아니라 시각적 매체이기 때문에, 의미는 보여지는 것과 발화(發話)되어지는 것 사이의 상호작용을 통해 소통된다. 이러한 점에서 연극놀이는 유아들에게 훨씬 친숙한 소통방식일 수 있다. 언어 습득기에 있는 유아들이 완벽하게 언어를 구사하지 못한다고 하더라도, 출생 이후부터 이들은 비언어적 신호들을 읽는 데 있어 고도로 발달된 기술을 가지고 있다. 따라서 유아들에게 연극놀이는 신체언어와 구두언어를 연결해 주는 매체로서 유용하며, 또한 전범위의 신호체계들을 이용하여 상황을 이해하도록 도울 수 있다. 즉 교사들은 연극놀이를 통해 유아들이 익숙해 있는 비언어적 소통방식을 이용하는 한편, 새로운 말소리 언어와 문자 언어를 도입함으로써 점차 언어교육을 확장시켜 나갈 수 있다. 다음에서는 연극놀이를 통한 언어학습의 이점을 구체적으로 알아보기로 하겠다.

첫째, 연극놀이는 언어를 통해 표현할 구체적인 경험 내용을 제공해 준다. 말하기, 듣기, 읽기, 쓰기는 모두 사물, 사건, 개념 그리고 경험 세계에 대해 탐색하는 가운데 일어난다. 연극놀이는 언어학습이 일어날 수 있는 의미 있는 맥락을 제공한다. 이러한 연극적 맥락의 내용을 구성하는 것은 동요, 동시, 동화일 수도 있고, 인물이나 소품으로부터 유발되는 상황일 수도 있다. 소재가 무엇이건, 연극놀이의 맥락은 교사와 아이들이 함께 창조한 허구적 세계라고 할 수 있는데, 현실적 세계가 아닌 허구라 할지라도 그것은 실제 공간과 시간, 상징을 통해 존재한다. 따라서 허구문맥 내에서 일어나

---

7) '얼음조각상'은 연극놀이 관습(drama convention) 중의 하나로 참여자들이 자신의 몸을 이용하여 인물이나 사건, 느낌을 정지 동작으로 표현하는 것을 말한다.

는 체험은 감각적이고 구체적인 것이며, 교사와 아이들이 공유하는 체험이다. 연극놀이의 체험은 또한 '존재하기(being)', '행위하기(doing)', '생각하기(thinking)', '느끼기(feeling)'를 동시에 포함한다. 멕시코의 이야기 〈앵무새 페페〉에서 유아들은 멕시코의 초등학생 산체스로서 존재하면서, 앵무새 페페에게 먹이를 주고 함께 학교에 가서 영어를 배운다. 페페가 친구 앵무새를 따라 숲속으로 날아갈 때 유아들은 '왜 앵무새가 나를 떠나가는가.' 생각하고, 사랑하는 친구를 잃는 안타까움과 슬픔을 느낀다. 이러한 구체적인 체험은 자연스럽게 언어로 표현된다. 즉 연극놀이의 허구문맥은 유아들에게 역할과 관점을 부여해 주고, 사회적 관계를 설정해 줌으로써 실제 사회적 맥락 속에서 이해와 의사소통의 수단으로 언어를 사용하도록 격려한다.

둘째, 연극놀이에서의 언어소통은 대화 형식에 기반을 둔다. 대화는 일방향의 전달이나 설교가 아니라 쌍방향으로 이루어지는 소통이며, 서로에게 실질적으로 영향을 미칠 때 가능하다. 일반적인 교실 상황에서 학생들은 교사를 '모든 것을 다 알고 있는 사람'으로서 인식하는데, 이는 교사가 학생들에게 지속적으로 정보를 주고 설명해 주고, 정답을 요구하는 질문을 던지고 학생들의 답변이나 행위를 평가하기 때문이다. 반면, 학생들은 '채워야 할 빈 그릇'으로서 교사의 설명을 듣고, 요구하는 답을 말하고 과제를 수행하게 된다.

> (교실 상황에서) 어른들은 특정한 답을 요구하는 질문을 던지고 아이들은 올바른 답을 찾으려 애쓴다. 답을 통제함으로써 어른들은 아이들을 '어른은 머릿속에 무엇이 있을까?' 생각하는 게임으로 몰아넣는다. 어른들의 질문에는 '올바른' 답이 있음을 배우는 것은 일찍이 2-3세 때 일어나는 일이다. 아이들은 어른의 질문에 방심하지 않는 것을 빠르게 배우며, 잘못될 위험을 무릅쓰는 일은 드물다. 아이들은 답을 전혀 안하거나, 재촉받았을 때 한 단어 혹은 짧은 문장으로 응답한다(Hendy & Toon, 2001).

Toye와 Prendiville(2000)은 보육원이나 유치원 교실에서 말하기는 주로 "…에 대해 말하기"라는 추상적이고 가정적인 말하기 유형이라고 지적하면서, 이러한 유형의 언어는 유아들이 참여하기 힘든 것이라고 한다.

연극놀이에서 유아는 더 이상 일방적으로 수용하고 채워져야 하는 '빈 그릇'이 아니다. 교사가 전체적인 수업구조를 제안한다 하더라도, 연극적 문맥과 약속은 교사와 유아가 함께 설정해야 한다. 또한 유아들은 허구 상황 속에서 역할을 맡아 행위하고 말한다. 교사 역시 역할을 맡아 연극에 함께 참여한다. 밖에서 연기를 훈련시키고 동작을 지시하지 않는다. 허구의 세계가 창조되고 그것이 유지되기 위해서는 서로의 말에 귀 기울여야 하고, 그것에 반응하고, 자신의 생각과 느낌을 역할을 통해 표현해야 한다. 즉 연극놀이에서는 실질적으로 주고받는 대화, 듣고 말하는 쌍방향의 대화가 자연스럽게 일어난다. 교사라고 해서 발언권을 더 갖는 것은 아니다. 허구문맥 속에서 교사와 학생의 관계는 다양하게 변화할 수 있다. 〈아기 돌보기〉의 어른처럼, 〈산타클로스가 사라졌어요〉의 경찰처럼, 교사는 무지한 사람으로서 아이들의 조언과 실질적인 도움을 구하는 역할을 맡을 수도 있다. 이때 유아들은 상대적으로 힘과 지식, 풍부한 경험을 가진 존재가 된다. 현실의 교사–학생 관계가 완전히 역전되는 것이다. 유아는 자기보다 열등한 존재에게 기꺼이 도움을 주고자 한다. 자신의 경험과 알고 있는 지식을 모두 동원하여 설명해 주고 조언해 주고 행위로 보여 준다. 중요한 것은 유아들이 자신의 말과 행동이 벌어지는 사건에 그리고 상대 역할을 맡은 교사와 다른 유아에게 힘을 미친다는 것을 깨닫는 순간 주의 깊게 듣고 말을 하는 대화의 장에 적극적으로 뛰어든다는 사실이다.

극적놀이 상황이 아동으로 하여금 자신의 자원을 이끌어 내고 이를 활용하도록 하여 언어 능력을 향상시킨다는 것은 Smilansky(이은해 외 편역, 1993)의 연구 결과에서도 알 수 있다. 구체적으로는 유창성, 문장 길이, 문맥과 관련된 발언, 단어의 범위 등에서 실험 후 향상이 있었는데, 사회극적 놀이는 특히 언어의 양적인 면보다는 질적인 면, 즉 놀이에 관련된 대화를 하고, 다양한 단어와 긴 문장을 사용하는 면에 영향을 미친 것으로 나타났다. 또한 Smilansky는 빈민 아동의 사회극적 놀이 상황에서 교사가 적극적으로 개입한 경우 그렇지 않은 경우보다 언어 이용 능력에 있어서 현저한 발달이 있었음을 보고하였다. 사회극적 놀이를 교사가 구조적으로 확장한 연극놀이는 듣고 말하는 과정이 통합된 대화 형식을 취함으로써 결과적으로 유아의 구어발달을 돕는다. '구어의 기초가 부실하면 읽기로의 진행은 더디며, 또한 유치원 및 1학년에서의 듣기학습 수준은 읽기 이해도의 예언변인이 된다(이기숙, 2003).' 는 점을 고려할 때 허구의 세계 안팎에서, 역할 안팎에서 상대방의 말을 듣고 언어로 자신의 느낌과 생각을 표현하도록 하는 연극놀이는 유아의 언어교육에 있어서 의미 있는 교육수단으로 작용할 수 있다.

셋째, 연극놀이는 언어 기능의 다양성을 이용하고 실험해 볼 기회를 제공한다. 우리는 실생활에서 지금 어떤 상황인가, 듣는 사람이 누구인가, 말을 하고자 하는 목적이 무엇인가 고려하여 말의 내용과 형식을 선택한다. 연극놀이는 이러한 실생활과 유사한 허구문맥을 제공해 줌으로써 유아가 구어 운용방식을 습득하도록 한다. 예를 들어 성호제[8]라는 허구문맥을 설정했다고 하자. 여기서 교사는 성호제를 주관하는 할아버지 호랑이가 되고, 아이들은 성호제에 참석한 어린 호랑이가 된다. 할아버지 호랑이는 각각의 어린 호랑이들에게 무엇을 어떻게 사냥해 왔는지 물어보고 숲속의 동물들을 제압할 수 있는 소리와 몸짓을 보여 주도록 요구한다. 여기서 유아들은 어린 호랑이로서 할아버지 호랑이라는 권위 있는 존재에게 자신의 용감성을 보여 주는 것을 목적으로 한다. 따라서 큰 소리로 예의바르게 자신의 사냥감과 사냥방법을 소개하고 으르렁대는 포효소리와 위협적인 몸짓을 발표하게 된다. 실제 수업에서 교사와 어린이의 대화를 소개하면 다음과 같다.

| | |
|---|---|
| 할아버지 호랑이(교사) | : 모든 어린 호랑이들은 모여라. 오늘은 성호제 날이다. 성호제가 무엇인지 아느냐? 성호제란 어린 호랑이가 어른 호랑이가 되는 날이다. 어른 호랑이가 되기 위해서는 무엇보다 용감해야 하느니라. 그리고 사냥도 잘해야 한다. 모두들 사냥을 해 왔느냐? ㅇㅇ 호랑아, 너는 무엇을 잡아 왔느냐? |
| 어린 호랑이(유아) | : 네, 저는 토끼를 잡아 왔습니다. |
| 할아버지 호랑이(교사) | : 토끼라구? 허, 대단하구나. 토끼는 매우 빨리 달리는데 어떻게 토끼를 잡았느냐? |
| 어린 호랑이(유아) | : 바위 뒤에 숨어 있다가 토끼를 보고 살금살금 다가가서 잡았습니다. |
| 할아버지 호랑이(교사) | : 참으로 영특한 호랑이구나. 토끼를 잡을 때 무섭지 않았느냐? |

8) '성호제'는 사다리연극놀이연구소의 공연 〈은방울 꽃과 호랑이 바위〉(천정명 · 김민정 작, 김민정 연출)의 작가가 지어낸 조어(造語)이다. 성호제는 이 작품 속에서 어른 호랑이가 되기 위해 아기 호랑이가 치러야 하는 의식의 의미로 사용된다. 성호제를 통과하기 위해서는 어린 호랑이가 사냥한 동물을 가지고 와서 자신의 용감성을 보여 주어야 한다.

어린 호랑이(유아) : 하나도 무섭지 않았습니다.
할아버지 호랑이(교사) : 용감한 호랑이구나. 그럼 이제 커다란 포효소리와 무서운 몸짓을 보여주어라.
어린 호랑이(유아) : (소리를 내고 몸짓을 보여 준다.)
할아버지 호랑이(교사) : 허, 그래서 어디 동물의 제왕 호랑이라고 할 수 있겠느냐? 네가 그러한 모습을 보이면 다른 동물들이 우리 호랑이를 얕잡아 본단 말이다. 다시 한 번 해 보아라.
어린 호랑이(유아) : (더 큰 소리와 몸짓)
할아버지 호랑이(교사) : 그렇지! 이제는 정말 모든 동물들이 무서워서 벌벌 떨겠구나. 이제부터 너를 어른 호랑이로서 인정해 주겠다.

위의 연극놀이에서 '호랑이', '사냥', '어른이 되는 것', '용감성의 시험' 등은 유아들에게 매우 매력적인 소재이다. 유아들은 충분히 동기화되어 극 속에 몰입하여 기꺼이 어른 호랑이가 되고자 한다. 그 결과 예의바르고 공식적인 말투로 자신의 사냥감과 사냥방법을 명확한 발음으로 소개하고, 호랑이의 포효소리와 몸짓을 과감하게 시도한다. 그래서 평상시에 아무리 소극적이고 발표 목소리가 작은 아동이라 할지라도, 위 연극놀이에서는 발표 목소리가 커지게 된다. 반면 〈아기 돌보기〉에서 유아들은 아기를 어떻게 돌볼지 몰라 우왕좌왕하는 아줌마(교사)에게 매우 자상하고도 친절하게 아기 돌보는 법을 설명해 준다. 또한 〈앵무새 페페〉에서 숲속에 있는 페페를 집으로 돌아오게 하기 위해 자신의 애정을 호소하고 설득한다. 이외에도 연극적 상황과 역할에 따라 불평불만을 호소하기도 하고 토론을 통해 문제해결 방안을 찾기도 하며(흉내쟁이 호랑이), 겨울의 모습을 묘사하기도 한다(봄의 왕과 겨울 마법사). 이처럼 연극놀이에서 유아는 관객과 상황, 목적에 따라서 말투와 목소리, 억양 등을 조절하여 다양한 말하기 방식을 시도한다. 또한 교사는 연극적 문맥에서 자연스럽게 새로운 어휘를 도입할 수 있다. 유아는 자신이 능동적으로 개입되는 상황 속에서 행동과 관련하여 그러한 어휘의 의미와 용도를 학습하게 된다. 위의 예에서 '성호제'와 '포효'라는 새로운 어휘가 등장하는데, 유아들은 어른 호랑이가 되기 위한 통과 의례를 실제 경험하고 표현하면서 '성호제'와 '포효'의 의미를 이해하게 된다. 〈토끼와 당밀〉에서의 '당밀', 〈팥죽 할멈과 호랑이〉에서의 '절구' 역시 유아들에게는 낯선 어휘이지만, 감각적인 체험과 음악을 이용한 리듬 있는 움직임을 통해 그 단어가 나타내는 사물의 성질과 형태를 몸으로 익히고 내면화시킴으로써 자신의 언어로 만든다.

연극놀이는 대본을 외워서 하는 것이 아니다. 우리가 실생활에서 정해진 대본 없이 그때그때 처해진 상황에 따라서 행동하고 말하듯이, 연극놀이에서도 허구문맥과 역할에 대해서만 약속을 정한 채 곧바로 상황 속으로 들어간다. 무슨 말을 하고 어떻게 해야 할지 자신이 결정하여야 한다. 침묵도 선택 가능하다. 여기서 중요한 것은 그 누구의 말도 아닌 유아가 스스로 어휘를 선택하여 사용하고 그 효과를 즉시적으로 느낀다는 점이다. 이것은 '언어는 전체적으로 실제 상황에서 사용될 때 의미가 있는 것으로서, 언어학습은 행동 속에서, 사용되는 상황 속에서 접할 때 그리고 학습자에 의해 자발적으로 선택되어 사용될 때 언어학습이 쉽게 이루어진다(이기숙, 2003, 재인용).'는 Goodman의 총체적 언어 접근법과도 통하는 바이다. 그런데 연극놀이의 즉흥적인 과정에서는 문법적 오류나 발음의 부정확성을 교사가 직접적으로 지적하고 수정해 주기 어렵다. 교사 역시 역할을 맡고 있는 상황에서 그렇게 하는 것은 연극적 약속을 깨는 것이기 때문이다. 예를 들어서, 경찰인 교사가 아이들에게 "산타클로스가 하는 일은 무엇인가요?"라고 물었을 때, 한 아이가 "산타크스는 굴뚜로 들어와요."라고 대답하였다면, 즉석에서 교사가 "'산타클로스는 굴뚝으로 들어와요'라고 해야지."라고 고쳐줄 수 없다. 그러나 교사는 연극적 문맥을 파괴하지 않으면서 훨씬 섬세하고 효과적으로 유아의 언어발달을 도울 수 있다. 그것은 대화를 주고받는 상대로서의 역할에 충실함으로써 이루어진다. 위의 상황에서 교사는 경찰 역할을 유지하면서 "산타클로스가 굴뚝으로 들어왔다는 말씀인가요?"라고 되물음으로써 간접적으로 수정을 해 주거나, "산타크스는 또 누구입니까? 아, 산타클로스 말이군요." "굴뚜? 굴뚜는 무엇이죠?" 식의 질문으로 유아가 다시 한 번 자신의 말을 수정할 수 있는 기회를 줄 수 있다. 상대방이 말을 못 알아들을 때 유아는 나름의 방식으로 자신의 말을 이해시키기 위한 노력을 기울인다. '굴뚜'라는 말에 대해 '굴뚝'이라는 바른 말을 찾지 못했다면, "연기 나오고 집 위에 불쑥 튀어나온 거."라고 자신이 알고 있는 바를 설명하기도 한다.

또 다른 경우를 살펴보자. 말하기에 있어서 자신감을 결여한 아동이 작은 목소리로 의견을 이야기하는 경우, 교사는 "좀 더 크게 이야기해 봐"라고 지시하는 대신 역할 내에서 "네? 뭐라구요? 산타클로스에 관해 뭔가 중요한 정보를 갖고 있는 것 같은데 다시 한 번 이야기해 주시겠습니까?"라고 되물을 수 있다. 이것은 산타클로스에 대해 잘 모르고 있고, 그를 찾는 것을 임무로 하는 경찰로서 당연히 취해야 할 태도이다. 이때 유아는 의미를 전달하고자 하는 자연스러운 욕구를 가지고 보다 분명한 발음과 목소리로 의견을 발표하게 된다. 이렇듯 자신의 말이 실질적으로 상대방에게 영향 미치는 것을 느끼는 유아는 보다 적극적으로 언어적인 의사소통 과정에 참여한다.

유아교육 전문가들은 유아를 위한 말하기 지도에서 무엇보다 교사의 바람직한 언어모델이 중요하다고 지적한다. 정확한 발음, 유아가 이해할 수 있는 다양한 어휘들, 간결하면서도 완전한 문장을 유아에게 들려 주고 그러한 과정에서 유아가 스스로 바른 발음 및 어휘와 문장을 배울 수 있는 기회를 제공하는 것이 중요하다는 것이다. 연극놀이에서 교사가 역할을 맡음으로써 보다 살아 있는 다양한 언어 모델을 제공할 수 있으며, 대화의 상대방으로서 유아와 상호작용하면서 실질적인 발달 수준과 잠재적인 발달 수준의 다리를 놓아주고, 유아의 언어 습관과 태도를 한 단계 끌어올릴 수 있는 기회를 가질 수 있다.

연극놀이에서는 말하기와 듣기가 기본적으로 포함되는 활동임에 반해 읽고 쓰기는 항상 수반되는 것은 아니다. 그러나 유아를 위한 언어교육은 말하기, 듣기, 읽기, 쓰기 간의 통합적 발달을 의도하며 유아가 생활 속에서 문자를 통하여 즐거움을 느끼고 흥미를 가지도록 하는 데 초점을 두고 있으며, 연극놀이는 풍부한 언어 환경을 구성해 주고 문자를 기능적이고 의미 있는 맥락에서 제시해 줄 수 있다는 점에서 읽기, 쓰기 교육에 연극놀이를 적극 활용해 볼 여지가 많이 있다. 편지나 전단, 신문기사, 포스터 등은 연극놀이에서 참여자의 흥미를 끌고 사건을 도입하거나 정보를 제공하는 중요한 단서로서 많이 활용되는 방식인데, 문자에 대한 관심을 불러일으키는 데 있어 매우 효과적이다. 〈산타클로스가 사라졌어요〉, 〈봄의 왕과 겨울 마법사〉의 경우 모두 편지를 통해 유아들을 허구의 세계로 인도한다. 산타클로스의 형이 보냈다는 것만으로도 유아의 호기심과 상상력은 발동하기 시작하여 무엇이 적혀 있는지 관심을 가진다. 또한 교사가 '봄의 왕' 역할로서 겨울 마법사의 편지를 받고 근심어린 표정으로 걱정을 하고 있는 모습을 본 유아들은 편지에 무언가 심상치 않은 중요한 내용이 적혀 있음을 감지하여 구체적인 내용을 알고자 노력한다. 이때 교사가 혼자서 편지를 읽지 않고, 벽에 붙여놓고 아이들과 함께 읽어 본다면 훌륭한 읽기 수업이 될 것이다.

유아들이 자연스럽게 말하기, 듣기, 읽기, 쓰기를 학습할 수 있는 방법으로서 동화, 동요, 동시의 가치는 유아교육 부문에서 널리 인정되는 바이다. 동화, 동요, 동시는 연극놀이의 주요한 소재이기도 하다. 선생님이 들려주는 이야기를 듣거나 동시를 낭독하고, 동요를 부르기만 하는 것에 그치지 않고, 이것을 몸짓 표현, 즉흥적인 역할놀이, 연극적 상황의 체현을 포함하는 연극놀이 활동으로 확장한다면 유아들은 이야기와 시의 내용을 생생하게 기억할 뿐 아니라 자신의 상상력을 가미하여 풍부하게 작품 자체를 자기화시켜서 즐길 수 있다. 〈이상한 굴〉이 글자 없는 그림책을 활용하여 상상력 있는 몸짓 표현을 유도한 경우라면, 〈이름 보따리〉는 그림책의 인물과 상황을 유아들이 몸으로 체험하면서 '이름'의 의미와 중요성에 대해 생각해 볼 수 있게 한 프로그램이다. 이러한 프로그램이 끝난 후, 실제 유아들이 그 그림책에 관심을 가지고 지속적으로 혼자서 읽어 보려 한다는 점에서 연극놀이는 책에 대한 관심과 적극적인 읽기 행동의 동기가 된다고 할 수 있다. 〈꽃씨〉에서는 꽃씨와 함께 배달된 농부의 편지를 통해 '꽃씨'라는 시를 소개한다. 아이들은 그 시를 함께 낭독한 후, 시의 내용, 즉 싹이 트기까지의 과정을 씨앗이 되어 몸으로 체험해 본다. 그러고 나서 자신이 표현하고 싶은 꽃을 식물도감에서 찾아보고 그림으로 그린다. 이러한 활동을 통해 책은 재미있고 즐거움을 주는 근원일 뿐 아니라 궁금한 것에 대한 정보를 제공해 준다는 것을 알도록 돕는다.

유아가 생활 속에서 주변을 이해하고 자신을 표현하기 위해 나름대로 의미 있게 문자를 사용할 때 유아는 이 과정 속에서 즐거움과 성취감을 느낀다. 〈산타클로스가 사라졌어요〉에서 유아들은 구두언어를 이용해서 경찰에게 산타클로스에 대한 정보를 알려 주고 산타클로스를 찾는다는 포스터를 만든다. 이때 유아들은 누군가를 찾는 벽보나 포스터에는 어떤 내용이 들어가야 할지 토론하게 된다. 전화번호, 찾는 이의 외모상 특징, 누구를 찾는다는 강력한 메시지 등을 고안하여 그림이나 문자, 숫자를 이용하여 포스터를 만든다. 산타클로스가 사라졌다는 것은 분명히 허구적 상황이지만, 산타클로스가 없어졌을 경우의 문제를 생각해 보고, 무지한 '경찰'을 도와주는 과정에서 이 상황은 유아에게 의미 있는 상황으로 다가온다. 따라서 마지막에 포스터를 만드는 과정에 적극적으로 참여하여 그림, 문자, 숫자, 기호를 자기 능력별로 사용하여 메시지를 전달하려 애쓰게 된다. 문해(litaracy)는 단절적이고 기술적인 교수법이 아니라 실제 사회적 맥락 속에서 이해와 의사소통의 수단으로 사용되어야 하며 문자언어 지도의 목표는 유아로 하여금 자발적으로 읽고 쓰는 과정에 참여하고자 하는 동기를 가지게 하는 것이라고 할 때, 연극놀이는 구두언어뿐 아니라 문자언어 학습에 있어서도 적극 활용할 가치가 있다.

### 다. 사회관계

유아기는 자아에 대한 인식과 더불어 자율적인 능력을 기르고 타인과의 상호작용을 통해 사회관계의 기초를 형성하는 시기이다. 유아기는 가족들과의 관계에서 벗어나 점차 또래와 이웃으로 사회적 관계가 확장되는 시기로서 장차 미래 사회의 구성원으로 살아가는 데 필요한 기초 소양과 능력을 기르는 과업을 가진다. 따라서 사회관계 영역은 유아가 자신을 알고 소중하게 여기며 가족, 또래와 함께 원만하게 지내는 방법뿐 아니라 공동체에서 함께 살아가는 방법을 익히고 사회에 관심을 가지며 적응해 나갈 수 있는 기초 능력과 인성을 기르기 위한 영역이다.

사회관계 영역은 '나를 알고 존중하기', '나와 다른 사람의 감정 알고 조절하기', '가족을 소중히 여기기', '다른 사람과 더불어 생활하기', '사회에 관심갖기'의 다섯 가지 내용 범주로 구성된다. 처음 내용 범주는 유아가 스스로를 존중하는 것과 관련된 내용으로, 두 번째 내용 범주는 자신 및 타인의 정서에 대한 이해를 바탕으로 상황에 맞게 감정을 조절하는데 필요한 내용으로 구성되어 있다. 나머지 세 내용 범주에서는 유아가 주변 사람들과의 신뢰를 바탕으로 사회를 편견 없이 바라보도록 하는 내용을 다룬다. 이러한 내용을 유아가 가족, 친구와 교사, 지역사회, 우리나라 그리고 세계로 점차 관심을 확장해 나갈 수 있도록 동심원적 접근 방식으로 전개해 나간다(교육과학기술부, 2013a).

연극예술이 배우, 관객, 작가, 디자이너, 연출가, 기술자 등의 창의적인 상호작용에 의해 이루어지는 사회적이고 집단적인 예술 형식이듯이, 교실에서 행해지는 연극놀이 역시 혼자서는 할 수 없는 사회적인 활동이다. 글쓰기나 그림 그리기, 읽기와 달리 연극놀이에서 유아는 다른 아이들과 함께 작업하고 소통해야 하기 때문에 자신의 욕구와 감정을 조절하고 남과 더불어 사는 방법을 몸으로 익히게 된다. 연구에 의하면 유아 스스로 하는 사회극적 놀이가 유아의 행동과 사회적 기술에 긍정적인 효과를 지닌다고 한다.

가장놀이(pretend play)와 비가장놀이(non-pretend play)를 하는 4, 5세 어린이 35명을 조사한 결과 여러 아이들이 볼링이나 퍼즐 맞추기 같이 가장의 요소가 없는 사회적 놀이를 하는 경우보다 사회적인 가장놀이를 하는 아동 집단이 사회적 기술에 있어서 더 긍정적이고 덜 부정적인 결과를 보여 주었다. 사회적인 가장놀이를 하는 집단은 더 많은 유아들의 참여와 더 잦은 사회적 교류를 보여 주었으며, 놀이 지속 시간이 더 길었다. 사회적인 가장놀이를 하는 동안 유아들은 사회적 상호작용에 지속적으로 영향을 미치고자 노력하였으며, 다른 아이들의 의견을 받아들이는 데 있어서 비가장놀이를 하는 그룹보다 더 수용적이었다(Toye & Prendiville, 2000, 재인용).

연극놀이는 아이들끼리 놀이하는 극적놀이 혹은 가장놀이에서보다 더 큰 사회성 증진을 기대할 수 있는데, 이는 교육적 목적을 달성하기 위하여 교사가 어린이들 간의 상호 이해와 협력, 원활한 소통과 타협, 규칙의 준수와 문제해결 과정에 개입하여 조정할 수 있기 때문이다.

연극놀이에서 역할을 수행하는 것을 '다른 이의 신발 신어보기' 혹은 '다른 사람의 피부 속으로 들어가기(being in another person' s skin)' 라고 표현하곤 한다. 이 두 가지 표현 모두 역할을 맡아 연기하는 것이 단순한 흉내 이상의 의미가 있음을 나타낸다. 즉 다른 인물(character)[9)]의 외양을 내 몸과 목소리로 표현하면서, 다른 이의 눈을 통해 세계를 보고 다른 이의 피부를 통해 느끼고 다른 이의 입장에서 생각해 보는 것이다. 내가 보는 세상과 다른 이가 보는 세상이 다를 수 있다는 것! 이것을 감각적으로,

9) 인물은 사람일 수도 있고 동물, 식물, 혹은 기계나 가구와 같은 무생물일 수도 있다.

정서적으로 느끼는 것이야말로 자아와 타인에 대한 이해의 출발점이라 할 수 있을 것이다. "만약 …라면" 이라고 많이 상상해볼수록, 드라마 내에서 우리가 아닌 인물을 더 많이 연기할수록 우리는 자신에 대해 더 많이 알게 되는 동시에 다른 사람의 생각과 느낌을 이해할 수 있게 된다. 연극치료 전문가인 Jennings(1999)는 극적인 형식으로 놀이하는 것은 공감의 발달을 돕고, 양심이 시작되는 기반을 형성한다고 지적한다.

> 양심은 무엇이 옳고 그른가에 대한 감각의 발달이며, 우리의 도덕성 발달이다. …아이들이 '다른 사람' 의 느낌을 체험하지 않고 대신 사회로부터 도덕률을 부여받는다면, …세계에 대해 '공포스러운 반응(fear response)' 을 가지고 성장할 가능성이 크다. 우리는 '다른 사람으로부터' 도덕률을 부여받기 보다는 '다른 사람이 되는 것' 을 통해서 배운다.

본고에 실린 연극놀이 〈흉내쟁이 호랑이〉는 상호관계에서 유발되는 감정을 느껴보고 문제들을 긍정적으로 해결할 수 있는 능력을 실험해 볼 수 있는 프로그램이다. 여기에서 유아들은 흉내를 내면서 다른 동물들을 놀려 주는 호랑이 역할과 흉내를 당하는 동물들 역할을 모두 연기해 봄으로써, 두 가지 입장에 처했을 때의 감정을 경험할 수 있다. 자신이 호랑이로서 흉내를 낼 때 상대 동물의 반응—난처해하거나 울상을 짓거나 엄마한테 이른다는 등—을 보면서 매우 즐거워하는 한편, 흉내를 당하는 동물이 되었을 때에는 불쾌한 기분을 느끼고 때론 진짜 화를 내기도 한다. 그러고 나서 친구를 놀리는 호랑이의 버릇을 고쳐주기 위한 동물들의 회의를 통해 자신들의 의견을 토로하고, 이렇게 찾은 문제해결 방법을 직접 실행에 옮겨 본다. 이때 호랑이 역할을 교사가 맡아 함으로써 유아들의 문제해결 시도에 적절하게 반응해 준다. 이러한 과정 속에서 유아들은 폭력적이지 않은, 보다 긍정적인 방법을 여러 가지로 시도해 볼 수 있으며, 나아가 그 결과까지도 확인할 수 있다. 모든 인간관계와 사회적인 관계에서 항상 문제는 발생하기 마련이다. 문제의 발생 그 자체가 중요한 것이 아니라, 문제를 어떻게 이해하고 대처해야 하는지, 그리고 어떻게 하면 나와 타인이 서로 이해하고 존중받을 수 있는 관계를 정립해 나갈 수 있는지가 보다 중요한 지점일 것이다. 연극놀이는 규범적인 도덕이나 예의범절보다 더 깊은 차원에서 개인과 가정, 집단생활에서의 사회적인 기술을 내면화시킬 수 있는 교육방법이라 할 수 있겠다.

연극놀이에서 역할을 연기하는 양식은 즉흥이다. 즉흥의 핵심은 '주고받기' 이다. 미리 정해진 대본 없이 즉흥적으로 역할을 수행해야 하기 때문에, 우리는 상대방을 인정하고 그들의 말에 귀를 기울이고 행동을 눈여겨본 다음, 그것에 대한 충동과 반응을 말과 행동으로 표현해야 한다. 일방적으로 미리 생각해 둔 자신의 말만 해서는 연극적인 상황이 유지될 수 없다. 역할을 수행하고 있는 다른 사람을 끊임없이 살피면서 자신의 말과 행동을 조절해야 한다. 이러한 즉흥의 기술은 곧 우리가 사회 속에서 사람들과 부대끼며 살아가는 방식이다. 실제 삶에서 우리는 1시간 후의 미래도 전혀 알지 못한 채, 대본 없이 살아가고 있다. 미리 머리 속으로 그려 보기도 하고 상상 속에서 준비도 하지만, 실제에서는 그때그때 상황에 맞게 대처하고, 마주하고 있는 상대방에 따라서 말과 행동을 조절한다. 연극놀이를 통해 유아들은 다양한 역할을 맡아 여러 가지 상황과 인물들에 맞닥뜨려 대처해 봄으로써, 현실 속의 삶을 보다 유연하게 스스로 운영할 수 있는 지혜와 용기를 얻을 수 있으며 삶의 문제를 피해가지 않고 부딪쳐 해결할 수 있다는 자신감을 획득할 수 있다. 그런 의미에서 연극놀이는 '미래 삶의 연습(rehearsal for life)' 인 것이다.

누리과정의 사회관계 영역에서 '사회에 관심 갖기' 부분은 자신이 속한 지역사회에 대해 알아보고 우리나라를 대표하는 것과 전통문화에 대해 알며 이를 바탕으로 우리나라에 대한 자긍심을 가질 수 있는 내용으로 구성되어 있다. 또한 세계 속에서 함께 생활하는 다양한 사람들이 있음을 알고 이에 관심을 가지며 이들과 더불어 살아가는 방법에 대하여 알아보는 내용을 다룬다. 지역사회, 우리나라와 세계 다양한 사람들의 삶과 문화는 그 자체로서 훌륭한 연극놀이의 소재가 될 수 있다. 다양한 사람들, 독특한 사회적 환경들, 그 안에서 벌어지는 사건과 상황들이 연극의 내용으로서 다루어질 수 있기 때문이다. 그런데 연극은 이런 사회적 현상들을 가장 구체적인 형식으로 다룬다. 특정한 시대적, 사회적 조건 하에 있는 특정한 사람의 이야기인 것이다. 그래서 구체적 조작기에 있는 유아들에게 가장 피부에 와닿으면서 흥미를 느낄 수 있는 통로를 제공할 수 있다. 그러나 또 한편으로 연극놀이는 감정이입과 동일시를 바탕으로 하기에 어느 하나의 구체적인 사회적 현상을 자신의 삶과 연결시키고, 나아가 다른 이들에게도 적용 가능한 보편성을 인식하도록 도울 수 있는 교육 매체가 될 수 있다. 그 예로서 본 교재에서 소개한 〈세계 여러 나라〉 프로그램들을 살펴보자. 이것은 유아들이 세계 여러 나라와 그 문화에 관심을 가지도록 하기 위해 통합적인 접근방식을 활용하여 고안된 프로그램이다. 〈인디언 마을〉에서 유아들은 인디언 추장(역할내 교사)을 만나 용감성을 시험하는 신체활동을 하고, 인디언 음악에 맞추어 춤을 추고, 자연과 교감하는 명상의 시간을 갖는다. 〈미국〉에서는 할로윈 축제 준비를 함께 하고, 유령으로 가장한 채 집집마다 돌아다니며 사탕 얻는 놀이를 한다. 인디언과 미국의 무수히 많은 풍습과 문화 중에서 '용감성의 시험'과 '자연과의 교감', '할로윈 축제'를 선택하여 극화한 것이다. 유아들은 추장의 안내를 받아 곧바로 인디언의 특정 이벤트에 참여하게 되며, 유령과 호박 등불, 사탕 등에 매료되어 할로윈 축제에 기꺼이 참여하여 즐긴다. 이것은 곧바로 우리와 다른 나라 사람들의 삶과 문화에 대한 호기심과 관심을 불러일으키는 계기가 된다. 또한 그들 문화의 단편적인 이벤트에 대한 전인적인 참여 경험은—정서적, 신체적, 인지적 참여—다른 나라 사람들에게 공감을 느껴볼 수 있는 기회를 제공한다. 따라서 유아들은 현상의 차이 속에 숨은 인류의 보편적인 정서와 가치 개념을 확인할 수 있다. 특수하고 구체적인 상황을 다룬다는 점에서 연극놀이 경험 자체는 한정된 것이라고 말할 수 있지만, 그러한 직접적인 경험에서 유발되는 호기심과 관심, 그리고 인지와 정서, 신체적으로 통합된 참여 경험은 이후의 학습을 더욱 촉진시키며, 유아 개개인이 이후 삶에서 지속적으로 타문화에 관심을 가지고 탐구할 수 있는 발판이 될 수 있다.

### 라. 예술경험

말을 전혀 하지 못하는 어린 아기일지라도 표정과 몸짓, 목소리를 통해 자신의 욕구와 느낌을 표현한다. 조금씩 언어를 익혀나가면서 흥얼거리거나 짧은 노래를 즐겨 부르고, 다양한 움직임을 탐색하며 극적놀이를 즐기고, 종이에 뭔가 끄적거리고 무언가 끊임없이 조작하고 만들고 놀이를 하면서 음악, 조형, 동작을 통해 자신의 생각과 느낌을 자연스럽게 여러 방식으로 표현한다. 즉 영유아기 아이들은 놀이와 생활 속에서 아주 자연스럽게 예술적 요소들을 탐색하고 실험하면서 표현력을 발달시킨다. 이후 점점 나이가 들고 교육을 받을수록 언어 능력이 신장하는 반면, 이러한 생동감 있고 풍부한 표현력은 적잖이 상실된다. 자신의 생각과 느낌을 표현하는 데 있어서 대부분 언어적 수단에 의존하기 때문이다. 따라서 놀이와 일이 명확히 구별된 채, 예술은 삶과 멀리 떨어진 별개의 세계라고 생각하고 살아가는 성인들보다 유아들에게 예술은 훨씬 더 가까이 있다. 놀이와 예술, 삶을 통합적으로 경험하는 유아들이 이후 삶에서도 호기심과 풍부한 표현 수단을 잃지 않은 채, 창의성과 상상력을 더욱 발달시키고 예술을 이해하고 즐기도록 하며 심미안을 기르도록 하는 것이 누리과정에서 예술경험 영역의 주된 목적일 것이다.

예술경험 영역은 유아가 친근한 주변 환경에서 발생하는 소리, 음악, 움직임과 춤, 모양과 색 등의 미술 요소에서 아름다움을 느끼고, 또래와 교사, 부모, 지역사회의 주민이나 작가가 표현한 예술 작품을 가까이 접하면서, 이를 탐색하고 창의적으로 표현하는 것을 즐기며 감상하기 위한 영역이다. 이 영역은 '아름다움 찾아보기', '예술적 표현하기', '예술 감상하기'의 세 가지 내용 범주로 구성되어 있다. 그러나 유아기의 예술경험은 이 세 가지 내용이 구분되기보다는 서로 밀접하게 연관되어 있다. 아름다움 찾아보기, 예술적 표현, 예술 감상은 서로 연계되고 순환되면서 구분에 따라 별개의 독립된 활동으로 다루기보다 수시로 일상생활 속에서 다양한 예술 매체와의 친숙한 경험을 통해 아름다움을 찾고 표현하며 감상하는 활동이 순환되고 통합되도록 하는 것이 중요하다(교육과학기술부, 2013a).

유아를 대상으로 하는 예술교육의 현대적 경향은 반복적인 연습을 통한 예술적 기능과 특정한 예술적 개념의 습득보다는 창의성과 탐색의 자유를 중시하고, 개인의 자아표현과 의사소통의 수단으로서 유아에게 만족과 즐거움을 가져다주는 것을 일차적 목적으로 삼는다. 음악의 경우, 악기 연주나 기보법에 대한 학습 이전에 몸의 율동을 통해 리듬을 경험하도록 하고, 유아의 말하기와 노래, 춤과 언어, 움직임이 총체적으로 연결되어야 한다는 통합적 접근을 꾀하고 있다. 동작교육에 있어서도 똑같은 동작을 요구하면서 경쟁을 부추기는 교육방식으로부터 인간 움직임의 요소에 좀 더 주의를 기울이면서 창작적인 움직임과 탐색을 강조하는 방향으로 변화하고 있으며, 조형교육은 단순한 그리기 차원을 넘어서서 재료에 대한 탐색에서부터 그리고 칠하고, 만들고 구성하기까지의 과정으로 폭을 넓혀 작품의 완성도보다는 창작의 과정 자체를 중시한다.

연극놀이 역시 이러한 유아예술교육의 흐름과 맥을 같이 한다. 어른들에게 그럴듯한 공연을 보여 주기 위해서, 아이들에게 대본을 외우게 하고, 교사의 지시에 따라 움직이고 말하게 하는 꼭두각시 같은 무대 위의 배우를 만드는 것이 아니라 신체와 언어를 통해 자신을 표현하고, 놀이적 상상력을 바탕으로 상상의 세계 속에서 자신의 숨겨진 욕망을 드러내고 다른 사람들의 생각과 느낌을 탐색하고 자신의 것과 비교해 보도록 하는 데 중점을 둔다.

이러한 유아 예술교육의 현대적 흐름을 반영하여, 예술경험 영역은 특정한 예술적 개념이나 기능을 익히게 하기보다는 사물을 직접 만져 보고, 느껴 보며, 몸을 움직여 보는 능동적인 학습 활동이 이루어지도록 한다. 또한 유아들이 생각과 느낌을 자유롭게 표현할 수 있도록 결과보다는 활동과정을 중요시하는 방향을 설정하고 있다. 또한 음악, 조형, 동작, 극 활동을 개별적으로 뿐 아니라, 통합적으로 제공하고, 다른 영역의 내용과 통합하여 지도하도록 하고 있다.

연극놀이는 단편적인 역할놀이나 이야기 구조 내에서 역할을 수행하는 것뿐 아니라, 감각적인 탐색 활동과 몸과 목소리를 표현적으로 이용하는 활동도 포함한다. 몸과 목소리는 연극의 주요한 표현수단으로서 매우 중요시되는데 무언가를 몸으로, 목소리로 표현하기 위해서는 자연과 주위 환경에 관심을 갖고 탐색을 통해 풍부한 감각 체험을 갖는 것이 필수적이다. 특히 사물과 자연물에 대한 구체적인 체험이 적은 유아의 경우 그냥 '바람을 몸으로 표현해 보자.', '당밀에 손발이 붙은 토끼의 몸짓을 표현해 보자.' 라고 제시하면, 모호하거나 상투적인 움직임으로 끝날 가능성이 많다. 바람을 몸으로 직접 느껴 보고, 바람의 소리를 듣고 목소리로 내어 보고, 바람으로 인하여 일어나는 여러 가지 현상들을 관찰한 이후, 자신의 몸으로 바람을 표현한다면, 훨씬 창의적인 움직임을 보여 주곤 한다. 또한 '당밀' 이 무엇인지, 끈적끈적함이란 어떤 것인지 직접 촉각으로 느껴보고, 토끼의 특성과 구체적인 몸짓을 사진이나 그림을 통해 간접적으로라도 살펴본 후, 그것을 표현하도록 한다면, 정교하고 다양한 표현들을 유도할 수 있다.

몸과 목소리의 표현을 돕는 연극놀이 활동들은 대부분 음악, 동작교육 내용과 겹쳐지는 부분이 많고, 이야기나 상상한 것을 극화해 보는 극놀이 표현교육이 누리과정에 포함되어 있어서 유아교육기관에서 조형, 음악, 동작과 더불어 연극놀이도 풍부한 정서 함양과 창의적 표현을 위한 주요한 예술 매체로서 다루고 있다.

누리과정의 예술경험 영역은 음악, 움직임과 춤, 미술, 극놀이의 개별적인 체험과 표현 못지않게 통합적인 표현도 중요하게 다루고 있다. 예술경험 영역의 '통합적으로 표현하기' 부분은 유아가 참여하는 다양한 표현 활동들이 서로 통합적으로 이루어지도록 하는 내용이다. 유아는 음악, 움직임과 춤, 미술, 극놀이를 통합적으로 경험하게 될 때 자신의 경험을 조직적이고 종합적으로 표현할 수 있게 되며 더욱 풍부한 표현력을 가질 수 있게 된다. 또한 이러한 경험이 일상적으로 반복되면서 유아는 예술 활동 전반에 대해 지속적으로 흥미를 가지고 창의적 표현 과정을 즐기게 된다(교육과학기술부, 2013a).

예술교육에 있어서 이러한 통합적 접근을 시도할 때 특히 유용한 것이 연극놀이이다. 연극 자체가 조형, 동작, 음악이 어우러진 종합예술이고, 역할 구조와 이야기 맥락을 제공해 줄 수 있어서 유아들의 다양한 창의적 표현을 통합적으로 유도할 수 있기 때문이다. 본고에 실린 연극놀이 프로그램 중 〈우리 동네 빵집 이야기〉, 〈우리 마을 지킴이—장승〉, 〈봄의 왕과 겨울 마법사〉, 〈산타클로스가 사라졌어요〉는 조형 활동을 통합한 것이다. 〈우리 동네 빵집 이야기〉에서 유아들은 빵의 재료와 밀가루 반죽을 탐색하면서, 반죽된 밀가루를 이용하여 자유롭게 입체적인 조형 활동을 한다. 〈우리 마을 지킴이—장승〉에서는 여러 가지 장승의 얼굴 표정을 살펴보고, 장승의 얼굴을 가면 형태로 그리고 나서 자신이 만든 장승 가면을 쓰고, 나쁜 것을 물리치고 마을을 보호해 주는 장승의 역할을 수행한다. 이것은 우리나라 전통 예술에 대한 관심을 불러일으키며, 전통적인 조형물의 의미를 몸으로 체험하도록 한다. 〈봄의 왕과 겨울 마법사〉와 〈산타클로스가 사라졌어요〉는 유아들이 겨울을 모르는 '봄의 왕'과 산타클로스를 찾는 '경찰관'을 도와주는 역할을 맡아 겨울에 관한 그림을 그리고, 산타클로스를 찾는 포스터 그리기 작업을 하도록 한다. 〈미운 아기 오리〉의 경우 유아와 엄마는 마지막에 하얀 천을 걸치고 백조로서 '백조의 호수' 음악에 맞추어 우아한 춤을 추며 마무리를 한다.

이외에 본고에 실린 '세계 여러 나라' 생활 주제 하의 프로그램들은 전반적으로 통합적인 표현 활동을 아우른다. '여행' 이라는 노래를 부르면서 각 나라로 여행을 떠나서 그 곳의 사람을 만나고 그 나라의 이야기나 풍속, 문화를 체험한다. 인디언 마을에서는 인디언 머리 장식을 만들고, 축제에 참여하여 인디안 음악에 맞추어 인디언들의 전통 춤을 즐긴다. 미국에서는 호박 등불을 만들고, 다양한 천과 소품들을 활용하여 유령으로 자신을 가장한다. 이러한 가장 활동은 프랑스에서도 활용되는데, 여기서는 천과 의상, 소품들을 활용하여 차려입고 패션쇼를 펼친다. 이것은 의상을 통해 자신을 표현하도록 하는 활동이라고 할 수 있다. 또한 프랑스에서는 '현지 가이드' (역할내 교사)의 안내를 받아 파리의 풍경과 예술가들의 명화를 감상하고 주변의 물건을 이용하여 파리라는 도시를 형상화하는 작업을 하고, 몽마르트의 화가로서 모델을 그림으로 그리기도 한다. 프랑스를 소재로 한 연극놀이는 전반적으로 미술적 표현 활동에 중점을 둔 것이라면, 멕시코 프로그램은 막대 인형을 활용한 이야기극화 활동이다. 유아들은 앵무새 막대 인형을 만들고, 그 인형을 들고서 '산체스' 와 앵무새 '페페' 의 역할을 번갈아 가며 멕시코의 이야기 〈앵무새 페페〉를 연극적으로 체험한다. 같은 이야기극화라도 〈팥죽 할멈과 호랑이〉는 음악과 움직임에 보다 초점을 둔다. 이 이야기에 등장하는 밤톨, 자라, 송곳, 절구, 멍석의 특성을 고려한 음악적 리듬과 멜로디에 맞는 움직임을 유아들 스스로 창안하도록 하여, 음악과 함께 이야기를 극화하도록 하고 있다. 우리와 다른 나라의 문화를 이해하고 학습하는 데 있어서 다양한 예술 매체를 이용하여 통합적으로 접근하는 것은 매우 유용한데, 이때 역할과 이야기 맥락을 제공하는 연극적 구조를 적용하면 정서, 신체, 지적으로 유아들을 참여시킬 수 있는 유기적인 흐름을 창조하여 전체적인 수업을 다채롭고도 일관되게 진행할 수 있다.

예술경험 영역은 '아름다움 찾아보기' , '예술적 표현하기' 와 더불어 '예술 감상하기' 도 포함한다. 감상이란 유아가 자연물과 주변 환경을 비롯하여 음악, 움직임과 춤, 미술, 극놀이 등 자신과 다른 사람의 예술 작품을 보고, 듣고, 즐기며, 소중히 여김으로써 풍부한 감성을 기르며, 전통 예술에 친숙해지고 다른 문화의 아름다움에 관심을 갖도록 하는 것이다. 예술 감상하기에서는 자연과 다양한 예술 작품을 자연스럽게 감상함으로써 아름다움을 인식하고, 다른 사람의 예술적 작품을 이해하고 존중할 수 있도록 한다(교육과학기술부, 2013a).

연극의 감상 활동은 연극놀이를 하는 동안 다른 유아들의 발표를 보는 것과 극장에 가서 전문 극단의 아동극을 관람하는 것으로 나눌 수 있다. 초등 이상의 아동인 경우 모둠작업을 통해 자신들의 연극을 만들어서 같은 반 친구들에게 보여 주도록 하는 연극놀이 수업이 가능하지만, 유아인 경우 모둠작업이 용이하지만은 않다. 자기중심성이 강한 유아들에게 스스로 토론을 통해 의견을 모으고 각기 역할을 맡아 장면을 만들라고 요구하는 것은 무리한 일이다. 더군다나 유아들은 자신들의 연극적 표현을 객관화시켜서 소통 가능한 것으로 만들어야 한다는 개념을 갖고 있지 않다. 그래서 유아를 대상으로 하는 연극놀이에서는 관객과 연기자가 완전히 구분된 형식의 연극 발표와 감상 활동보다는 자신의 상상력을 간단하게 표현하고 다른 이들의 표현도 감상하게 한다. 그리고 모두가 참여하는 연극 활동을 마치고 그 체험을 다른 이들과 공유하는 시간을 갖도록 한다. 〈무엇이 될까?〉에서 유아들이 막대를 변형하여 사용하는 모습을 돌아가며 발표하기, 〈이상한 굴〉에서 훌라후프 굴을 통과할 때마다 변신하는 다른 친구들의 모습을 보고 자신도 개성 있게 표현해 보기, 〈찰칵 사진놀이〉에서 친구들의 '얼음' 조각상 모습을 보고 그 상황을 시로 만들어 보기 등등은 전자의 경우에 해당한다. 유아들은 이러한 형태의 수업에서 자신의 것을 발표할 뿐 아니라, 다른 이들의 발표를 보고 그것이 무엇을 표현한 것인지 맞춰 보고, 자신의 표현과 무엇이 다른지, 어떤 점이 특별했는지, 왜 재밌게 느껴졌는지를 이야기 나눈다. 한편 모두가 참여하는 연극 활동에서는 보는 사람, 하는 사람이 따로 있지 않다. 이 책에 실린 대부분의 연극놀이는 이러한 경우인데, 유아들은 모두 같은 역할('아기에 대해 아무 것도 모르는 아줌마를 돕는 사람' '늑대를 찾아가 이름을 얻으려 하는 사람')을 맡아 극적 상황을 체험하거나, 각기 다른 역할을 맡더라도 모두가 한 이야기 속으로 들어가게 된다. 즉 모두 동일한 연극적 체험을 공유하는 것이다. 이러한 연극놀이가 끝난 이후 이루어지는 활동은 반영(reflection)을 포함하는 감상이다. 함께 공유한 연극적 체험의 의미를 살펴보고, 그것을 우리 삶에 적용시켜 봄으로써 인간과 자연, 사회를 탐구하는 시간이기 때문이다. 물론 이와 더불어 자신이 포함된 연극적 활동 속에서 이루어졌던 다른 아동의 예술적 표현에 대한 느낌과 생각도 나눌 수 있다.

한편 극장으로 아동극을 보러 가는 것은 유아들에게 본격적인 문화 체험과 예술 작품 감상의 기회가 된다. 이때 교사들은 말초적 감각을 자극하는 공연보다는 교육적 의미와 예술성을 담보한 좋은 아동극을 선별할 수 있는 안목을 갖추어야 할 것이다. 책을 무작정 많이 읽히는 것 자체가 바람직한 독서교육이 아니듯, 극장에 얼마나 많이 데리고 가느냐 하는 것보다 적은 횟수라도 훌륭한 작품을 선별하여 보여 주는 것이 더 중요하기 때문이다. 또한 공연 관람 전에 유아들에게 공연 관람에 있어서 관객으로서의 바람직한 관람 태도에 대해서도 적절한 교육이 필요하다. 연극 공연 관람은 영화나 텔레비전을 보는 것과는 본질적으로 다르다. 연극을 관람하는 행위는 '지금 그리고 여기' 에서 가상의 일이 벌어지는 것에 반응하고 함께 참여한다는 의미를 지닌다. 때문에 좋은 공연이 이루어지기 위해서는 훌륭한 관객으로서 역할과 책임을 다해야 한다. 따라서 아무리 어린 아동이라 할지라도 극장으로 연극을 보러 갈 때는 관객으로서 기본적인 예의를 갖추고 연극적인 약속을 이해하고 있어야 한다. 이러한 교육은 공공장소에서 다른 사람들을 의식하고 피해를 끼치지 않아야 한다는 기본적인 시민교육이기도 하다. 극장에 가는 것은 연극을 감상하고 즐기기 위한 것이지만, 교사들이 잘 유도하면 아동들이 시민으로서 지켜야 하는 공중도덕을 학습하고 실습해 보는 기회가 될 수 있다.

공연 관람 이후 연극의 이야기와 등장인물 등 그 내용에 대해 이야기를 나누고, 자신의 느낌과 생각을 나누는 것으로 마무리할 수도 있으나, 연극놀이로 연극 공연에 대한 감상 활동을 계획할 수도 있다. 즉 연극의 이야기를 소재로 하여 역할을 맡아 극화 활동을 할 수도 있고, 공연의 주된 연극적 표현 양식을 활용한 연극놀이를 함께해 볼 수 있다. 예를 들어서 사실적인 의상이나 소품을 사용하지 않고 상상력을 활용하여 천이나 우산, 신문지 등을 여러 가지로 변형하여 무대를 창조한 작품이라면, 이러한 '상상을 통한 변형' 의 개념을 유아들도 적용해 볼 수 있도록 한다. 커다란 천을 가지고 여러 가지 것으로 변형시켜서 놀이한다든지, 천이 또 다른 어떤 것을 연상시키는지 유아들에게서 아이디어를 구하여 그러한 상상력을 실험해 보는 것이다. 이러한 방식의 감상은 그냥 앉아서 이야기를 나누는 것보다 시간이 더 걸리고 교사의 준비가 필요한 것이긴 하지만, 예술 작품의 내용과 표현을 자신의 방식으로 재현하고 실험해 볼 수 있다는 점에서 유아들에게는 특히 이로운 감상방법이라고 할 수 있다.

## 마. 자연탐구

자연탐구 영역은 유아가 자신을 둘러싸고 있는 주변 세계에 대해 호기심을 가지고 궁금한 것을 해소하기 위해 탐구하며, 일상생활에서 부딪치는 현상이나 문제해결을 통해 수학적·과학적으로 생각하는 기초 능력과 태도를 기르기 위한 영역으로서, '탐구하는 태도 기르기', '수학적 탐구하기', '과학적 탐구하기' 의 세 가지 내용 범주로 구성된다(교육과학기술부, 2013a).

연극놀이는 무엇이든 제한 없이 상상하고, 그것을 맘껏 펼쳐 놓고 표현하는 것으로 여겨 자연현상과 물질의 세계를 다루는 과학, 수학과는 거리가 먼 것으로 생각되기 쉽다. 사실 과학적 지식과 수학 계산을 굳이 연극놀이를 통해 가르칠 필요는 없다. 그러나 주위의 여러 가지 사물과 자연현상에 대하여 호기심과 관심을 불러일으키고, 수학과 과학이 인간 삶과 어떤 관계가 있으며 왜 필요한 것인지 살펴보도록 하고, 탐구과정의 즐거움을 맛보도록 하는데 있어 연극놀이는 유용한 교육 수단이 될 수 있다.

자연현상과 동식물, 물질의 변화, 기계 작동 등은 유아에게 있어 상상력의 원천이며, 동시에 연극적 표현의 훌륭한 소재가 된다. 동물의 움직임을 모방하고, 낙엽이나 바람, 계절의 변화 등을 창의적 움직임을 통해 표현하고, 여럿이 기계의 부품이 되어 작동방식을 몸으로 표현하는 것은 유아들이 매우 좋아하는 활동이다. 또한 목소리나 악기, 주변의 물체들을 활용하여 자연, 생물, 물질의 소리를 만드는 음향효과 놀이 역시 연극놀이에서 많이 다루어지는 활동이다. 이러한 활동들은 모두 예술경험 영역에 속하는 것이기도 하지만, 자연과 물리적 현상에 대한 흥미와 관심을 불러일으키고, 더 나아가 적극적인 관찰과 탐색 활동으로 연결될 수 있다는 점에서 과학적 탐구 활동으로 활용될 가능성을 가지고 있다. 몸짓 표현을 이렇게 과학적 탐구에서 활용하는 데에는 또 다른 이점이 있는데, 그것은 유아가 이 영역에 대해 어느 정도 알고 있는지 교사가 명확하게 파악할 수 있다는 점이다. 즉, 유아가 '토끼' 를 몸짓으로 표현하는 것을 보면, '토끼' 에 대한 그 유아의 사전 경험과 이해의 정도를 한 눈에 알 수 있다. 흔히 두 손을 머리에 대고 깡충깡충 뛰는 모습을 표현하는데, 토끼를 가까이 관찰할 기회가 있었다거나 토끼를 길러 본 경험을 가진 유아는 '당근이나 배추잎을 먹는 토끼', '입을 쫑긋거리고 오물오물 먹이를 먹는 토끼', '앞발이 짧고 뒷발이 긴 토끼가 뛰는 모습' 등을 섬세하게 표현하는 것을 볼 수 있다. 마찬가지로 '봄, 여름, 가을, 겨울'을 몸으로 표현해 보도록 하면, 사계절에 대한 유아의 지식과 이해도를 알 수 있다. 유아의 언어 표현은 아직 미숙하기 때문에 자신이 이미 알고 있는 것을 언어로 충분히 설명하지 못할 때가 많다. 연극놀이를 통해 몸짓과 소리로 표현하도록 기회를 줄 때 유아들은 자신이 이해하고 있는 것을 명확하게 보여 준다. 교사는 유아의 몸짓 표현을 보고 현재 유아 개개인의 이해 수준을 파악하여 필요한 부분의 학습을 계획할 수 있다. 혹은 관찰, 조사, 실험 등의 방법으로 학습한 내용을 나레이티브 판토마임이나 마임, 창조적 움직임 등 연극적으로 표현하도록 함으로써 유아들이 지식을 내면화시키도록 도울 수도 있다.

유아를 위한 과학교육은 1960년대 이후 유아의 인지발달에 관한 많은 연구 결과를 바탕으로 관점의 변화를 보이고 있다. 지식과 내용 중심에서 벗어나 과학적인 능력, 사고과정을 중시하게 된 과정 중심의 접근으로 활동을 통해 능동적으로 탐구과정에 참여시키고 논리적, 합리적, 조직적 문제해결력을 길러 주자는 것이다. 이에 따라 과거에 행해졌던 자연교육에 치중하였던 과학교육을 탈피하여 내용보다는 정보나 지식을 얻는 과정, 결과에 도달하기까지의 사고과정이나 탐구과정을 중시하는 현대적 과학 개념에 근거한 새로운 프로그램들이 개발되었다(이기숙, 2003). 이러한 과학적인 사고와 탐구과정 중심의 접근방식에 유효한 연극놀이 기법 중 하나가 바로 '전문가의 망토(mantle of expert)'이다. 전문가의 망토란 참여자들이 특정 지식과 기술을 갖춘 전문가의 역할을 맡아 주어진 과제를 해결하는 드라마 형식이다. 교사는 이때 보통 '난 몰라.' 혹은 '나는 도움이 필요해요.'의 태도를 취하는 열등한 역할을 수행하면서 특정 문제에 대한 해결을 '전문가'인 학생들에게 요청한다. 유아들은 실제 그 분야의 전문적인 지식과 기술을 갖고 있지 않지만, '무지'한 역할을 맡은 교사에 의해 상대적으로 무언가 알고 있는 우월한 입장에 처하게 된다. 그래서 진지하고도 책임감 있는 태도로서 문제가 무엇인지 파악하고, 자신이 이미 알고 있는 정보와 경험을 총동원하여 그 문제를 해결해 주고자 노력한다. 예를 들어 〈아기 돌보기〉에서 유아들은 뚜렷한 전문가 직업의 역할은 아니지만, '아기에 대해 잘 알고 있는 사람' 이 되어 '무지한 사람' 을 도와주어야 하는 입장에 처한다. 유아들은 아기가 왜 우는지, 아기를 어떻게 잠재우는지, 아기를 어떻게 안아 주어야 하는지 등을 이야기한다. 그리고는 '무지한 사람' 의 부탁으로 여러 가지 물건 중에서 아기에게 필요한 물건을 분류하게 된다. 이때 유아들은 자신이 알고 있는 것의 한계에 부딪친다. 자명종 시계가 아기 돌보는 데 필요한 물건인지 아닌지에 대해 의견이 분분하여 자기들끼리 토론을 벌인다. 그리고 그 용도를 확실히 모르는 물건이 나왔을 때 유아들은 그것을 알고 싶은 의욕을 느낀다. 이후 연극적 상황 밖으로 나와 교사의 설명에 의해서, 혹은 관련 책이나 자료를 통해 지식을 습득한 이후, 다시 연극 속으로 들어가 그 '무지한 사람' 을 도울 수 있다. 이 과정에서 유아는 알아야 할 절실한 필요성을 느끼며, 또한 모르는 것을 배우는 것이 얼마나 보상적인 체험인가를 깨닫는다. '전문가의 망토' 기법을 사용한 이 프로그램에서 유아가 문제를 파악하고, 분석하고 토론하고, 선택하고, 모르는 정보와 지식을 찾아나서는 것은 과학적인 탐구과정과 정확하게 일치하는 것이다. 또한 일반적인 학습의 과정이기도 하다. 그러나 여기에서 유아는 더 이상 일방적으로 정보와 지식을 주입받는 수동적인 학습자가 아니라, 주체적으로 지식을 구성해 나가는 적극적인 학습자이다. 이것을 가능하게 한 것은 연극놀이가 '여기 그리고 지금' 무언가를 당장 해야 할 긴급성을 부여해 주고, 전문가라는 역할이 유아에게 책임감과 진지한 태도를 요구하며 필요한 정보와 지식을 얻고자 하는 욕구를 불러일으키기 때문이다.

전문가의 망토 기법을 간접적으로 사용하는 〈아기 돌보기〉 프로그램은 과학적 탐구뿐 아니라 수학적 탐구와 탐구하는 태도 영역에도 속하는 통합적인 프로그램이다. 용도에 따라 사물을 분류하는 것과 문제를 창의적으로 탐구하고 다양한 방법으로 해결해 보는 과정을 모두 포함하고 있기 때문이다. 유아 수학교육 역시 과학교육과 마찬가지로 연습지를 사용하여 기계적인 연습을 하게 하고 수를 읽고 쓰는 것 보다는 구체적인 경험을 통해 수학적 사고를 돕는 것을 중요시 여긴다. 유아가 놀이, 게임, 생활 속의 문제해결과 같은 구체적 경험을 통해 수량관계, 공간과 도형, 측정, 규칙성, 자료 수집과 정리 등에 관한 기초 지식을 구성하고 논리적 · 수학적으로 사고하는 능력을 기르도록 하고 있다. 따라서 유아들의 극적놀이 자체가 수학적 활동의 근원이 될 수 있다. 버스

놀이나 가게놀이, 소꿉놀이 등은 수 세기, 측정, 모양 인식과 분류의 수학적 활동을 포함할 수 있다. 본 교재에 실린 프로그램 중 〈아기 돌보기〉 외에 수학적 탐구와 관계되는 연극놀이를 찾아보면, 〈우리 동네 빵집 이야기〉를 들 수 있다. 이 프로그램에서는 물질의 속성과 변화에 초점을 맞추었지만, 측정과 시간 개념에 중점을 두어서 빵을 만드는 재료의 양을 정확하게 재도록 하고, 오븐에서 빵을 만들기 위해 적정 시간을 맞추는 것에 관심을 갖도록 한다면, 제시된 프로그램보다 훨씬 더 심화된 수학적 탐구 활동이 될 수 있다. 다음에서는 수의 기초 개념과 측정, 비례 등의 개념을 직접 경험으로 배울 수 있는 연극놀이 프로그램을 하나 소개해 보겠다.

**거인의 코트**[10)]

1. 교사는 유아들과 함께 옷은 어떻게 만들어지는지 이야기 나눈다.
2. 유아들은 옷을 만드는 사람이 되어 그 과정을 마임으로 실현해 본다.
3. 커다란 편지가 배달되는데, 이 편지에는 거인이 자신의 옷을 만들어 달라는 내용이 쓰여 있다. 이것과 함께 거인의 발바닥 그림을 보내 왔다.
4. 유아들은 거인의 발바닥을 자신의 발과 비교해 보고, 자신의 몸의 비례를 생각하여, 거인의 몸 전체 윤곽을 가늠해 본다. (예 : 유아의 다리 길이가 자신의 발 길이 4배로 계산된다면, 거인의 다리 역시 거인 발 4배 크기로 계산)
5. 큰 종이에 거인의 윤곽을 그려 본다.
6. 윤곽에 맞추어 옷 그림을 그리고, 그것을 가위로 잘라서, 모둠별로 나뉘어 부위별로 바느질한다. 전체적으로 옷을 짜 붙인 다음, 단추나 장식 등을 만들어 붙인다.
7. 거인에게 옷을 보낸다.
8. 다음날 거인에게서 감사하다는 편지를 받는다.

위 연극놀이는 수학적 개념을 본격적으로 다루고 있지만, 또 한편으로는 창의적 탐구 과정이기도 하다. 거인의 옷을 만들어야 한다는 문제 상황은 유아들에게 매우 흥미로운 상황인 동시에 여러 가지 탐구할 거리를 제공한다. 거인의 몸의 크기는 어느 정

10) 이 수업은 다음의 책에 실린 프로그램을 재구성하여 사다리연극놀이학교 6세반에서 실행한 프로그램이다. Nigel Toye and Francis Prendiville. Drama and Tradistional Story for the Early Years, London: Routledge, 2000, pp.216-222.

도인가? 발 크기를 이용하여 어떻게 다른 신체 부위의 크기를 어림잡을 수 있을까? 옷은 어떤 형태로 만들까? 바지, 치마, 통으로 붙은 옷? 옷에서 어떤 부분을 이어 붙여야 하는가? 등 수많은 문제들과 씨름하면서 유아들은 다양하고도 독특한 생각들을 제안하고 실행해 볼 수 있다. 연극놀이가 수학적이고 과학적인 내용을 담으면서도 창의적인 사고와 상상력을 통합시킬 수 있는 것은 바로 '만약 …라면' 이라는 전제를 바탕으로 하고 있기 때문이다. '만약 내가 꽃씨라면', '만약 거인이 옷을 만들어 달라고 부탁한다면', '만약에 아기에 대해 무지한 사람이 나에게 도움을 요청한다면' 유아는 가상의 상황에서 보다 자유롭게 창의적으로 다양한 해결 방안을 모색할 수 있다. 연극놀이는 유아들이 일생생활에서 부딪히는 여러 문제 상황들을 바르게 인식하여 다양하고 창의적인 해결방안을 모색해 보도록 하고, 문제해결 과정 속에 내재된 새로움과 즐거움을 경험하고 탐구생활의 목표를 달성할 수 있는 방법이 될 수 있다.

chapter 4

# 유아의 발달특성에 따른 연극놀이의 지도방법

## 01 놀이와 탐색

엄마가 잡지나 강의에서 '아이의 창의성을 키워주는 놀이'를 접하고 나서 모처럼 마음먹고 신문지나 공, 천을 가지고 와서 아이와 놀아주려 하고 있다. 엄마의 머릿속에는 '신문지를 찢거나 접어서 여러 가지 것들을 만들어서 이야기를 엮어보기', '공을 알이라고 가정하여 알을 품어보고 알에 관련된 이야기를 체현하기', '천을 집으로 변형시켜서 돼지 삼형제 이야기를 체현하기' 등의 알찬 활동들이 가득하지만, 실제 아이는 그 소재를 보자마자 자기 마음대로 놀기 바쁘다. 엄마의 제안은 무시한 채, 신문지를 무작정 찢어서 방안을 어지럽게 만들고, 공을 이리저리 굴리고 던지고, 천을 뒤집어 쓰고 돌아다니기만 한다.

위와 같은 상황은 유아들에게 친숙하지 않은 소재에 대해 충분한 탐색 시간을 주지 않았기 때문에 일어나는 현상이라고 할 수 있다. 탐색과 놀이는 실제 구분하기 힘든 경우가 많지만, 엄밀히 말해 탐색이 새로운 경험을 통합하거나 적응하기 위하여 자신의 도식을 수정하는 '조절' 과정이라고 한다면, 놀이는 새로운 경험을 자신의 도식에 통합하여 그 경험을 해석하는 '동화' 과정이라고 할 수 있다. 영아들의 놀이와 탐색을 살펴보면 이 점을 쉽게 이해할 수 있다. 어린 아기가 딸랑이를 처음 대할 때 이리저리 살펴보고 만져보고 빨아보고 흔들어보고 높은 곳에서 떨어뜨려보면서 탐색할 때는 매우 진지하게 주의를 집중시킨다. 그러나 딸랑이에 익숙해진 이후에는 다소 이완된 태도를 보이면서 즐거운 얼굴로 반복적으로 흔들거나 떨어뜨리면서 딸랑이를 가지고 놀이한다. "아이 노는 소리가 들리면 아무 일도 없다는 것을 알지요. 그런데 조용하면 불안해요"라는 아기 엄마들의 말은 놀이와 탐색의 구분을 암시하는 말이기도 하다. 유아들도 영아들처럼 낯선 환경이나 복잡한 외부 자극 속에서는 즐겁게 자발적으로 놀이하지 못한다. 그러나 보통의 가정이나 교실 상황에서 유아들은 비교적 안정감을 느끼기 때문에 새로운 물체나 기구에 대해 호기심을 가지고 영아들보다 적극적으로 탐색을 한다. 탐색이 어느새 놀이가 되는가 하면 놀이를 하다가 세상을 탐색하기도 한다. 이렇게 유아들의 놀이와 탐색은 서로 넘나들면서 진행되기 때문에 밖에서 보기에는 모두 놀이처럼 보이기도 한다.

집단적인 놀이 상황을 구조화한 연극놀이에서는 명확한 규칙과 구체적인 활동이 있다. 유아들의 호기심과 탐색의 욕구를 고려하지 않으면, 이러한 활동을 이끌기가 쉽지 않을 수 있다. 특히 유아들은 학령기 아동에 비해 생활경험과 지식, 정보, 감각 체험이 적은 편이다. 그만큼 유아들이 세상에서 새롭게 접하는 것들이 많다는 것이다. 따라서 유아를 대상으로 할 때, 교사는 연극놀이 활동에서 다루고자 하는 소재나 내용, 놀이자료 중 유아에게 새로운 것이 무엇일까 사전에 고려하여 이것에 대해 유아들이 흥미롭게 탐색할 수 있는 시간을 통합적으로 계획하여야 한다. 다음은 연극놀이 활동 속에서 유아들의 탐색을 통합시키는 몇 가지 방법이다.

## 가. 자유로운 탐색 시간을 허용한다

유아들에게 새롭거나 흥미로운 소재가 연극놀이 활동에 도입될 경우, 활동 이전에 유아들이 먼저 그 소재를 맘껏 탐색한 후 각자 자기 나름의 방식으로 놀이할 시간을 충분히 준다. 이때 주의할 점은 그 소재가 인원수만큼 충분히 확보되어 있어야 한다는 것이다. 한 개만 있다거나 몇 개만 있다면 유아들 사이에서 그것을 갖고자 하는 경쟁이 일어나서 자유로운 탐색을 기대할 수 없다. 또한 탬버린, 종, 북 등 종류가 다른 악기가 여러 개 있다면 여기에서도 유아들의 선호도에 따라서 하나의 악기에 여러 명이 집착할 가능성이 있다. 이런 경우에는 한 명씩 돌아가면서 하나의 소재를 탐색할 수 있도록 시간 제한을 주거나 게임방식을 활용할 수도 있다.

유아들이 자유롭게 소재를 가지고 놀이하는 것을 보면 처음에는 그 소재를 감각적으로 탐색하다가 점차 다른 것으로 변형시키는 상상놀이로 전환하고, 이어 자연스럽게 다른 친구들과 관계맺는 사회적인 놀이로 발전시키는 것을 흔히 볼 수 있다. 교사는 이때를 놓치지 않고 그 놀이에 동참함으로써 유아들의 상상력을 더욱 확장시키고, 집단적인 공유를 적극적으로 유도할 수 있다. 다음은 유아들의 자유로운 탐색 활동을 허용하면서도 교사가 적절하게 개입한 연극놀이 수업의 한 예이다.[11)]

교사는 오늘의 놀이로 숨바꼭질을 하자고 제안하면서 큰 파란천을 교실 한가운데 놓고 밖으로 나갔다. 유아들은 큰 파란 천에 관심을 보이며 그 안으로 대부분 들어갔다. 몇몇의 유아들은 커튼 뒤로 숨었고 어떤 유아는 다른 친구가 숨는걸 도와주다 마지막에 숨었다. 그러다가 한 아이가 천을 사용해서 괴물을 표현했다. 금세 아이들은 숨바꼭질 놀이보다 괴물놀이에 더 흥미를 보였다. 교사가 유아들을 찾으러 들어오기도 전에 모두 뛰어나와 천을 이용해 괴물 흉내를 냈다. 교사는 잠시 괴물놀이할 시간을 준 후, 파란천을 흔들어 보였다. 아이들도 합류하여 천을 흔들며 놀이하였다. 그러자 뒤늦게 들어오는 유아들도 자연스럽게 놀이에 합류할 수 있었다. 다음에는 교사가 보조교사와 함께 천을 양쪽으로 잡고 왔다갔다 하였다. 그러자 한 유아가 "와! 바다다, 바다" 라고 소리쳤다. 유아들은 바다 속의 물고기가 되어 파도(천) 속으로 들어갔다. 교사들의 움직임에 따라 유아들의 상상력은 커지기 시작했다. 어느새 유아들은 모래에 누워있고 천은 파도가 되어 유아들을 덮친다. 유아들은 매우 즐거워하였다. 교사는 다시 누워있으면 파도가 한 번 더 갈 거라고 말하고, 파도놀이를 계속하였다.

위 수업의 주요한 연극놀이는 막대와 커다란 천을 활용하여 변형놀이를 하는 것이었다. 교사는 소재를 변형하여 표현하도록 하는 활동 이전에 이렇게 커다란 천을 가지고 유아 나름의 방식으로 탐색하고 놀이할 시간을 주고 있다. 한편으로 교사는 놀이를 제시하기도 하고, 유아들의 제안을 받아들여 확장시키기도 하면서 소재(커다란 천)를 탐색하면서 친숙해지도록 하였다. 물론 큰 천을 펴놓고 유아들이 맘대로 놀도록 하고 교사는 그것을 지켜보기

11) 이 기록은 사다리 연극놀이 전문지도자 교육과정 2기 학생이 2005년 사다리연극놀이학교 6세반 수업을 보고 정리한 것이다.

만 할 수도 있지만, 유아 눈높이에 맞는 교사의 놀이 제안과 적절한 개입은 모두가 함께 즐겁게 놀이하면서 의미 있게 탐색하는 시간을 만들 수 있다.

## 나. 게임방식으로 소재를 탐색하도록 한다

약간의 제한과 규칙을 부과하여 게임방식으로 탐색 활동을 구조화할 수도 있다. 완전히 자발적인 놀이에서 무질서함이나 산만함이 우려될 때에 이러한 방식의 접근은 특히 유효하다. 예를 들어서 신문지를 가지고 표현 활동을 하고자 한다면, 다음과 같은 탐색 활동을 차례대로 진행시켜서 유아들이 신문지를 가지고 맘대로 탐색하고 놀고 싶어 하는 욕구를 먼저 충분히 충족시킬 수 있다.

1) 신문지를 징검다리 형태로 바닥에 놓는다. 유아들은 신문지만 밟으며 돌아다닌다.
2) 교사가 인원수를 외치면 그 인원수만큼 하나의 신문지 위에 올라가기
3) 신문지를 흔들거나 구기고 비비면서 어떤 소리가 나는지 주의깊게 듣기
4) 신문지를 공중에 높이 띄웠다가 받기
5) 신문지 구겼다가 펴기
6) 신문지를 가늘게 찢기, 길게 찢기, 잘게 찢기
7) 잘게 찢은 조각들을 공중에서 흩뿌리기
8) 조각들을 모두 모아 공을 만들어서 공놀이 하기

또 다른 예를 들어보자. 〈모자 사세요〉라는 유명한 그림책 이야기로 연극놀이를 하기 위해, 교사는 여러 가지 모자를 도입하였다. 이야기에는 원숭이가 모자를 쓰고 모자 장수의 몸짓을 흉내내는 장면이 있다. 그런데 유아들은 모자를 이야기 맥락에 맞게 사용하기보다는 이 모자, 저 모자 써보느라 바쁘고, 심지어 서로 자기 맘에 드는 모자를 쓰겠다고 다투기까지 하였다. 이 경우 문제는 유아들이 '여러 가지의 모자를 직접 써보고 싶어한다' 는 것과 '흥미를 끄는 모자에 집착하는 아동이 많다' 는 점이었다. 이런 문제를 예방하고 싶다면 다음과 같이 모자를 가지고 여러 가지 방식으로 탐색하면서 놀이해볼 수 있다.

1) 원으로 앉은 상태에서 노래 부르면서 모자 하나를 옆사람에게 돌린다. 점차 모자의 갯수를 늘려간다.
2) 모두 한 개씩 모자를 가진 상태에서 노래에 맞추어 오른쪽 사람에게 모자를 돌린다.
3) 위와 같은 방식으로 모자를 오른쪽 사람에게 씌워주면서 돌린다.
4) 모자를 거꾸로 쓰고 흘리지 않도록 하면서 걸어다닌다.
5) 모자에 공을 하나씩 넣어서 반환점을 돌아온다.
6) 교사가 던지는 공을 모자로 받는다.
7) 교사가 갖고 있는 바구니에 모자를 던져서 집어넣는다.

이렇게 모자를 가지고 탐색 활동을 한 이후, 〈모자 사세요〉 이야기를 가지고 연극으로 만든다면, 유아들은 이야기 문맥에 맞게 연극 속에서 적절하게 모자를 사용할 수 있을 것이다.

## 다. 시청각 자료를 활용하고 실질적인 감각적 체험을 유도한다

유아를 대상으로 처음 연극놀이를 지도하는 교사는 유아가 갖고 있는 지식과 체험의 정도를 넘어선 무언가를 곧바로 상상하여 표현하도록 하는 오류를 범하곤 한다. 유아에게 새롭거나 익숙하지 않은 개념이나 어휘, 정보, 지식 등과 관련하여 감각적으로 탐색할 시간을 제공할 필요가 있다. "만약 우리가 통통 튀는 콩이라면" 혹은 "이 바닥이 끈적끈적하다고 하자. 우리가 이 위를 걸어다녀볼 거야."라고 언어적으로만 설명해서는 구체적인 몸짓 표현을 유도하기 힘들다. "…라고 하자"라고 가정하기 전에 끈적끈적한 성질을 보여주거나 촉각으로 느끼게 해주고, 큰 북에 콩을 올려놓고 북을 칠 때마다 통통 튀는 콩의 모습을 실제적으로 보여줄 필요가 있다. 구체적인 사물을 제공하기 힘든 여건이라면 그림, 사진, 음향효과 등의 시각자료와 청각자료를 동원해서라도 유아들이 표현하고자 하는 사물이나 자연물에 대해 구체적인 상을 그려보고 간접적으로라도 느껴볼 수 있도록 해야 한다. 이러한 구체적인 감각 경험 이후 몸짓으로 표현해보고, 다음에 이야기 문맥 내에서 역할로서 감각 경험을 활용하여 몸짓으로 표현해보는 일련의 과정을 겪을 때 유아들은 지각된 감각 정보를 훨씬 잘 기억하고, 그것을 상황과 연관시켜 일반화하는 능력을 향상시키게 된다. 〈토끼와 당밀〉 프로그램은 '구체적인 감각 경험→ 감각 경험을 되살려 몸짓으로 표현하기→ 이야기 문맥 내에서 역할로서 감각 경험을 활용하여 몸짓으로 표현하기'의 과정들을 잘 보여준다. 우선 유아들은 '당밀'과 유사한 성질을 가진 물엿에 대해 감각적으로 경험한다. 시각, 후각, 청각, 미각, 촉각을 동원하여 병에 담긴 물질(물엿)의 성질을 느껴보고, 그것을 감각적인 언어로 묘사한 다음, 감각 정보를 바탕으로 그 물질이 무엇인지 알아낸다. 다음에는 감각 중에서도 끈적끈적하다는 촉각적 정보에 집중하여, 물엿과 유사한 성질의 당밀에 몸이 붙는다면 어떠할까 상상해보고 그것을 몸짓으로 표현해본다. 이것은 당밀이나 물엿이 실재하지 않는 상황에서 이루어진다. 즉 물엿이라는 구체물을 직접적으로 경험한 감각 정보를 기억하여 그것을 상상으로 되살려 몸으로 표현하는 것이다. 그리고 나서 '토끼와 당밀'이라는 이야기 속의 토끼 역할을 맡아 당밀의 고소한 냄새를 맡고 들어가서 맛을 보다가 몸이 붙어서 옴짝 달짝 못하는 상황을 연기하게 된다. 토끼와 당밀 이야기를 가지고 곧바로 연극적 상황 속으로 들어간다면, 토끼를 맡은 유아들은 당밀에 자신의 몸이 붙는 과정을 형식적으로 표현하기 쉽다. 또한 '토끼탕을 만들어먹겠다'는 농부의 위협에 즉각적으로 반응하여, 당밀에 자신의 몸이 붙어있다는 설정을 잊어버리고는 멀리 도망을 가버리곤 한다.

간단한 몸짓 표현, 마임, 역할 연기, 이야기극화 등의 연극놀이를 할 때, 먼저 그 소재에 대해 시청각적인 자료와 실물자료를 총동원하여 유아들이 감각적으로 경험하고 탐색하도록 하는 것은 유아들의 표현력 향상을 돕는 것일 뿐 아니라, 의미있는 학습과정이기도 하다.

## 02 주의집중

일반적으로 유아들의 주의 지속 시간은 매우 짧기 때문에 단일 대상이나 단일 과제에 오랫동안 주의를 기울이지 못한다.[12] 이것은 유아의 신체와 뇌 발달과 관련이 있다. 신체적으로 볼 때 유아기는 대근육 운동 기술과 신체 조절력, 신체적인 협응 능력을 연마하고 발달시키는 시기이다. 그래서 유아는 매일매일 새로 습득한 신체적인 힘과 조절력을 실험하고 싶어하며 활동적인 작업에 더 몰두한다. 달리기, 뛰기, 자전거 타기보다는 오랜 시간 앉아

있는 것을 더 피곤해 한다. 한편 뇌발달 측면에서 볼 때 성인이나 청소년에 비해 유아의 주의력이 짧은 이유는 장시간 한 대상에 집중하는 능력을 관장하는 뇌의 영역인 망상체가 사춘기가 되기 전까지는 완전히 수초화가 되지 않는데서 찾을 수 있다(최경숙, 2005). 수초화란 신경섬유가 수초라는 덮개에 의해 둘러싸이는 과정을 말하는데, 수초는 뇌가 신체의 다른 부위와 효율적으로 신경충동을 교류할 수 있게 해준다.

유아의 주의집중 시간이 짧다고 해서 연극놀이 시간 자체를 항상 15~20분 이내로 한정지을 필요는 없다. 주의집중력은 개별적으로 차이가 클 뿐 아니라, 활동 종류에 따라서도 다르게 나타나기 때문이다. 다음의 몇 가지 사항을 특히 염두에 두어 수업을 구조화한다면 1시간 가량의 연극놀이 수업도 유아들이 소화하는 것은 어렵지 않을 것이다.

## 가. 활동 유형의 변화

일반적으로 유아들이 몸을 움직이는 활동을 선호하고 그것에 몰두한다고 해도, 동적인 유형의 활동만 오래 지속하면 유아들의 신체적인 에너지는 떨어지고 주의집중력 역시 저하될 것이다. 유아들의 신체리듬을 고려하여 역동적인 활동과 정적인 활동을 연극놀이 시간 내에 적절히 배치할 필요가 있다. 또한 시간과 공간의 활용, 표현양식의 측면에서 각각 다른 수위에서 작용하는 드라마 관습들을 다양하게 사용함으로써 유아들의 주의를 환기시키고 새로운 에너지로 활동에 집중할 수 있도록 도와주어야 할 것이다. 보통 30~40분의 시간이 소요되는 〈흉내쟁이 호랑이〉 프로그램의 전체 흐름을 살펴보자.

12) Yendovitskaya(1971)는 아동의 지속적인 주의력을 측정하기 위해서 아동들에게 가늘고 긴 색종이를 색에 따라 상자 속에 넣도록 하고 이 일을 얼마 동안이나 지속할 수 있는지를 측정하였다. 그 결과 2.5~3.5세 아동들은 평균 18분 정도 할 수 있었으며, 쉽게 다른 것에 주의를 돌렸다. 반면 5.5~6세 아동들은 1시간 이상 이 일을 지속할 수 있었다. 2, 3세 아동들은 자신들이 좋아하는 TV를 보거나 놀이를 할 때에도 딴 데를 보거나 왔다갔다 하는 등 주의를 여기저기로 분산시켜 한 활동에 지속적인 주의를 기울이기가 어려웠다(최경숙, 2005).

1) 앉아서 교사의 시범 장면 보기
→ 2) 한 명씩 동물로서 호랑이와의 대면 장면을 연기하고, 나머지 유아들은 앉아서 그것을 본다.
→ 3) 모두가 호랑이가 되어서 다른 동물의 흉내를 내면서 역동적으로 움직이고, 전체 공간을 사용한다.
→ 4) 동그랗게 앉아서 숲 속 동물들로서 회의를 한다.
→ 5) 회의에서 나온 아이디어를 호랑이를 대상으로 직접 시도해본다.
→ 6) 앉아서 느낀 점을 이야기 나눈다.

전체적으로 볼 때, 앉아서 참여하는 시간(장면 보기, 회의하기, 느낌 나누기)과 몸을 움직여 활동적으로 참여하는 시간(숲 속 동물로서, 호랑이로서, 숲 속 동물로서)이 번갈아 배치되어 있으며, 공간 역시 다양하게 이용되고 있다. 2번 활동에서 유아들은 한정된 공간에서 개별적으로 연기를 하는 반면, 3번에서는 전체 공간을 자유롭게 활용하며, 4번은 원형의 공간성을 취한다. 한편 5번에서 유아들은 호랑이를 골탕먹이기 위한 작전을 실행하기 위해서 직접 공간적 배치를 생각해보고 전략적으로 공간을 사용하게 된다. '호랑이를 함정에 빠뜨리자' 라는 의견을 시도해보고자 한다면, 교실 내에서 함정을 만드는 방법과 함정의 위치, 처음 호랑이가 있는 위치와 자신들(숲 속 동물들)이 숨어 있을 위치를 고려하여 스스로 연극적 공간을 조직화해야 할 것이다.

위와 같은 연극놀이 수업의 구성은 유아들로 하여금 신체적인 에너지를 배분하여 쓸 수 있도록 하는 동시에, 전체 수업의 주제에 지속적으로 주의를 기울일 수 있도록 하는 데 효과적이다. 물론 유아들이 하나의 활동에 충분히 빠져들기도 전에 역할과 활동의 유형을 자주 바꾸어 주는 것은 역효과를 주어 혼란을 자아낼 수도 있다. 그러나 일반적으로 유아들은 학령기 아동들에 비해 극적 상황 속으로 빨리 몰입하는 한편 주의집중 시간은 짧다는 점을 감안할 때, 정적인 활동과 동적인 활동의 순환 시기와 활동 유형의 변화 시기는 성인이나 학령기 아동 청소년의 경우보다 더 빠르게 구성될 필요가 있다.

## 나. 참여 그룹의 변화

그룹을 짓는 방식은 연극놀이 체험의 강도와 질에 영향을 주는 요소 중의 하나이다. 유아들의 짧은 주의집중력을 반영하여 연극놀이 수업에서 유아들의 그룹 형태를 자주 변화시키는 것도 좋은 방법이다. 연극놀이에서 흔히 사용하는 그룹형태는 다음 네 가지이다.

### 1) 전체 그룹 활동

모든 아이들이 동질적인 하나의 집단으로서 역할을 수행한다. 이때 교사는 이 집단을 대상으로 도움을 구하거나 반대적인 입장을 취하는 역할, 혹은 안내하거나 정보를 주는 역할을 취하여 1대 다수의 구도를 형성한다. 〈이름 보따리〉에서 교사가 이름이 없어서 고민하는 늑대 역할이라면, 유아들은 고민을 들어주고 문제해결을 돕는 상담자의 역할이다. 〈아기 돌보기〉에서는 아기 돌보는 법을 몰라 쩔쩔 매는 아줌마 역할의 교사에 대응하여 유아들은 아기에 대해 정보와 도움을 주는 '아기 전문가' 역할을 맡는다. 유아들에게 이러한 전체 그룹 활동은 상당한 이점이 있다. 특히 연극적인 경험이 별로 없거나 소극적인 유아들인 경우, 자신을 특별히 드러내어 표현해야 한다는 부담감 없이 자연스럽게 연극 속으로 들어가서 즐길 수 있기 때문이다. 또한 표현 욕구가 왕성한 아동은 교사 역할에 대해 적극적으로 반응하게 된다. 교사가 역할을 적절하게 수행한다면, 유아들의 인원이 20명을 넘는다고 해도 전체 그룹 활동을 통해서 유아 모두의 주의를 집중시켜 함께 하는 분위기를 조성할 수 있다.

### 2) 모둠 활동

3~5명씩 모둠으로 나뉘어 작업하는 활동 형태이다. 학령기 이상의 아동들인 경우 모둠 활동은 스스로 짧은 이야기나 장면을 만들어 다른 아이들 앞에서 발표하는 것을 의미한다. 그러나 유아들은 각자 자신의 의견을 제안하고, 토론하고, 조종하여 하나의 결과물을 만들어 내는 데 있어서 어려움을 겪는다. 공동의 의사결정 능력이 충분히 발달되지 않은 유아들은 타인의 말을 듣기보다는 자신의 의견만 고집하는 경우가 많다. 소극적인 아동들은 발언할 기회조차 갖기 힘든 경우도 있다. 그러므로 유아들과 모둠 활동으로 장면 만들기와 발표

를 하고자 할 때는 사회자 역할을 맡아 개별적인 의견을 청취해주고, 다른 의견들을 조종·통합해주는 성인 보조교사가 필요하다. 보조교사가 없다면 담임교사가 모둠별로 돌아다니면서 작업의 진행과정을 점검하고, 필요하면 의견을 조율하고 적절한 역할을 제시할 필요가 있다. 이 책의 프로그램에서는 되도록 별다른 의견의 조율과정이 필요하지 않은 모둠 활동의 형태를 제시하였다. 미국의 할로윈 문화를 소개하는 연극놀이에서 유아들은 유령이나 마녀로 가장한 다음 모둠으로 나뉘어 호박 등불이 켜진 집을 찾아 나선다. 그 집 주인(역할내 교사)의 문제를 해결해주고는 사탕을 선물로 받는다. 유아들이 모둠별로 해야 할 일은 그다지 어려운 일이 아니다. 상대 역할이 교사이기 때문에, 교사의 질문이나 요구에 대해 응하고나서 사탕을 달라고 요구하면 된다. 이 경우 보조교사가 별도로 도움을 줄 필요는 없다. 또한 〈봄의 왕과 겨울 마법사〉의 모둠 활동에서도 보조교사가 필요하지 않다. 아이들은 모둠으로 겨울에 관해 알고 있는 것을 함께 그림 그리면 된다. 한편 〈팥죽 할멈과 호랑이〉에서는 유아들이 모둠별로 역할을 나누어 맡는다. 즉 하나의 모둠이 하나의 역할을 맡는 것이다. 이러한 역할은 순서대로 나오기 때문에, 교사는 해설을 통해서 그리고 그 역할이 등장할 때 옆에서 그때그때 도울 수 있다. 보조교사가 여의치 않은 유치원 현장에서는 장면을 만들고 발표하는 모둠 활동보다는 위의 경우처럼 부담스럽지 않은 만들기나 그리기 작업을 모둠별로 같이 하거나, 동일한 역할로서 모둠별로 연극적 체험을 하는 작업 형태가 더 적합하다고 하겠다.

### 3) 짝 활동

두 명씩 짝을 지어서 움직임 활동을 하거나 두 명의 인물을 연기하는 작업 형태이다. 〈몸으로 말해요〉는 짝으로 다양한 움직임과 관계성을 탐구하는 활동의 예라고 할 수 있다. 또는 서로를 관찰하고 변화된 모습을 알아본다든지, 상대방의 움직임을 그대로 따라하는 거울놀이 같은 형식의 연극 게임도 유아들이 짝으로 시도해보기에 적합한 활동들이다. 즉흥적인 연기가 필요한 장면 만들기는 유아들에게는 무리한 것이지만, 전화놀이나 가게놀이처럼 간단한 역할놀이 수준의 것이라면, 개별적인 대화를 나누면서 언어발달을 도모할 수 있는 기회가 되기도 한다.

### 4) 개별 활동

연극놀이에서 개별 활동은 개인 발표와 동시다발적인 활동으로 나누어볼 수 있다. 개인 발표란 혼자서 상상하고 움직여보고, 혹은 역할을 연습해본 후 그 결과물을 다른 친구들 앞에서 발표하는 것이다. 〈무엇이 될까〉 프로그램은 개인 발표 형식을 취하고 있는데, 여기에서 유아들은 개인적으로 막대를 무엇으로 변형시킬 수 있을까 상상해보고, 한 명씩 막대를 변형시켜서 이용하는 몸짓을 보여준다. 학령기 아동의 경우 간단한 몸짓 표현으로부터 마임, 역할 표현에 이르기까지 다양한 개인 발표를 시도해볼 수 있겠지만, 유아의 경우 개인 발표는 제한적으로 사용하는 것이 좋다. 자기중심성이 강한 유아들은 다른 친구들의 표현을 장시간 보고 있기보다는 자신이 직접 하는 것을 더 즐기기 때문이다. 또한 다른 이들의 시선에 노출될 때 위축감을 느끼는 유아들도 적지 않다. 이런 문제를 보완할 수 있는 방법이 곧 동시다발적으로 놀이하거나 역할을 수행하는 것이다. 한 명씩 돌아가면서 발표하게 하는 대신, 막대를 모든 유아들에게 나누어주고 동시에 모두가 개인적으로 막대 변형놀이를 해보도록 하는 것이다. 그 중에서 재미있는 표현이 있다면 교사가 제안하여 다같이 그것을 표현해보도록 한다. 다같이 막대를 이용하여 골프를 쳐본다든지, 야구를 해보는 것은 충분히 가능한 일이다. 동시다발적인 역할 수행은 유아를 대상으로 하는 연극놀이에서 매우 유용한 방법이다. 〈토끼와 당밀〉의 예를 살펴보자. 유아들은 모두 토끼 역할을 맡아서 움직이고 말하고 교사가 연기하는 농부에 대해 반응한다. 즉 아이들 수만큼의 토끼들이 연극에 등장하는 것과 같다. 전체 그룹 활동에서처럼 보는 사람이 없고, 모두가 동일한 역할을 맡고 있지만, 한편으로 개별적인 표현 또한 가능하다. 즉 유아들이 모두 같은 토끼일지라도 각자가 자신의 개성을 가진 토끼 역할을 창조할 수 있다. 당밀 냄새에 누구보다 먼저 반응하여 다른 친구들을 깨우는 토끼, 용감하게 먼저 집 안으로 들어가서 탐색하는 토끼, 잡아먹겠다고 하는 농부에게 대드는 토끼가 있는가 하면 간절하게 구명을 요청하는 토끼가 있을 수 있다. 유아들은 당밀의 냄새를 맡고 들어갔다가 당밀에 붙어서 꼼짝 못하다가 결국은 풀려서 도망간다는 설정 내에서 자유롭게 자신이 상상하는 토끼의 성격과 행동을 표현할 수 있다. 연극놀이에 처음이거나 소극적인 아동인 경우에 적극적으로 대사와 몸짓을 하지 않는다고 하더라도 토끼 역할을 자기 나름대로 즐길 수 있는 이점이 있다.

## 다. 장면 분할

유아를 대상으로 하는 연극놀이 중에는 이야기를 소재로 한 활동이 많다. 이야기를 전체적으로 극화하고자 하는 경우 유아들의 짧은 집중력은 방해 요소로 작용할 여지가 많다. 이야기가 끝까지 진행되는 동안 한 인물로서 자신의 역할을 유지하면서 이야기 흐름을 따라가기가 유아에게는 어렵기 때문이다. 이러한 문제를 해결할 수 있는 방안이 이야기를 짧은 장면 단위로 분할해서 활동을 계획하는 것이다. 이런 방식은 전문적인 연극작업에서 연출가가 대본을 짧은 장면으로 잘라서 분석하고 연습하는 것과 흡사하다. 이야기 장면은 다음 두 가지 요소에 의해서 쉽게 분할될 수 있다.

- 장소나 시간의 변화
- 새로운 인물의 등장

위 요소에 의거하여 전체 이야기를 분할하는 과정에서 교사는 주요한 수업목표와 수업 시간을 고려하여 필요 없는 부분을 삭제하거나 등장 인물의 수를 줄이는 등 각색과 수정을 가할 수 있다. 분할된 각 장면에 대해 교사는 적합한 연극적 활동을 배치하면서, 장면별로 배역, 그룹 구성, 에너지 수위, 공간 활용 등의 측면에서 변화를 줄 수 있다. 실제 수업에서 교사는 다음 장면으로 넘어갈 때, 유아들이 연극 밖으로 나오도록 유도하여 전 장면에서의 체험에 대해 이야기 나눈 후, 그룹을 재구성하거나 배역을 바꾸거나 공간을 재구성하면서 다음 장면 준비 시간을 갖는다. 그러나 모든 이야기를 이렇게 짧은 장면으로 분할하여 활동을 다양화할 필요는 없다. 이야기 길이가 짧고 등장 인물의 수가 많지 않아서 교사와 유아들의 역할 구성을 단순화시킬 수 있는 경우에는 〈토끼와 당밀〉 프로그램처럼 사전에 준비 시간을 충분히 가진 후, 극화에서는 처음부터 끝까지 중단없이 진행하는 것이 더 효과적일 것이다. 그러나 사건의 전개가 복잡한 이야기라거나 연극놀이가 처음인 유아인 경우에는 장면을 분할하여 극화하는 방식은 보다 다양한 활동과 체험의 유형을 제시함으로써 유아들의 주의를 환기시키고 새로운 자극을 줄 수 있다.

엄마와 함께 하는 프로그램인 〈미운 아기 오리〉는 장면 분할을 효과적으로 이용한 예이다. 이 프로그램의 장면과 활동을 살펴보자.

**장면 1 : 알을 까고 나오는 오리**

활동 : 엄마 오리(엄마)가 아기 오리(유아)를 품어주어서 아기 오리가 알(천)을 깨고 나온다.
그룹의 형태 : 엄마와 아이의 개별작업과 발표
역할 : 엄마는 엄마 오리, 아이는 아기 오리 역할을 맡는다. 여기서의 오리는 미운 아기 오리가 아니라 사랑받는 일반 아기 오리이다.
공간 : 엄마와 아이만의 개별적인 공간을 확보하도록 한다.

**장면 2 : 엄마 따라하기**

활동 : 모방. 엄마 오리(교사)가 아기 오리(유아)를 대상으로 먹을 수 있는 것과 헤엄치는 방법을 가르친다.
그룹의 형태 : 전체 그룹작업
역할 : 일반적인 아기 오리
공간 : 엄마 오리(교사)를 중심으로 아기 오리(유아)들이 모여 있도록 한다.

**장면 3 : 물놀이 나온 오리들**

활동 : 마임. 유아들은 아기 오리가 되어 물놀이를 한다.
그룹의 형태 : 전체 그룹작업
역할 : 일반적인 아기 오리
공간 : 엄마들이 천으로 연못을 만들어준다. 유아들은 천으로 제한된 공간 안에서 활동한다.

**장면 4 : 미운 오리 따돌리기**

활동 : 유아들은 형제 오리로서 미운 오리를 따돌린다.
그룹의 형태 : 전체 그룹작업
역할 : 미운 오리의 형제 오리
공간 : 천으로 제한된 공간과 그 주변

**장면 5 : 길 떠나는 오리**

활동 : 미운 오리로서 다양한 인물을 만난다.
그룹의 형태 : 전체 그룹작업
역할 : 미운 오리
공간 : 교실 밖의 공간을 확장적으로 사용한다.

**장면 6 : 백조로의 변신**

활동 : 창조적인 움직임. 백조가 되어서 날개(천)를 달고 날아다니며 춤춘다.
그룹의 형태 : 동시다발적인 개별작업
역할 : 백조
공간 : 전체 공간을 모두 활용한다.

**장면 7 : 백조들의 축하파티**

활동 : 모두 다함께 백조로 변신한 것을 축하하며 음식을 나누어 먹는다.
역할 : 백조 역할
그룹 형태 : 전체 그룹작업
공간 : 원형으로 모여 앉는다.

위 프로그램에서는 원작에서 '농장의 동물들이 아기 오리의 탄생을 축하해주는 한편 미운 아기 오리를 놀리는 장면' 과 '미운 아기 오리가 다른 백조들을 만나서 자신이 백조가 되었음을 발견하는 장면' 은 삭제하고, 백조들의 축하파티 장면을 첨가하였다. 그리고 미운 아기 오리가 길을 떠나 겪게 되는 에피소드들을 단순화시켜서 다양한 인물들을 만나 도움을 요청하는 장면으로 대체하였다. 장면은 시간 변화에 의해서 (장면 1과 장면 2, 장면 5와 6), 공간변화에 의해서 (장면 2와 장면 3, 장면 4와 장면 5), 다른 인물(미운 아기 오리)의 등장에 의해서(장면 3과 장면 4) 나눈 것이다. 유아들은 장면마다 다른 활동을 하게 되는데, 역할 연기(장면 1, 장면 4, 장면 5, 장면 7) 모방적 움직임(장면 2), 마임(장면 3), 창조적인 움직임(장면 6)을 경험한다. 장면마다 유아들의 역할도 변하는데, 미운 아기 오리와 변신한 백조를 비롯하여, 미운 아기 오리 형제의 역할을 맡는다. 이에 따라 유아들은 따돌림을 당하는 입장, 따돌림을 하는 입장, 주변의 주목을 받는 입장에 처해져서 각기 다른 감정을 느끼고 그에 따라 행동과 말을 하게 된다. 장면 사이에 교사는 연극을 잠깐 멈추고, 다음 장면에서 전개될 이야기를 미리 알려주고 새로운 공간을 만들고 그룹을 새로 구성해주고, 역할을 준비할 시간을 준다.

이처럼 〈미운 아기 오리〉 프로그램은 장면 분할을 통해서 그룹의 형태, 역할, 공간 활용, 활동 유형 등에서 변화를 줌으로써 유아들의 주의를 적절하게 환기시키고 유지시킨다. 한편 장면들의 활동은 앞선 활동을 기반하여 구축되는 형태를 띠고 있어서 체험의 일관된 흐름을 잃지 않는다.

## 03 자기중심성

자기중심성(egoecentrism)은 전조작기 사고의 주된 특성이자, 어른의 사고와 다른 유아만의 독특한 사고방식을 보여주는 것이다. 전조작기는 2세에서 7세까지의 시기를 말하는데, 인지발달에 있어서 아직 논리적으로 생각하지 못하고 자신의 지각과 직관에 주로 의존하는 단계이다. 전조작기의 유아는 자신의 입장에서만 사물을 보고, 다른 사람의 생각, 관점이나 감정을 충분히 이해하지 못하고 자신과 동일하다고 가정한다. 따라서 현재의 자기 입장 이외의 입장에서 생각해본다는 것이 어렵고 자기 자신과 타인과의 구별도 명확하지 않다(최경숙, 2005).아동은 자기가 경험한 것만을 이해할 수 있으며 사물을 볼 때 어른들도 자기와 같이 보리라고 생각한다. 아동은 누구나 자기와 똑같은 방식으로 세상을 본다고 생각한다.

유아들이 자신을 세상의 중심으로 생각한다는 것은 연극놀이의 여러 가지 측면에서 드러난다. 유아들은 자신이 직접 움직이거나 표현하는 것을 선호하며, 수동적인 구경꾼에 머무는 것을 좋아하지 않는다. 그래서 다른 유아들이 발표할 때 주의 깊게 보지 못하며, 자신의 순서를 기다리기 힘들어한다. 교사들은 장황한 설명이나 일방적인 지시 대신 유아들이 주체적인 입장에 설 수 있는 참여방식을 적극 활용할 필요가 있다. 또한 개인 발표로 인해 다수가 오래 기다려야 하는 상황을 최소화하고, 모두가 함께 참여할 수 있는 시간을 보다 많이 할애하는 것이 좋다. 개인 발표를 해야 할 경우라면, 간단한 몸짓과 언어적 표현 활동에 국한시킨다. 이때 보고 있는 다수의 유아들이 발표하는 개인을 지켜보도록 강제하지는 않도록 한다. 발표하는 유아는 자신의 발표 자체에만 관심을 두고 만족스러워하기 때문에 사실상 다른 유아들이 보거나 말거나 별다른 상관을 하지 않는다. 따라서 보아야 할 다른 유아들이 다소 산만스러운 모습을 보인다고 해도 교사는 그것을 어느 정도 허용할 필요가 있다. 학령기 아동의 경우에 비추어서 완벽하고 예의바른 관객의 모습을 유아들에게 강요하면, 도리어 발표 자체의 흥미를 반감시키는 효과를 낳기 쉽다.

유아의 자기중심성은 모둠작업에도 적지 않은 영향을 미친다. 유아들은 다른 사람의 의견을 듣고 수용하거나 타협하기보다는 자신의 의견만을 고집하는 경우가 잦다. 연극놀이에서 모둠작업은 참여한 사람들의 의견이 모두 존중되는 가운데 대화와 타협을 통해 하나의 결과물을 내는 과정이기 때문에, 유아의 자기중심성은 모둠작업 자체를 어렵게 한다. 따라서 모둠작업을 유아들에게만 맡기면, 힘 있는 유아, 혹은 보다 적극적인 유아가 모둠 작업을 자기화시킴으로써 소극적인 아동들은 상처를 입거나 소외를 당하는 상황이 발생할 수 있다. 또는 자기 의견만 고집하는 아이들끼리의 싸움으로까지 발전하는 경우도 있다. 보조교사가 있다면 보조교사가 모둠 활동에 들어가서 모둠원 개개인의 의견을 충분히 들어주고 유아들이 대화하고 최선의 결정을 내릴 수 있도록 돕는 것이 바람직하겠지만, 보조교사가 없는 경우에는 교사가 모둠마다 돌아다니면서 세심하게 개입할 필요가 있다.

유아의 자기중심성과 관련하여 우리가 또 하나 주의 깊게 살펴봐야 할 문제가 있는데, 그것은 바로 유아들의 공식적인 공연 발표에 관한 것이다. 유아들이 연극놀이를 하고 있는 것을 보면, 그 어떤 배우보다도 표현력이 풍부하고 생동감이 넘치는데, 이러한 유아들에게 공연 발표를 하도록 하면 전혀 다른 결과를 보게 된다. 실제로, 이야기 문맥을 잘 이해하고 있고 이야기 속 인물로서 처해진 상황에 자연스럽고도 생생하게 반응하는 유아들과 함께 공연 연습을 진행한 적이 있었다. 모두가 허구적 상황 속에서 즉흥적으로 말하고 행동하게 되는 연극놀이와 달리 공연을 위한 연습은 최종적으로 관객에게 보여질 모습을 염두에 두고 말과 행위의 순서를 약속하고, 등 · 퇴장의 순간과 계기를 결정하고, 여러 가능한 표현들 중 가장 좋은 표현을 선택하는 과정이라고 할 수 있다. 여기서 가장 좋은 표현이란 관객이 보았을 때 이해가능하고도 흥미를 느끼게 되는 표현을 말한다. 따라서 연극놀이에서 나온 자유롭고 즉흥적인 표현들은 공연 연습 과정에서 다듬어지고 순서가 정해지며 명료화되는 과정을 거친다. 이것은 반복적인 과정을 통해 이루어질 수 밖에 없다. 유아들의 경우 이야기나 상황을 즉흥에서 재미있게 경험했는데, 왜 또 그것을 다시 하고 또 다시 해야 하는지 이해하지 못하는 것을 관찰할 수 있었다. '나중에 엄마, 아빠에게 보여주기 위해서는 우리가 연극을 많이 연습해야 해요. 지금처럼 여러분이 하고 싶은대로 말하고 움직이면 보는 사람들이 이해하기 힘들어요.' 라는 설명은 유아들에게 별로 효과적이지 못했다. 이러한 유아들의 관점을 이해하기 위해서는 유아의 시각적 조망에 대해 알아볼 필요가 있는데, Piaget는 다음과 같은 세 산 실험을 통해 유아의 시각적 조망을 설명하고 있다.

큰 산, 작은 산, 더 작은 산이 함께 있는 모형이 놓인 책상 앞에 5세 유아를 앉힌다. 그 다음 유아가 앉은 자리에서 보이는 산의 조망을 여러 그림 중에서 고르게 한 후, 맞은 편에 인형을 앉히고 유아에게 그 인형에게는 산의 모습이 어떻게 보이는지 물으면, 유아는 인형도 자신이 보고 있는 모습과 같게 볼 것이라고 답한다(최경숙, 2005).

즉 유아는 자신이 있는 위치에서 보고 있는 것을 다른 위치에 있는 다른 사람도 똑같게 볼 것이라고 생각한다는 것이다. 실제 글자를 읽고 쓸 수 있는 유아에게 다른 친구와 짝을 지어 '가' 라는 글자를 몸으로 만들어보라고 요구해보았을 때, 상당수의 유아들은 이 활동을 어려워하였다. 그 이유는 본인의 몸으로 만들고 있는 형태가 다른 사람에게 어떻게 비추어질지 판단할 수 있는 시각적 조망을 갖고 있지 못하기 때문이다. 그래서 방향이나 형태 등에 있어서 잘못된 조합의 글자를 만들어내곤 한다. 유아들이 관객의 입장에서 그러한 몸 글자를 보았을 때 무엇이 잘못되었는지 충분히 지적할 수 있음에도 불구하고, 본인이 몸으로 만들어야 하는 입장에서는 혼란 상태에 빠지게 된다. 유아들이 공연 발표를 위해서 반복적인 연습, 즉 자신의 표현을 객관적으로 이해가능한 것으로 만드는 과정 자체를 이해하지 못하는 것도 마찬가지의 이유이다. 자신이 선 위치에서만 볼 수 있는 시각적 조망은 유아로 하여금 관객의 시선을 의식하기 힘들게 하는 요인인 것이다. 사실 앞으로 보여줄 공연을 위한 연습 시간에 관객이란 실재하지 않는 존재이다. 하지만 우리는 현재 있지 않은 관객의 시선을 의식할 때에만 비로서 '관객이 들을 수 있도록 목소리를 더 크게 해서 말해야 한다' 라든지 '무대 위에서 행해지는 모든 동작이나 제스처는 관객이 잘 볼 수 있도록 해야 한다' , '시간의 흐름이나 사건의 인과관계를 관객이 명확히 이해할 수 있도록 수많은 약속을 해야 하고, 순서를 정해야 하며, 배우들은 모든 순서와 약속을 기억하여 지켜야 한다' 와 같은 기본적인 공연의 관습들을 이해할 수 있는 것이다. 이것을 이해하지 못하면 공연을 위한 연습과

정의 반복성은 지루한 것이 되고, 결국 교사의 일방적인 지시와 강압에 의해서 보여주기 위한 일련의 과정들이 진행될 수밖에 없게 된다. 그 결과 실제 공연에서 유아들은 자기가 왜 그렇게 해야 하는지 알지도 못한 채 움직이는 꼭두각시와 같은 모습을 보여주게 된다. 또한 유아 특유의 생동감 넘치는 표현력은 완전히 사라지고, 뻣뻣한 기계적인 움직임과 부자연스러운 대사, 상황과 상대 인물에 대한 반응이 아닌 인위적인 표현들만 남는 것이다.

실재하지 않은 타인을 의식하고 그 눈에 비칠 자신의 모습을 생각하면서 자신의 표현을 객관화시킬 수 있는 것은 자기중심성을 벗어나기 시작하는 7세 이후부터 가능하다. 따라서 공식적인 공연 발표는 발달적으로 유아에게 적합하지 않다. 만약 공연 발표를 무리하게 강행한다면 그 과정을 이해하지 못하는 유아에게는 도리어 해가 될 수 있다. 교사의 지시와 강압에 의한 연습과정으로 인해 유아는 자신만의 고유한 상상력과 창의적 표현에 대해 자신감을 상실하고 자발성을 잃고 움츠러들 수도 있다. 물론 부모님들은 '연극' 하면 '공연' 을 떠올리기 때문에, 자녀들의 화려한 공연을 기대하곤 한다. 이러한 기대에 부응하여 부자연스럽기만 한 유아들의 공연을 시도하기보다는 부모들도 역할을 맡아 함께 참여하는 연극놀이 형식을 도입하는 것이 좋다. 〈미운 아기 오리〉는 부모와 함께 하는 연극놀이의 한 유형을 보여준다. 〈미운 아기 오리〉에서 부모들은 자녀의 상대 역할이 되기도 하고, 자녀와 같은 역할이 되기도 하면서 여러 가지 방식으로 자녀와 관계를 맺으며 상호작용을 하게 된다. 그러면서 부모들은 자녀의 자연스러운 표현력을 관찰할 수 있는 동시에 구경꾼이 아닌 같은 참여자로서, 놀이 친구로서 긍정적인 관계를 시도해볼 수 있다.

## 04 현실과 환상

우리는 살면서 필요에 따라 현실 세계에서 다리를 건너 환상 세계에 잠시 머물다가 다시 돌아오곤 한다. 면접을 앞두고 있다면, 환상의 세계로 건너가 실제 면접관 앞이라고 생각하고는 가상의 질문에 대해 답을 하면서 제스처와 얼굴 표정, 말하는 방식과 어휘 등을 연습해본다. 또한 현실 세계에서 만난 다양한 사람들과 독특한 체험을 가지고 환상의 세계로 들어가 연극이나 미술, 무용 등의 소재로 활용하거나 재구성하여 창조적인 예술 작품을 만들기도 한다. 극장에 가서 연극이나 영화를 볼 때는 환상 세계에 머무르는 시간이다. 우리는 환상과 현실의 세계를 수시로 넘나들지만, 혼동하지는 않는다. 아기들은 체현, 투사, 역할 놀이를 포함하는 극적놀이를 통해 현실과 환상에 대해 학습하며, 이 두 가지 세계를 구분하는 방법을 배운다. 아이들이 성장할 수록 점점 더 정확하게 두 가지 세계를 구분할 수 있다. Jennings(1973)는 일상과 극적 현실(dramatic reality)을 구분할 수 있는 능력, 각각 안팎으로 적절하게 이동할 수 있는 능력이야말로 성숙의 기본 조건으로 보고 있다.

대부분의 아동은 학령기(8세 이후)에 이르면 확실하게 환상과 현실의 세계를 구분할 수 있다. 연극놀이에서 학령기 아동이 심각한 감정적 몰입 상태에 빠져있는 상태라고 해도, 적군의 역할을 하고 있는 상대방이 자기 친구임을 잊지 않으며, 자기가 손에 들고 있는 '칼'이 실제로는 막대기임을 인지하고 있다. 그러나 유아들은 현실과 환상 사이의 다리가 아직 견고하지는 않은 상태이며 자칫 그 다리가 깨어지기 쉽다.

심리학자들은 3세(만) 이상의 유아는 실제와 가장(pretend), 현실과 환상을 구분할 수 있는 능력을 갖고 있다는 점에는 동의하지만, 마음속으로 가장하는 것이 실제를 대신 나타낸다는 점을 취학전 아동이 아는지에 대해서는 의견의 일치를 보지 못한다. 아빠가 곰을 가장한다면, 3세인 아이는 아버지 마음을 들여다보고 마음속으로도 그런 척한다고 생각할까? 아니면 아빠가 단지 곰처럼 행동한다고 아는 수준까지만 이해를 할까? 몇 연구자들은 가장하려면 계획과 의지를 포함한 정신 활동이 필요하다는 것을 3, 4세의 유아도 알고 있다는 것을 증명하였다. 그러나 다른 결과는 아동이 가장을 단지 행동측면에서만 본다는 관점을 지지한다(Hughes, 2003).

즉 아직까지 3, 4세 유아가 가장을 정신 활동으로 보는지, 혹은 단순히 행동 활동으로 보는지에 대한 문제는 아직 해결되지 않은 상태이다.

가장을 단순한 행동 차원에서 보는 것이 아니라, 정신 활동의 수준으로 볼 수 있다면 이것은 현실과 환상 사이의 다리가 튼튼하게 놓여져 있음을 의미한다. 아빠가 무서운 괴물처럼 움직이고 기괴한 소리를 내고 있는 것을 보고, '아, 아빠가 지금 나를 재밌게 해주려고 괴물처럼 움직이고 있구나' 라고 아빠의 정신적인 의도를 이해하기 때문에, 아이는 '괴물'로 가장한 아빠를 진짜 '괴물' 로 생각하여 진실로 무서워하거나 숨거나 진짜로 때리거나 하지는 않을 것이다. 아빠 '괴물' 을 보고 무서워하면서 숨거나 공격적인 행동을 해도, 아이는 현실성을 잃지는 않은 상태에서, 즉 놀이 상태에서 소리를 지르고 때리는 척하는 행위를 보여줄 것이다.

다음의 예들은 유아마다, 연령마다 약간의 차이는 있지만, 모든 유아가 가장을 정신 활동의 수준으로 보는 것은 아니며, 따라서 현실과 환상 사이의 다리가 아직은 깨지기 쉬운 상태에 있다는 점을 말해준다.

**사례 1)**

〈흉내쟁이 호랑이〉 프로그램에서 교사의 1인극을 통해 호랑이가 숲 속 동물들의 말과 행동을 따라하는 놀이를 하고 있다는 연극의 기본 설정을 유아들에게 보여주었다. '호랑이' 는 교사가 하고, 숲 속 동물을 해보고 싶은 사람을 자원받았다. 용택이 나서서 '토끼' 역할을 하겠다고 한다. 용택은 나와서 호랑이에게 먼저 인사를 건넸고, 호랑이는 용택의 말과 행동을 그대로 따라하였다. 용택은 처음에는 재밌어 했지만, 그만하라는 말까지 호랑이가 그대로 따라하자 매우 기분이 상했다. 화를 내다가 어느 순간 교사에게 덤벼들어 진짜로 때리고 발로 차는 등의 공격적인 행동을 하였다.

**사례 2)**

연극놀이 수업에서 보조교사 ㅇㅇ는 마녀, 호랑이, 도깨비 등 자주 악한의 역할을 맡았었다. 수정이는 집에 가서 ㅇㅇ 선생님은 나쁜 선생님이라고 엄마에게 말하였다. 깜짝 놀란 엄마는 수정에게 왜 나쁜 선생님이라고 생각하는지 물었더니, "ㅇㅇ 선생님은 숲 속 동물들을 놀려먹고, 남의 집에 함부로 들어와서 막 흩트러놓고 그랬어."라고 ㅇㅇ 선생님이 역할 속에서 했던 행동들을 근거로 들어서 ㅇㅇ 선생님이 나쁘다고 한 것이다.

**사례 3)**

ㅇㅇ 선생님이 마법사 역할을 맡아 까만 망토를 두르고 유아들 앞에 나타났다. 다른 아이들은 모두 마법사를 집중하여 보면서, 마법사의 말에 귀를 기울이는데, 한 아이만 계속 선생님 옆에 앉아 선생님의 망토 자락을 붙잡고 속삭인다. "ㅇㅇ 선생님이죠? 진짜 마법사예요? 가짜죠?" 라고 진지하게 계속 물어본다.

현실과 환상 중 환상이 우세해지는 연극놀이 시간에 교사는 유아들이 현실과 환상을 혼동하지 않도록 특히 주의하여 허구적 상황과 역할을 도입하고 마무리해 줄 필요가 있다. 다음은 유아와 함께 연극놀이를 하는 교사가 염두에 두어야 할 몇 가지 사항이다.

### 가. 명확한 도입과 마무리

연극놀이는 '만약 …라면' 이라는 가정에서 출발한다. '막대가 지팡이라면', '이 교실이 구름나라라면', '우리가 모두 토끼라면' 어떻게 느끼고 어떻게 움직이게 될까? 이러한 가정에서 출발하여 우리는 상상의 세계, 허구의 세계를 지금 여기에 창조하고, 그 세계 안에서 체험을 한다. 연극놀이에 참여하는 이는 누구라도 이러한 상상의 세계, 곧 허구에 대해 기본적인 이해를 할 필요가 있다. 환상과 현실 사이의 다리가 깨지기 쉬운 유아인 경우에 교사가 연극놀이 시간에는 허구라는 극적 상황 속에서 작업하고 있음을 명백히 알림으로써 연극놀이를 시작하는 게 좋다. 특히 연극놀이를 처음으로 접하는 유아들에게는 첫 시간에 직접적으로 연극놀이의 본질에 대해 알려줄 필요가 있다. "오늘 우리는 다 같이 연극놀이를 할 거예요. 연극놀이를 할 때 우리는 다른 사람이 될 수도 있어요. 토끼나 호랑이 같이 여러분이 좋아하는 동물이 되어볼 수 있고, 빵집 아줌마나 소방관 아저씨도 될 수 있어요. 또 이 방을 떠나지 않고도 다른 곳으로 가볼 수 있어요. 구름나라나 바다 속에도 갈 수 있고, 아주 먼 곳에 있는 아프리카 나라에도 가볼 수 있답니다. 지금은 여름이고 환한 낮이죠? 그런데 연극놀이에서는 눈 오는 겨울이라고 상상하고 우리가 눈싸움을 할 수도 있답니다. 연극놀이 시간에는 우리가 무엇이든 될 수 있고, 어디든 갈 수 있어요."라고 말하는 것이다. 여기에서 '연극놀이' 와 '상상' 이라는 용어는 유아에게 낯선 단어일 수 있다. 그러나 유아들은 이러한 용어를 전체 문맥 내에서 나름대로 이해를 한다. 연극놀이 시간에 지속적으로 교사가 이러한 용어를 쓴다면 유아들도 익숙하게 '연극놀이' 와 '상상' 이라는 단어를 활용하는 것을 볼 수 있을 것이다.

교사가 연극놀이의 극적 체험에 대해 언어적으로 설명해주는 것과 더불어 연극놀이 시간의 시작을 알리는 독특한 의식이나 활동을 정해두고 시간마다 반복적으로 행하는 것도 도움이 된다. 〈세계 여러 나라〉 편에서 유아들은 인디언 마을, 미국, 멕시코, 프랑스 등 다른 나라에 대한 연극놀이를 할 때 매번 '여행' 이라는 노래를 부르며 시작한다. 그 나라의 특성과 가는 방법이 나라마다 바뀌어가며 가사에 실려 있어서 유아들은 이 노래를 부르면 '우리가 허구적으로 다른 나라로 여행을 떠나는구나' 인지하게 된다. 그러면서 이후의 그 나라 사람(역할내 교사)을 만난다든가, 그 나라의 이야기 속으로 들어간다는 극적 상황을 쉽게 받아들인다. 노래 외에도 다른 방식으로 연극놀이 시작을 알리는 의식을 설정해둘 수 있다. 다른 수업 시간과 달리, 항상 동그랗게 앉는 것으로 시작할 수도 있고, 종이 울리면 얼음이 되는 얼음놀이로 시작을 할 수도 있다. 어느 순간에서든 몸을 그대로 정지시켜야 하는 '얼음' 규칙은 유아들의 행동을 통제할 수 있는 수단이자, 극 속에서 현실로 빠져나올 때, 혹은 현실에서 극 속으로 들어갈 때 사용하는 약속이 될 수 있으므로 얼음놀이는 연극놀이 수업을 시작하는 의식화된 활동으로서 효과적이다. 또는 교사가 마임으로 '마법의 가루' 를 아이들 머리 위에 뿌려준다거나, 유아들이 모두 상상의 '연극놀이 신발' 을 신는 마임을 해봄으로써 연극놀이를 시작할 수도 있다(Brown & Pleydell, 1999). 상상의 '연극놀이 신발(drama shoes)' 은 유아들을 역할로 전환시키기 위해 이용될 수도 있고, 구름나라나 궁전과 같은 상상의 세계로 유아들을 데리고 가는 수단으로 사용될 수도 있다. 이와 같은 반복적인 의식이나 활동은 연극놀이 활동에서의 고유한 규칙과 극적 체험에 대해 준비하도록 하는 데 도움이 된다.

연극놀이 수업의 도입이 유아들이 현실에서 극적 세계로의 전이를 원활하게 받아들일 수 있도록 하는 과정이라면, 마무리 시간은 극적 세계에서 현실로 되돌아오도록 하는 시간이다. 현실과 환상 사이의 다리가 아직 튼튼하게 서 있지 않은 유아에게는 도입 못지않게 마무리 시간 역시 중요하다. '도입과 마무리는 교실의 현실로부터 연극놀이의 환상을 분리하는 책 분리대(bookend)' (Brown & Pleydell, 1999) 같은 작용을 하기 때문이다. 연극놀이 수업에서 마무리는 상상의 세계를 떠나는 과정과 드라마 작업에 대한 반영(reflection)과정으로 나누어볼 수 있다.

### 상상의 세계를 떠나 현실로 되돌아오기

이 과정을 통해 유아들이 '가장놀이' 가 끝났음을 인식하도록 하고, 연극놀이에서 자극받은 흥분된 에너지가 진정되도록 할 필요가 있다. 그래서 일반적으로 교사는 차분한 분위기를 유도한다. 원으로 앉게 하거나 혹은 바닥에 누워서 조용한 음악을 듣게 할 수도 있고, 연극 속에서의 인물로 '잠' 이 들게 하였다가 유아 자신으로 깨어나도록 할 수도 있다.

### 드라마 작업에 대한 반영

유아들이 연극놀이 수업 시간에 체험했던 것을 자기 자신으로 반영해보는 시간을 갖는다. 보통은 둥그렇게 앉아서 연극놀이하면서 느꼈던 느낌과 생각을 말함으로써 다함께 공유하는 방식으로 진행할 수 있는데, 이때 교사는 유아들의 말을 듣고 그 내용을 명료한 언어로 다시 짚어줄 필요가 있다. 유아들의 언어는 아직 불완전하기 때문에, 자신의 느낌이나 생각을 완전하게 표현하지 못하는 경우가 많다. 유아의 말을 명료한 언어적 표현으로 되짚어주는 것은 유아가 자신의 주관적 체험을 객관화시키고 개념화시킬 수 있도록 도와주며, 연극놀이에서 이루어진 새로운 발견이나 이해가 유아가 갖고 있던 기존의 도식(schema)에 통합될 수 있도록 돕는다. 이런 방식의 느낌과 생각의 공유 외에 연극놀이 체험을 그림으로 그려보도록 한다든지, 이야기 속 인물에게 편지를 써보도록 하는 것도 수업에 대한 반영의 방법일 수 있다. 그 예로, 〈꽃씨〉에서 유아들은 씨앗에서 꽃이 되기까지의 과정을 몸으로 표현하고 나서 그 꽃이 어떤 꽃일지 그림으로 그려보면서 수업을 마무리하고 있다.

유아들이 상상의 세계를 떠나 드라마작업에 대한 반영과정을 원활하게 수행한다면, 현실의 생활로 안전하게 되돌아와서 연극놀이 이후의 다른 수업에 성공적으로 적응할 것이다. 그러나 이러한 과정이 무시되거나 거칠게 다루어지면 유아들은 드라마 속에서 자극받은 특별한 이미지와 흥분된 에너지를 그대로 갖고 나와 연극놀이 수업 이후의 활동에 집중하지 못하고 산만한 분위기를 조성할 가능성이 크다.

## 나. 허구문맥에 대한 믿음을 구축하기

교사는 오늘 아프리카 밀림을 소재로 연극놀이를 하려고 한다. 아이들에게 "오늘 우리는 나무가 빽빽하고 동물들이 많이 살고 있는 아프리카 밀림에 가볼 거예요"라고 말한다. 대부분의 아이들이 흥미를 가지고 참여하려고 하는 반면, 유독 혜경이만 걱정스러운 표정으로 묻는다. "선생님, 우리 진짜 아프리카 밀림에 가는 거예요? 나는 안 갈래요"라고 말한다. 교사는 "연극놀이에서는 이 교실을 떠나지 않고도 어디든 갈 수 있다고 했지? 혜경이가 친구들하고 소꿉놀이하는 것처럼 우리가 여기서 밀림놀이를 하려고 하는 거란다. 지금 혜경이가 같이 가고 싶지 않으면 저기 의자에 앉아서 지켜보기만 해도 돼. 그러다가 함께 놀고 싶으면 선생님께 이야기해주렴" 하면서 혜경을 안심시켜주었다. 그러고 나서 "자, 이제부터 이곳이 바로 아프리카 밀림이랍니다. 어때요? 나무가 많죠?"라고 장소의 전환을 언어적으로 알려주었다. 이때 민주가 말한다. "에에, 시시해. 이게 뭐가 밀림이에요? 유치원이지. 재미없어."

유아와 함께 하는 연극놀이 수업에서 위와 같은 경우가 흔치 않게 일어나곤 한다. 위의 사례에서 혜경과 민주 모두 '상상력을 사용해서 허구 세계를 지금 여기에 창조' 한다는 연극놀이의 본질에 대한 이해가 결여되어 있다. 또한 현실과 허구를 효과적으로 왔다갔다 하는 방법이 아직 몸에 익지 않았다고 볼 수 있다. 혜경이 현실과 허구가 섞이면서 혼란감과 불안감을 느끼는 경우라면, 민주는 허구 세계를 믿지 못해 풍부한 연극적 체험을 하지 못하는 경우이다. 위와 같은 상황을 피하기 위해서는 유아들이 허구임을 알고, 허구 세계를 창조하는 데 동참하도록 섬세하게 접근할 필요가 있다.

연극놀이에서 본격적으로 역할이나 이야기를 도입할 때, 상상의 인물과 환경을 유아들과 함께 창조하는 것은 유아들이 허구의 세계로 자연스럽게 들어가도록 하는 데 매우 큰 도움이 된다. 그 한 가지 방법으로 교사나 보조교사가 역할을 맡아 연기해야 할 때, 아이들에게 그 역할에 적합한 몸짓과 움직임을 보여 달라고 하는 것이다. 더 나아가 목소리와 대사까지도 아이들로부터 제안을 받을 수 있다. 예를 들어서 〈흉내쟁이 호랑이〉에서 교사는 호랑이를 연기하게 되는데, 이때 아이들에게 호랑이는 어떻게 움직이는지, 어떤 소리를 내는지 물어보고 자원한 아이에게 나와서 시범 보일 것을 요구한다. 유아들의 몸짓과 소리를 보고 그대로 따라해 보이면서 '선생님이 호랑이 같은지' 물어본다. 이것은 아이들에게 힘을 부여한다. 호랑이나 도깨비, 괴물 등은 유아에게 공포스러운 인물일 수 있는데, 유아들이 이렇게 인물을 창조하는 데 참여할 수 있다면, 유아들은 아무리 무서운 인물일지라도 자신들이 통제하고 있다는 느낌을 가진다. 만약 연극놀이에 익숙하지 않고, 현실과 환상 사이의 다리가 미약한 유아들인 경우라면 교사가 '자신'과 '호랑이' 역할을 번갈아가며 보여주며 안전감을 부여해준다. 호랑이의 움직임을 보여주며 굵은 목소리로 "어흥, 아이, 심심해. 뭐하고 놀지"라고 했다가, 평상시의 교사의 모습과 목소리로 돌아와서 "자, 지금은 너희들의 선생님이란다."라고 말하면서 호랑이와 교사 자신의 모습을 몇 번이고 반복해서 번갈아 보여주는 것이다. 이러한 과정이 없이 교사가 숨어 있다가 호랑이나 도깨비로 변신해서 나타난다면, 분명히 교사의 얼굴을 알고 있는 아이들일지라도 기겁을 하며 무서워하고 피하거나 공격적인 행동을 보일 수 있다. 교사가 역할을 연기하는 것은 아이들을 속이는 것도 아니고, 깜짝 놀라게 하는 것도 아니다. 유아가 호랑이나 도깨비 같은 교사 역할에 대해 현실과 혼동하여 진짜 무서운 느낌을 가지고 있다면, 연극놀이가 가능하지 않다. 역할놀이나 연극놀이, 연극 공연 모두 그것이 허구임을 참여자들이 인식하고 있을 때 가능한 것이다. 교사는 역할을 맡아 연기할 때 '역할'은 연극적 약속이며, 허구적 상황에 있다는 것을 명확하게 신호줄 필요가 있는데, 아이들과 함께 역할을 창조하는 것은 그러한 인식을 보다 쉽게 도울 수 있다.

아이들이 역할을 맡는 경우에도 마찬가지이다. 연극놀이를 처음 접하는 아동들이거나, 곧바로 역할 속으로 들어가는 것을 어색해하는 분위기라면, 또는 역할이 유아들의 생활 경험이나 흥미와 동떨어진 경우, 사전에 아이들과 함께 역할에 대해 탐구하는 시간을 갖는 것이 좋다. 〈아기 돌보기〉나 〈우리 동네 빵집 이야기〉 프로그램은 사실 유아들에게 별다른 역할을 부여하지 않는다. 유아 자신으로서 '아기를 돌볼 줄 모르는 아줌마'와 '허리가 아파 빵을 혼자서는 만들 수 없는 아줌마'를 만나는 허구적 상황 속으로 들어가는 것이기에 사전에 역할 연습을 따로 할 필요가 없다. 그러나 상당히 섬세한 동작을 마임으로 해야 하고, 연극적 약속을 필요로 하는 〈토끼와 당밀〉의 토끼 역할은 아이들과 함께 역할을 창조하고 연습해볼 필요성이 있다. 또한 〈팥죽 할멈과 호랑이〉의 다양한 역할들 역시 극화에 들어가기 전에 아이들과 함께 그 움직임과 대사들을 찾아보며 탐구하는 것이 바람직하다.

역할뿐 아니라 상상의 세계를 유아들과 함께 교실에서 구체화시켜보는 것도 유아들이 현실에서 환상의 세계 속으로 들어가도록 하는 데 도움이 된다. 즉 이야기 속의 환경을 물리적으로 지금 여기에 창조하는 것이다. 교사가 미리 만들어놓는 것이 아니라, 유아들의 아이디어를 받아서 교실 내의 물건들을 이리저리 옮겨보면서 가상의 공간을 창조하는 것이다. 〈우리 마을 지킴이〉에서 교사는 산과 들, 시냇물, 초가집과 기와집, 길 등 기초적인 마을 풍경 그림을 아이들에게 제시한다. 아이들은 시골 마을에 있을 것이라고 생각되는 것들을 제안하고, 교사는 그것을 마을 그림에 첨가해서 그려 넣는다. 그리고 나서 그림 속 풍경을 교실 내의 천이나 의자, 책상들을 이용해서 실재화시킨다. 또한 〈토끼와 당밀〉에서도 이야기 속의 부분적인 풍경 ― 문, 창문, 난로, 당밀병 ― 들이 어디 있을지 유아들의 제안을 받아서 교사가 그 장소나 물건의 그림을 교실 여기저기에 붙이면서 공간 약속을 해나간다. 이러한 과정은 모두 가상의 공간을 유아들과 함께 창조해나가면서 공간에 대한 약속을 해나가는 과정이다. 유아들은 자신이 창조한 가상의 세계 속에서 사는 것을 무척 즐거워하며, 기꺼이 드라마 속으로 들어갈 것이다.

## 다. 교사의 역할 연기

교사가 이야기 내용을 알려주고 아이들에게 역할을 부여하고 밖에서 지켜보기만 하는 것이 아니라, 교사 자신도 역할을 맡아 아이들과 함께 상상의 세계 속에서 상호작용하는 것은 교육적으로, 연극적으로 유아들에게 많은 이점이 있다. 유아들에게 있어서 그들의 놀이에 성인이 동참하여 역할을 수행하는 것은 이미 익숙한 일이다. 교사들이나 부모들 또한 일상적인 역할로서 유아들의 사회극적 놀이에 개입하곤 한다. 병원놀이를 하는 아동들은 옆에 있는 엄마에게 환자가 되어줄 것을 청하기도 하며, 교사들은 유아들의 가게놀이에 개입하여 손님이 되어 반응하면서 놀이를 보다 확장시켜준다. 그러나 연극놀이에서 교사가 역할을 사용하는 것은 유아들의 사회극적 놀이에서 반응하는 것과는 다르다. 연극놀이에서 교사들은 자신이 취할 역할을 사전에 신중하게 선택한다. 드라마 경험에 대해 유아들이 깊이 있게 이해하고 집중할 수 있도록 하는 동시에, 극적 체험 중에 발생하는 학습을 확장시킬 수 있는 강력한 교수기법으로서 역할을 사용한다. 유아에게 익숙한 방식이면서 또한 깊이 있는 극적 체험과 확장된 학습을 유도할 수 있는 '역할내 교사(teacher in role)' 기법은 매우 유용한 교육방법이지만, 환상과 현실 사이에서 끊임없이 실험하고 있는 중인 유아들을 대상으로 이 기법을 사용할 때는 몇 가지 주의해야 할 사항들이 있다.

첫째, 교사가 역할을 맡고 있다는 것을 명확하게 알려줄 필요가 있다. 연극놀이 수업의 장에서 교사가 역할을 수행하는 것은 사회적 역할 연기와는 다르다. 사실 우리는 삶 속에서 여러 가지 사회적인 역할들을 수행한다. 교사, 학생, 부모, 자녀, 주인, 손님, 친구, 조언가로서 처한 상황에 따라 다른 역할들을 맡아 그에 맞는 옷차림을 하고 사회 관습적으로 적합한 행동과 말을 구사한다. 연극놀이에서도 교사는 '물건 사는 사람', '곤경에 처한 사람' 등의 다양한 역할을 수행할 수 있는데, 이때 교사는 그러한 역할이 허구적인 상황, 즉 놀이 속에서 이루어진다는 점을 사전에 알려주고, 유아들이 준비할 시간을 주어야 한다. 그 한 가지 방법은 '역할 신호(role signifier)'를 사용하여 언제 교사가 역할 속에 있는지 밖에 있는지 알 수 있도록 하는 것이다. 역할 신호로서 모자나 스카프, 안경, 지팡이 같은 간단한 소품 등을 상징적으로 사용할 수 있는데 교사가 사전에 "내가 잠시 나갔다가 이 모자를 쓰고 들어오면 나는 선생님이 아니라 할머니가 될 거예요. 모자를 벗으면 할머니에서 선생님으로 돌아올 거예요."라고 말해줌으로써 교사의 역할에 대한 약속을 정해놓는 것이다. 교사가 '모자'를 쓰고 있는 동안은 '할머니' 역할을 수행하고 있음을 신호 보내는 것이다. 의류나 소품을 역할 신호로 쓰지 않고 단순히 '하나 둘 셋' 하면 연극 속으로 들어가고, '셋 둘 하나' 하면 연극 밖으로 나오는 것이라는 약속 역시 '역할 내 교사'를 신호할 수 있는 방법이다. 연극놀이를 처음 접하는 유아들이라면, 이러한 역할 신호뿐 아니라 어떠한 역할인지, 어떠한 이야기 맥락에서 역할이 도입되는 것인지도 미리 알려줄 필요가 있다. 또한 유아들이 역할내 교사를 만나기 전에, 그들이 만나려고 하는 인물(교사의 역할)에 대해 사전에 이야기를 나누는 것도 좋은 방법이다. 〈이름 보따리〉에서 교사는 '이름 보따리' 그림책의 첫 페이지를 보여주며, '늑대'에 관하여 유아들과 대화를 나눈다. 늑대가 어떤 표정인지, 어떤 상태인지, 왜 그럴지, 새끼 늑대인지, 어른 늑대인지 등에 관하여 이야기를 나눈다. 이러한 과정은 '늑대' 인물에 대한 호기심을 불러일으키고, 나중에 교사가 '늑대'가 되어 나왔을 때 어떻게 반응하고 어떤 질문을 할 것인지 미리 생각해볼 시간을 허용한다. 연극놀이에 익숙하지 않은 유아인 경우, 느닷없이 교사가 '늑대'가 되어 들어왔을 때 무얼 해야 할지, 무슨 말을 해야 할지 몰라 어리둥절해 있거나 무서워할 수 있다. 교사가 역할을 수행하기 전에 역할 신호를 약속하고, 사전에 그 역할에 대해 어느 정도 이야기를 나눈다면, 이후에 교사가 연기하는 인물과 직접적으로 소통하며 훨씬 자연스럽고 안전하게 상호작용할 수 있을 것이다.

둘째, 교사의 역할 연기는 배우처럼 연기하는 것이 아니라 특정한 하나의 태도를 취하는 것이다. 배우는 허구적인 인물을 믿을 수 있는 인격체로 구현하기 위해 노력한다. 즉 인물의 외양만을 보여주는 것이 아니라 과거와 구체적인 삶이 있는 다면적이고도 총체적인 모습을 관객에게 보여주기 위해 성격을 연구하고, 습관과 행동양식과 사고방식을 탐구한다. 그것을 움직임, 제스처, 억양과 말투 등을 통해 드러낸다. 멀리 떨어져있는 관객과 명확하게 소통하기 위해서 배우들은 종종 현실 속의 인물들보다 더 과장된 움직임이나 목소리를 사용하기도 한다. 이와 달리 교사는 허구적 인물을 몸으로 구현해보이거나 과장된 움직임이나 목소리로 공연할 필요가 전혀 없다. 교사는 특정한 상황에 놓여있는 인물의 태도가 무엇인지를 보여주면 된다. 손님으로서 누군가의 집을 방문할 때 우리가 일반적으로 조심스럽고 예의바른 태도를 취하듯이, 교사는 어떤 상황에 처했을 때 인물의 태도를 언어와 몸짓을 통해 유아들에게 전달하면 되는 것이다. 예를 들어서 〈산타클로스가 사라졌어요〉의 경찰 역할은 절도있는 동작과 공식적인 언어를 사용하면서, 직업적인 이유로 산타클로스에 대한 정보를 수집하기 위해 필요한 질문을 하고 의미 있는 정보를 얻고자 노력하는 태도를 보일 것이다. 〈아기 돌보기〉의 '아줌마' 는 아기가 맡겨진 상황에서 어떻게 아기를 돌보아야 할지를 몰라서 안절부절하는 태도를 취한다. 〈봄의 왕과 겨울 마법사〉의 '봄의 왕' 은 겨울 마법사가 보낸 편지를 받고 매우 걱정스러워하면서 불안해하는 태도를 취한다. 각각의 역할은 상황에 따라 특정 태도를 취하고 있으며, 지위나 직업에 따라서 다른 몸짓과 말투를 사용한다. 교사가 간단한 소품이나 의상을 착용하고, 상황과 인물의 태도를 보여준다면, 유아들은 그 신호를 읽어내고는 환상과 현실에 대한 혼란감을 느끼지 않고, 자신들도 연극적으로 반응하기 시작할 것이다. 그런데 만약 교사가 배우처럼 완벽한 연기를 펼친다면, 즉 '교사' 가 아니라 진짜로 그 인물인 것처럼 믿게 만든다면, 유아들은 교사의 역할 연기를 현실로 받아들여 위협감이나 불안감을 느낄 수가 있다. 특히 주의해야 할 역할은 화가 나있는 인물이다. 교사가 화난 인물을 수행한다고 해서 정말로 화를 내서는 안 된다. 유아들은 자신을 향하여

화를 내는 것으로 받아들여 당황해하거나 두려움을 느낄 수 있기 때문이다. 진지하게 '나 정말 속상해. 누가 몰래 들어와서 우리 집을 엉망으로 만들어놨어.' 라고 화났다는 것을 알려주는 것으로 족하다. 교사가 역할을 맡는 것은 아이들을 속이거나, 놀라게 하기 위한 것이 아니다. 또한 흥미로운 쇼를 보여주는 것도 아니다. 교사의 역할은 어디까지나 드라마를 진척시키고 아이들의 반응을 촉진시키기 위한 것이다. 교사의 진짜 같은 연기, 과장된 연기는 도리어 유아들을 위축시키거나 수동적인 구경꾼으로 남아있도록 할 것이다.

세 번째, 교사는 연극놀이에서 역할 안팎으로 유연하게 이동할 수 있다. 이것은 유아들에게 동화를 들려줄 때, 중간중간 아이들과 이야기를 나누기 위하여 멈추는 것과 같은 방식이다. 이때 교사는 두 종류의 대화를 사용할 수 있다. '역할로서 나누는 대화' 와 '교사로서 나누는 대화' 가 그것이다. 역할내 교사는 현재 시제로 존재하며 역할 밖 교사는 과거 시제나 미래 시제로 이야기하게 된다. 〈아기 돌보기〉의 경우 교사는 '아줌마' 역할로서 "아, 어떡하지. 아기가 자꾸만 우네. 혹시 아기가 울 때 어떻게 하는지 아세요?" 라고 말한다. 이 대화는 마치 지금 일어나고 있는 일처럼 발생한다. 그러나 교사가 역할 밖으로 나왔을 때는 "아줌마한테 무슨 문제가 있었죠? 여러분들은 어떻게 아줌마를 도와주었나요?" 라고 과거 시제로 말한다. 즉 교사는 유아들이 지금 막 만났던 역할(아줌마)이 말한 것이나 행동한 것, 유아 자신이 반응했던 것에 대해 반영할 수 있도록 유도하는 것이다. 한편 교사는 다음에 할 것을 알려주기 위해서 역할 밖으로 나오기도 하는데, 그런 경우에는 미래 시제의 대화를 유도한다. 〈이름 보따리〉에서 '이름 주는 늑대' 집 앞에서 교사는 "아, 여기가 이름 주는 늑대 집이구나. 여기서 잠깐 동안 조용히 기다리면 이름 주는 늑대가 나타날 거예요. 조금만 기다려보세요." 라고 말함으로써, 앞으로 이름 주는 늑대를 만나게 될 것임을 알려주면서 유아들이 그 만남에 대해 준비를 하도록 한다. 연극놀이에서 교사와 유아가 나누는 이야기의 대부분은 무슨 일이 일어났는지, 혹은 앞으로 무슨 일이 일어날지에 대한 것이다. 이와 다르게 역할내 교사와의 대화는 항상 현재 시제로 일어난다. 즉 그것은 지금 일어나는 일이며, 우리는 항상 다음에 무슨 일이 일어날지 확실히 알 수 없다는 것이다. 이는 곧 생산적인 긴장, 흥미와 기대로 연결되며, 그 결과 유아들의 몰입과 진실된 체험이 가능해진다. 역할 안팎으로 교사가 유연하게 이동함으로써 몰입과 객관적 거리, 체험과 반영의 측면들을 유아들이 운용하도록 도울 수 있다. 또한 역할내에 있을 때와 밖에 있을 때 교사와 학생 간의 힘의 관계도 다르다. 보통 교실 상황에서 교사는 학생들에게 도움을 주고 질서와 규율을 지도하며 지식을 가르치는 위치에 있다면, 연극놀이에서 교사는 다양한 역할을 통해 유아들과 다른 종류의 의사소통과 힘의 관계를 시도해볼 수 있다. 대장이나 선장과 같은 역할은 강력한 통제력을 발휘하여 복종을 요구하는 반면, '무지' 한 혹은 문제 상황에 처한 역할은 유아들로부터 도움과 조언을 받아야 하는 처지에 있다. 혹은 대등한 동료로서 문제를 탐색하고 해결방법을 찾는 여정을 함께 해내갈 수도 있다. 이러한 교사의 역할들 중에서도 '도움이 필요한 사람' 이라는 낮은 지위의 역할은 유아들에게 특히 효과적이면서 교육적으로 많은 이점을 가지고 있다. 자신이 이미 알고 있는 것이 누군가(역할내 교사)에게 구체적인 도움이 되며, 자신이 성인을 가르쳐줘야 한다는 상황은 유아들에게 힘을 부여한다. 유아들이 교사를 가르칠 기회란 흔치 않다. 힘을 부여받은 상황에서 유아들은 책임감을 느끼며, 적극적으로 참여하게 되는데, 이 과정은 기존의 지식을 명료화하고 더 알고 싶은 의욕을 고취시킬 수 있는 계기가 된다. 간혹 일반 교사들은 이러한 낮은 지위의 역할을 맡는 것에 대해 우려를 표명하기도 하는데, 교사가 통제력을 상실하여 교실을 혼란 속에 빠뜨리는 결과를 낳지 않을까 하는 것이다. 이것이 바로 교사가 역할을 맡다가도 역할 밖으로 이동하는 이유 중의 하나이다. 유아들과 함께 허구 세계 속으로 들어가 있다고 해서, 유아들의 행동을 조절하고 규율을 세우는 교사로서의 책임을 방기하는 것은 아니다. 교사가 통제력을 잃어버리게 되거나 유아들이 규율을 망각하는 사태가 발생한다면, 언제라도 즉각 역할 밖으로 나와서 '교사' 로서 안정감 있는 교실 분위기를 유지할 수 있다. 이것은 유아에게도 필요한 안전감을 제공한다. 어느 순간이라도 아이들로 하여금 교사가 아이들을 방치하고 있다는 느낌을 주어서는 안 될 것이다. 역할 속에 있더라도 교사는 여전히 아이들을 돌보고 있으며, 그들을 책임지고 있다는 점을 명심한다.

chapter 5

# 수업에서 활용할 수 있는 연극놀이 관습 (drama convention)

시나 이야기, 간단한 놀이부터 학습과 관련된 테마에 이르기까지 다양한 소재를 가지고 연극놀이 방식으로 수업을 구성하는 데 있어서 교사들에게 특히 유용한 것이 연극놀이 관습(drama convention)이다. 연극놀이 관습이란 참여자들의 연극적 체험의 형식을 결정짓는 형상화 장치이자, 연극놀이 수업의 구조화 장치라고 할 수 있다. 그 동안 연극놀이 수업에서 활용할 수 있는 연극놀이 관습들은 수없이 많이 개발되어 왔으나, 여기서는 유아들이 자연스럽게 연극적 상황 내에서 소통하고, 조작할 수 있는 관습 몇 가지를 소개하고자 한다.

## 01 얼음조각상(tableau, still image, frozen picture)

자신의 몸을 이용하여 인물이나 사건, 느낌 등을 정지 동작으로 표현하는 것이다. 한 순간을 포착하는 입체 사진과 같다. 그러나 사진처럼 항상 사실적일 필요는 없다. 추상적인 느낌을 표현하는 '이미지' 일 수도 있다. 혼자서 얼음조각상을 만들 수도 있고, 짝으로, 그룹으로 만들 수도 있다. 유아들의 경우 자신의 몸으로 무엇을 표현한 채 오랫동안 움직이지 않기란 쉽지 않은 일이다. 또한 어떤 사건이나 인물의 행위 중에서 핵심 순간을 포착해 내는 것 역시 유아 스스로 해내기 힘든 과제이다. 얼음조각상 관습을 유아들을 대상으로 이용하고자 할 때는 '얼음', '땡' 연습을 충분히 해보도록 한다. 자연스럽게 유아들이 움직이게 한 다음, 교사가 '얼음' 하고 외침으로써 유아들이 동작 그대로 멈추어 있도록 하는 것이다. '땡' 하는 신호와 함께 다시 움직일 수 있다. 유아가 조금씩 자기 몸을 통제하고 조정하는 능력이 향상되면, 짝으로 서로의 몸을 재료로 조각상을 만들 수도 있고, 그룹으로 좋아하는 이야기의 한 장면을 조각상으로 만들어 발표해볼 수도 있다.

- 예 1) 〈몸으로 말해요〉에서 유아들은 짝을 지어 정지 동작을 번갈아가며 취한다.
- 예 2) 〈걷다가 멈춰〉는 유아들이 얼음조각상 기법을 연습할 수 있는 가장 기본적인 방법이다. 유아들은 자연스럽게 걷다가 교사의 신호에 따라 순간 멈춤으로써 움직이는 순간을 포착하여 표현하게 된다.
- 예 3) 〈찰칵 사진놀이〉는 '사진찍기' 를 소재로 한 프로그램으로서 일상적인 동작을 얼음조각상으로 표현할 수 있다. 유아들은 이 프로그램에서 직접 얼음조각상을 만들 뿐 아니라, 다른 유아들이 만든 조각상을 감상하면서 해석해보고 공유하는 시간을 가진다.

## 02 생각 따라잡기(thought-tracking)

연극 속에서 진행되던 사건의 한 순간을 선택하여 그 순간 각각의 인물들은 어떤 생각을 하는지 알아볼 수 있다. 행위 도중 교사가 '얼음' 을 외쳐서 역할을 연기하던 아이들이 그대로 정지하도록 한다. 이것은 곧 '얼음조각상' 이기도 하다. 교사는 한 명 한 명에게 차례대로 다가가 어깨에 손을 얹고 아이들이 그 순간 연극 속의 인물로서 느낌이나 생각을 말하도록 한다. 예를 들어, 미운 아기 오리가 백조로 변하여 날아오르는 순간을 정지시켜놓았다면, 아이들은 그 순간의 백조로서 한 마디씩 할 수 있다. "난 이제 백조야." "하늘 높이 나를 거야." "난 오리가 아니야." "와, 신난다." 등등. 교사는 이 관습을 이용함으로써 말하기에 자신이 없거나 소극적인 유아들에게 부담 없이 인물로서 공개적으로 말할 수 있는 기회를 줄 수 있다. 또한 극중 인물에 대한 유아들의 다양한 해석을 펼쳐놓을 수 있으며, 그것을 모든 아이들이 공유할 수 있다. 간혹 아무 생각이 안 난다고 하거나 묵묵부답인 유아들이 있는데,

이런 경우에는 자연스럽게 다음 아동에게로 넘어가면 된다. 억지로 말을 시키려 한다면 오히려 분위기를 깨고 압박감을 줄 수 있다.

## 03 얼음 땡! (living-pictures)

이것은 '얼음조각상'의 장면 그림을 살아나게 하는 것이다. 즉 유아들이 정지 상태에서 풀려나 상황과 역할에 맞게 말하고 행동하면서, 장면을 전개시켜 나가는 것이다. 교사는 그러한 신호로서 "얼음~ 땡!"이라고 외치거나, 종소리를 내줄 수 있다. 얼음땡 관습은 그 순간 인물들 간의 상호작용을 알아보기 위해서 쓰인다. 따라서 짧은 시간 동안만 행위가 진행되도록 하고나서 곧 다시 장면을 얼리는 것이 좋다. 특히 유아들의 경우 장시간 즉흥적으로 장면을 진행시켜나가는 것은 어렵다. '얼음조각상' 만들기에서 '생각 따라잡기'를 시행한 후, '얼음땡'으로 나아간다면, 점차적으로 즉흥적인 체험을 연습해볼 수 있는 단계가 되기도 한다.

〈찰칵 사진놀이〉에서 유아들은 밥 먹는 동작이나, 소풍의 모습 등을 '얼음조각상'으로 만든다. 교사가 이때 '생각 따라잡기' 관습을 적용하여 얼음조각상을 하고 있는 유아 각각에게 차례대로 한 마디씩 대사를 말하도록 한다. 유아들은 '맛있어', '얼른 먹어야지', '엄마, 물주세요' 등의 대사를 말할 수 있다. 그리고 나서 교사가 '얼음 땡' 관습을 설명해주고, '얼음 땡'을 외친다면, 유아들은 밥 먹는 장면을 실연해볼 수 있다. 이러한 순차적인 접근은 유아들에게 상황과 인물에 대해 단계적으로 준비하면서 짧은 장면을 즉흥으로 실연해볼 수 있는 기회를 제공한다.

## 04 마임(mime)

마임은 몸짓과 표정, 제스처만을 사용하여 느낌과 생각, 인물과 상황을 표현하는 것이다. 따라서 마임에서 유아들은 비언어적인 동시에 시각적이고 신체적인 소통방식을 실험하고 발전시키게 된다. 마임은 성인보다 유아들에게 더 가깝게 다가간다. 일상에 대해 관찰하고 모방하며, 자신이나 사물을 다른 것으로 가장하여 놀이하는 유아들에게 마임은 익숙한 것이기 때문이다. 줄넘기나 줄다리기, 바늘에 실을 꿰어보기, 연날리기 등과 같이 간단한 동작을 마임으로 하는 것은 유아들에게 매우 큰 즐거움을 준다. 교사는 이때 없는 물건이 있는 것처럼 보이게 하는 마임의 기술을 가르칠 필요는 없다. 유아들이 집중하여 '믿음' 을 가지고 표현할 수 있도록 분위기를 조성해주고, 격려해주는 것이 중요하다. 유아들이 몰입하기 힘들어할 때, 종종 상징적인 소품을 사용할 수도 있다. 비닐을 깔아놓고 스케이트나 스키를 타게 하거나 종이 박스를 놓고 우주비행사로서 기기를 조작하게 한다면, 유아들은 보다 섬세하고 정교한 마임 동작을 보여줄 것이다.

〈토끼와 당밀〉에서 유아들은 '토끼' 로서 바닥에 있는 당밀에 자신의 몸이 붙었다고 가장하여 손바닥이나 엉덩이를 떼었다 붙였다 하는 마임을 한다. 이처럼 이야기 전체를 극화하는 과정 중에서 일부분을 마임으로 행할 수 있다.

## 05 해설 판토마임(narrative pantomime)

해설 판토마임은 교사가 해설하는 동안 유아들이 해설의 내용을 몸으로 행위하는 것이다. 즉 해설과 마임이 동시적으로 이루어진다. 예를 들면 교사가 "여러분은 이제부터 모두 토끼가 되는 거예요. 토끼는 잠을 자고 일어나서는 기지개를 켜고 하품을 크게 하였어요. 그리고 귀를 쫑긋 세우고 코를 킁킁 대며 냄새를 맡았지요. 그리고는 자기 앞의 땅을 앞발로 팠어요. 그 안에서 당근을 꺼내어 아삭아삭 먹었습니다." 라고 말하면 유아들은 토끼가 되어서 행위를 하는 것이다. 해설 판토마임은 유아들에게 뭘 해야 할지 구체적으로 알려주기 때문에, 연극놀이 경험이 없고 표현에 소극적인 아이들일지라도 부담 없이 참여할 수 있다. 또한 공간이 넓지 않아도 상관없으며, 아무리 인원이 많을지라도 모두 함께 역할을 맡아 동시에 움직일 수 있다. 교사는 이야기의 한 부분을 행위 중심으로 각색하여 해설문을 작성하거나, 직접 창작할 수도 있다. 유아들에게 모두 똑같은 역할을 주어서 각자 동시다발적으로 움직이도록 하는 것은 해설 판토마임의 가장 기본적인 형식이지만, 두 가지 역할을 두 명씩 짝을 지어 해보게 할 수도 있다. 세 가지 이상의 역할인 경우에는 각 역할을 하고 싶은 사람을 모둠지어서 해설에 따라 움직이게 할 수 있으나, 유아의 경우에는 한두 가지의 역할이 나오는 이야기나 해설문이 해설 판토마임 형식에 보다 적절하다. 유아들은 종종 상상력이 발동하여 교사의 해설보다 앞서서 행위를 펼치기도 하는데, 교사는 이런 반응을 자신의 해설 내용대로 맞추려 하기보다는 유아의 자발적인 상상력과 행위를 즉석에서 반영하여 유연하게 자신의 해설을 수정하거나 변경하는 것이 바람직하다.

〈우리 마을 지킴이〉에서 유아들은 마을 사람들의 역할을 맡는다. 교사는 마을 사람들이 아침에 일어나서 일하는 상황을 해설해 줌으로써, 유아들이 마을 사람으로서 여러 가지 일상적인 동작들을 하도록 도와준다.

## 06 편지, 그림, 일기, 신문기사, 메시지

교사가 사건을 도입하는 방식으로 편지, 그림, 일기, 신문기사 등을 이용할 수 있다. 유아들은 미지의 인물로부터 온 편지나 그림을 보면서 흥미를 갖고 자발적으로 연극 속으로 들어갈 것이다. 또는 연극놀이 중간에 긴장을 부여하거나 어떤 증거로서 이것들을 제시할 수도 있다. 혹은 연극놀이가 끝난 이후, 인물로서 일기 쓰기, 연극 속의 한 인물에게 편지쓰기, 기자로서 그림과 사진을 이용하여 신문기사 작성하기 등의 활동도 유아들에게 스스로 연극적 체험에 대해 반영할 수 있는 기회를 제공한다.

- 예 1) 〈꽃씨야, 어디 있니?〉에서 교사는 농부가 보내온 편지를 제시하면서 수업을 시작한다. 이 편지에 실린 '동시' 는 이후 수업에서 몸짓 표현의 소재로서 활용된다.
- 예 2) 〈산타클로스가 사라졌어요〉에서 산타클로스가 사라졌다는 산타클로스 형의 편지는 유아들의 마음을 사로잡기에 충분한 소재이다. 이후 유아들은 왜 산타클로스가 사라졌는지 상상해보고, 산타클로스에 대해 아무 것도 모르는 '경찰' 을 돕는 역할을 하게 된다.

## 07 핫시팅(hot-seating)

참가자들은 자기 자신으로서 극중 인물 한 명을 만나서 인터뷰를 한다. 인터뷰 대상이 되는 인물의 역할은 교사가 맡거나 참가자 중에서 자원한 사람이 맡아서 답할 수 있다. 유아의 경우에 핫시팅의 대상이 되어서 즉석에서 질문에 답하기 위해서는 어느 정도의 연극놀이 경험이 필요하다. 처음에는 주로 교사가 하나의 역할을 맡아서 유아들로부터 질문을 받아 응답함으로써, 전개될 드라마에 대해 흥미를 불러일으키고, 필요한 정보를 주고, 드라마의 초점을 명확하게 하며, 인물에 대해 더 깊이 이해할 수 있는 기회를 제공할 수 있다. 연극놀이에 익숙하지 않은 유아들은 무엇을 질문해야 하는지 몰라서 당황해하기도 하는데, 교사가 역할로 들어가기 전에 어떤 인물이 나올 것인지 미리 소개하고, 그 인물에게 어떤 것을 물어보고 싶은지 이야기 나누는 시간을 가지면 도움이 된다. 〈이름 보따리〉에서 교사는 꼬마 늑대가 울고 있는 그림을 보여주고 나서 유아들에게 '늑대가 무얼 하고 있는지', '왜 울고 있는지', '여기는 어디인지' 등에 대해 질문을 하면서 이야기 나눈다. 그런 다음 교사가 그 '꼬마 늑대'의 역할을 맡아 유아들과 핫시팅을 함으로써, 유아들이 핫시팅 대상에게 던질 질문을 미리 준비하도록 하고 있다.

핫시팅은 연극놀이 수업 중 어떤 지점에서든 행해질 수 있다. 〈이름 보따리〉의 경우처럼 초반부에 인물에 대한 정보를 얻기 위해 이용될 수도 있고 중간에, 혹은 끝부분에 특정 인물의 동기, 감정, 생각을 탐구하기 위해 이용될 수도 있다. 연극놀이에 익숙한 유아라면 자신들이 잘 알고 있는 동화 속의 인물로서 핫시팅 대상이 되는 것을 즐기기도 한다. 또한 〈토끼와 당밀〉 같은 이야기를 극화한 이후, 아이들이 했던 인물, 즉 '토끼'로서 의자에 앉아 다른 유아들의 질문에 답하는 것도 가능하다.

## 08 전문가의 망토(mantle of the expert)

전문가의 망토는 참여자들에게 허구적인 상황과 관련된 전문적인 기술과 지식을 갖춘 전문가 역할을 부여함으로써, 문제를 해결하거나 특정 과제를 수행하도록 하는 연극놀이 관습이다. 이 관습에서 참가자들이 전문가 역할에 합당한 실제적인 지식과 기술을 갖추고 있는지는 중요하지 않다. 중요한 것은 전문가적인 책임성과 진지한 태도이다. 참가자들은 실제 전문가가 되는 것이 아니라, 전문가라는 '망토' 를 걸칠 뿐이다. 그 망토를 걸침으로써 위엄과 권위를 부여받으며, 그로 인하여 강력한 책임과 최선을 다하는 진지한 태도를 지니게 된다. 현실에서 평범한 한 학생이 '반장' 역할을 부여받음으로써 학급의 운영과 학급 구성원에 대해 더 많은 관심과 책임을 갖는 것과 같다. 전문가 역할은 천문학자, 과학자, 농부, 국회의원, 디자이너, 괴물 전문가 등 무수히 많다. 또한 전문성은 다소 일반적인 것이 될 수도 있다. '싸움 말리기에 대해 잘 알고 있는 사람들', '문제아를 돕는 사람들', '어린이 책에 대해 잘 알고 있는 사람들' 이라는 일반적인 역할일 수도 있다. 〈아기 돌보기〉가 그 예인데, 이 프로그램에서 유아들은 자연스럽게 '아기 돌보기에 대해 잘 알고 있는 사람들' 로 위치지어진다. 교사가 특별히 그런 역할을 지정해준 것은 아니었지만, '아기에 대해 무지한 사람'의 역할을 교사가 맡고 있기 때문에, 그 상대 역할을 하는 유아들은 '아기와 아기 돌보기에 대해 잘 알고 있는 사람들' 이 된다. 유아들은 그것을 피부로 인식하고는 의젓하게 아기에 대한 정보들을 역할내 교사에게 제공하고, '아기' 에 대한 자신의 경험과 지식 내에서 조언을 아끼지 않는다.

유아들이 전문가로서 역할을 할 수 있는 능력과 경험, 지식을 가지고 있는가 걱정하여 이 관습을 적용하는 것을 꺼리는 교사도 있다. 아이들은 어릴 적부터 성인 역할을 모방하여 놀이함으로써 주변 사회와 성인들의 삶을 이해하고 학습한다. 엄마, 아빠, 의사, 우주비행사, 농부, 경찰관, 소방관 등 자신이 본 성인의 역할을 맡아 놀이한다. 이러한 천성적인 성향을 수업에서 이용하여 유아들에게 그러한 책임있는 역할을 해볼 기회를 제공한다면, 유아들은 기꺼이 도전거리를 수용하여 책임과 역할을 다하기 위하여 자신을 신장시키려고 노력할 것이다. 결과적으로 그들은 우리가 그들에게 기대하는 바 이상의 것을 학습할 수 있다. 한편으로 유아들은 지금까지 많은 지식과 이해를 축적해왔다. 아이들은 '어린이' 들에 관한 한 전문가이다. 어린이들이 무엇을 해야 하고, 무엇을 하지 말아야 할지 잘 알고 있다. 그 외에도 다양한 맥락에서 친사회적, 비사회적 행동이 어떤 것인지 알고 있으며, 안전한 것과 안전하지 않은 것에 대해, 음식에 대해, 놀이에 대해, 동물, 생일파티, 날씨, 계절, 자연환경 등 많은 것에 대해 알고 있다. 교사는 그러한 사항들 중의 하나에 대해 잘 알고 있는 '전문가' 역할을 부여함으로써, 유아들이 이미 알고 있는 것을 확장시키고, 더 나아가 알고 싶은 의욕을 불러일으킬 수 있다. '전문가의 망토' 는 학습과 가장 관련이 깊고, 유아들에게 힘을 부여할 수 있는 강력한 관습이다.

- 예 1) 〈봄의 왕과 겨울 마법사〉에서 유아들은 '계절 전문가' 가 되어서 겨울에 대해 잘 모르는 봄의 왕을 돕는다. 유아들은 전문가로서 봄의 왕에게 정보를 제공하고, 글과 그림으로 겨울이라는 계절을 표현하는 작업을 하면서, 자신이 이미 가지고 있는 계절에 대한 지식을 사용한다. 이러한 자신의 작업이 겨울 마법사의 음모를 물리치게 되는 연극적 맥락 속에서 유아들은 기쁨을 느끼게 되고, 이후 다른 계절과 날씨에 대한 학습에 대해서도 확장적으로 관심을 갖는다.
- 예 2) 〈산타클로스가 사라졌어요〉에서 '산타클로스에 대해 잘 알고 있는 사람들' 이 유아들이 맡게 되는 역할이다. 산타클로스와 크리스마스는 사실 유아들이 가장 관심을 갖는 분야이기도 하다. 유아들은 '산타클로스에 대해 전혀 모르고 있는 어른 경찰' 을 상대하면서, 사람의 외모와 특성에 대해 설명하기, 경찰이 하는 일, 잃어버린 사람을 찾는 방법 등을 연극적 맥락 안에서 학습한다. 이러한 학습은 교사가 일방적으로 지식을 전달하는 것이 아니라, 유아들의 기존 지식을 확장시키면서 새로운 기술과 지식의 습득을 돕는 것이다.

## 09 역할내 교사(teacher in role)

역할내 교사는 교사가 역할을 맡아 드라마에 참가자들과 함께 참여하는 것으로서 '참가자들과 드라마 속에서 상호작용하는 교사' 라고 할 수 있다. 이 관습은 교사와 참가자 사이에 매우 효과적인 교수관계를 창조하는데, 교사가 체험의 지속성을 깨지 않은 채 허구문맥 내부에 있으면서 드라마를 진행시킬 수 있는 위치에 있기 때문이다. 교사가 각각의 상황에 적합한 역할을 채택함으로써 특히 전체 그룹 역할놀이를 설정하고 발전시키는 데 용이하다. 교사가 역할을 맡는다는 것은 허구 세계에 대한 몰입과 믿음을 직접 유아들에게 시범 보이고 있는 것이다. 이것은 유아들의 몰입을 촉진시키며, 연극놀이를 어떻게 해야 할지 몰라서 움츠린 유아들에게 격려가 된다. 역할내 교사는 정보를 제공하고, 참여자들을 컨트롤하고, 몰입을 격려하며, 진행되는 이야기를 발전시키고, 유아가 갖고 있는 기존의 가치판단에 도전하며, 드라마의 학습 잠재력을 극대화하기 위한 효과적인 방법으로 사용될 수 있다. 유아를 대상으로 하는 경우, 교사는 역할에 들어갈 때와 나올 때 신호를 줄 수 있는 장치를 쓰는 것이 좋다. 역할을 연기할 때에는 특정 의자에 앉는다거나, 간단한 의상을 걸친다거나 함으로써 유아들이 혼란스럽지 않도록 한다. 역할내 교사기법을 핫시팅과 결합시켜서, 유아들이 역할 속에 있는 교사에게 질문하도록 한다면, 질문하기, 말하기, 듣기 기술을 발전시킬 수 있는 좋은 기회가 된다.

## 10 회의(meetings)

드라마에 포함된 여러 인물들이 계획을 토론하고 결정을 내리고 새로운 정보를 듣거나 문제를 해결하기 위해서 함께 모인다. 참여자들은 극중 인물로서 의견을 제시하고 질문을 하고 중대한 결정에 참여할 수 있다. 유아들은 연극적 맥락 안에서 이루어지는 이러한 회의를 매우 즐거워하며, 기꺼이 공식적인 말투로 자신의 의견을 발표한다. 회의 관습은 유아에게 자신이 매우 중요한 위치에 있다는 것을 느끼게 하며, 논리적으로 말하는 기회가 된다. 회의에서 교사는 의장이나 자문 역할을 맡아서 극 속에서 참여자들의 의견을 조정하고, 소극적인 유아들의 의견을 물어보며, 아이들을 컨트롤 할 수 있다. 〈흉내쟁이 호랑이〉에서 유아들은 숲 속 동물로서 모여서 호랑이한테 흉내를 당했던 일을 보고하고, 호랑이를 어떻게 혼내줄 수 있을지 방법을 논의한다.

## 11 공간의 설정(defining space)

주요 사건이 일어나는 장소를 현재의 공간에 재현하기 위해 주변의 가구나 물건, 천 등을 이용하여 표시해둔다. 마음 속으로 상상한 공간을 실재하게 만드는 것이다. 주인공의 방을 표시한다면, 크기, 방향 등을 고려하여 박스테이프로 표시해두고, 가구를 배치해본다. 침대 같은 가구는 책상 두 개를 붙여서 '침대' 라고 약속할 수 있다. 이렇게 상상의 공간을 상징적으로 재현하는 것은 유아놀이에서 자주 일어나는 것이며, 유아에게 아주 익숙한 관습이다. 집안의 의자나 박스, 물건들을 이리저리 움직여 자기만의 공간을 만들어내는 것을 쉽게 볼 수 있다. 그러나 허구 속의 공간을 유아마다 각기 다르게 상상할 수 있으므로 교실 내에서는 상상의 공간을 합의할 필요가 있다. 〈동네를 지켜주는 장승〉에서 유아들은 옛날의 마을 모습을 먼저 그림을 그리면서 일차적인 표상을 만든다. 그러고 나서 천이나 의자 등으로 실제 공간 내에 옛날 마을의 모습을 창조한다. 천으로 시냇가를 만들기도 하고, 집이 있는 곳과 논밭이 있는 곳을 구분 짓기 위해서 큰 블록이나 의자를 이용할 수 있다. 이렇게 함께 논의해가면서 상상의 공간을 만들어내는 것은 유아들에게 창조적인 즐거움을 부여할 뿐 아니라, 앞으로 진행될 드라마에 몰입할 수 있게 하는 원동력이 된다.

## 12 전체 그룹 역할 연기(whole-group role-play)

전체 그룹이 보는 사람 없이 모두 역할을 맡아 가상의 상황을 사는 것이다. 여기서는 교사도 역할을 맡아 같이 한다. 모든 말과 행위를 주어진 상황과 자기 역할에 적합하게 적용한다. 전체 그룹 역할놀이를 할 때 드라마의 시작과 끝을 명확하게 교사가 제시해줄 필요가 있다. 교사가 '하나, 둘, 셋' 하면 모두 드라마 속으로 들어가는 것이고, '셋, 둘, 하나' 하면 현재의 학생과 교사로 돌아온다고 약속을 할 수도 있고, 실로폰 소리로 약속할 수도 있다. 참여자들은 이 관습에서 '전달하고 보여줘야 한다' 는 제한이 없기 때문에, 가장 자연스럽게 역할 연기 속으로 들어갈 수 있다. 이 책의 많은 프로그램이 전체 그룹 역할놀이 관습을 적용하고 있다. 유아들은 다른 친구들이 하는 것을 바라보며 자기 순서를 기다리는 것보다는 즉시적으로 자신이 직접 체험하고 표현하고 싶어 하는 욕구가 강하며, 모둠별로 의견을 모아 장면을 만들거나 발표하는 것에 있어서 교사의 개입을 필요로 한다. 이런 점에서 전체그룹 역할 연기는 유아들에게 특히 적합한 연극적 관습이라고 할 수 있다. 순서를 기다릴 필요도 없고, 소외되는 아동 없이 모두가 연극 속에 들어가 자유롭게 놀 수 있으며 교사도 많은 인원을 컨트롤 하기가 쉽기 때문이다.

PART 2

# 실제편

chapter 1

# 첫 만남, 나와 친구

## 01 걷다가 멈춰

활동목표 : 연극놀이에는 모두가 지켜야 할 규칙이 있음을 이해한다.
리듬에 맞추어 움직이고 멈춘다.
준비자료 : 탬버린(혹은 북)

### 도 입

- (안 보이는 곳에서 탬버린 소리를 들려준 후) 이게 무슨 소리일까? (탬버린을 보여준 후) 탬버린이지. 이제부터 탬버린 소리에 맞추어 걸어볼 거야. 교실에서 어디로든 마음껏 걸어다녀도 좋아요. 그런데 지켜야 할 것이 세 가지 있단다.

### 전 개

1) 교사는 유아들에게 다음과 같은 놀이 규칙을 알려준다.

   ① 교사가 탬버린을 치면 유아들은 그 소리에 맞추어 걷다가 탬버린을 흔들면 그 자리에서 얼음한다.

   ② 다른 친구들과 말하지 않는다.

   ③ 다른 친구들과 부딪치지 않도록 주의한다.

2) 교사는 일정한 박자로 탬버린을 치다가 흔드는 과정을 반복하면서 유아들이 위의 세 가지 규칙을 지키는지 살펴보고, 격려해준다.

○ 아무도 말하는 사람은 없었는데, 너무 열심히 걷다가 옆 사람과 부딪친 사람이 몇 명 있었어. 어떻게 하면 옆 사람과 부딪치지 않을 수 있을까?

—잘 보면서 걸어요. / 부딪칠 것 같으면 몸을 싹 돌려요. / 사람이 많이 있는 곳에는 가지 않아요.

○ 다시 한 번 해 볼 테니, 이번에는 정말로 아무하고도 부딪치지 않도록 해보자.

3) 탬버린 소리의 리듬과 강약, 빠르기를 다양하게 변화시키면서 움직임의 변화를 유도한다.

4) 규칙에 대한 인식이 생기고 위의 놀이에 익숙해지면, 즉석에서 다음과 같은 제안을 덧붙일 수 있다.

○ 탬버린을 흔들면 혼자서 얼음하는 것이 아니라, 둘씩 짝지어서 근사한 얼음조각상을 만들어보자.

○ 탬버린을 흔들면 자기가 좋아하는 동물 모습으로 얼음해 보자.

○ 걷다가 탬버린을 흔들면 여러 친구들과 만나 몸으로 인사를 해볼 거야. 먼저 엉덩이로 인사하기. (손, 발, 눈, 머리 등)

○ 선생님이 탬버린을 흔들고 있는 동안 모두 벽에 몸을 딱 붙여보자.

## 마 무 리

- 탬버린을 10번 칠 동안 모두 동그라미 모양으로 앉아보자. 오늘 어땠니?
  (느낌을 나누는 시간을 가진다.)
- 연극놀이가 재밌었던 것은 우리 모두가 세 가지를 잘 지켰기 때문이라고 선생님은 생각해. 그 세 가지가 무엇이었지?
- 모두 지켜야 할 것을 '규칙'이라고 해. 규칙이란 우리 모두가 즐겁게 놀면서 잘 지내기 위해 필요한 것이란다. 너희 집에도 꼭 지켜야 할 규칙이 있니? 어떤 것이니?

## 궁금해요 ??

**Q** 장난꾸러기 아이들이 신이 나서 뛰어다니며 마구 부딪치는 데 어떡하죠? 일부러 그러는 것 같지는 않은데….

**A** 도전감과 성취감을 불러일으키는 것이 중요합니다. "우리가 이렇게 많은데 서로 부딪치지 않고 걸어다닐 수 있을까?", "정말 한 명도 부딪치지 않았네. 어떻게 그렇게 할 수 있었니?" 이렇게 한 가지씩 규칙을 지키는지 점검하면서 단계별로 진행해나가세요. 작은 규칙들을 지키지 않는다면 다음 단계로 넘어가지 말고 그 과정을 반복하는 것이 좋습니다. 끝까지 규칙에 대한 이해가 되지 않는다면 놀이를 중단하고 다음날 다시 시도해보는 것도 한 방법입니다.

**Q** 탬버린 소리에 맞추어 자유롭게 걸어다니라고 했는데, 쭈뼛쭈뼛 거리면서 어떻게 할 줄 모르는 아이들이 있더군요.

**A** 유아들에게는 종종 '자유롭게', '마음껏'이라는 단어가 부담스럽게 작용할 때가 있습니다. 뭘 해야 할지 모르는 거죠. 그럴 때는 원형으로 서서 한 방향으로 탬버린 소리에 맞추어 걸어보는 것이 도움이 됩니다.

**Q** 저는 리듬과 박자에 약한 편입니다. 그래서 그런지 제가 탬버린을 치면 별로 신이 나지 않아요. 아이들도 딱딱하고 어색하게 걸을 뿐 리드미컬한 움직임을 유도할 수 없네요.

**A** 탬버린을 치는 대신 리듬과 박자가 단순하고도 재미있는 음악을 틀어주셔도 좋습니다. 행진곡 풍의 음악도 괜찮습니다. 아이들이 움직이는 것을 보면서 즉석에서 리듬

과 강약, 빠르기를 다양화할 수 없다는 단점이 있지만, 흥겨운 분위기를 형성하여 유아들이 적극적으로 움직이기 시작할 수 있을 거예요.

Q 교사도 탬버린을 치며 아이들과 함께 움직이고 '얼음' 을 하는 것이 좋을까요? 아니면 한 쪽에 서서 전체적인 분위기를 파악하면서 탬버린만 치는 것이 좋을까요?

A 아이들과 함께 신나게 움직이고 '얼음' 하는 즐거움을 누리시기를 적극 권유합니다. 소극적인 아이들에게 선생님의 그러한 모습은 따라할 수 있는 좋은 예가 되며, 어떠한 말보다도 유아들에게 용기와 격려를 준답니다.

## 02 몸으로 말해요

활동목표 : 말이 아닌 몸으로 의사소통이 가능함을 이해한다.
상대방의 정지 동작을 보고 그것에 어울리는 정지 동작을 취한다.

### 도 입

- 선생님이 여러분에게 뭔가 보여줄게. 그런데 선생님을 도와줄 한 사람이 필요해. 누가 도와줄래? 얼음을 잘 하는 사람이면 좋겠다. (자원자 한 명과 함께 다음의 동작을 시범 보인다.)

악수한 동작으로 얼음한다.

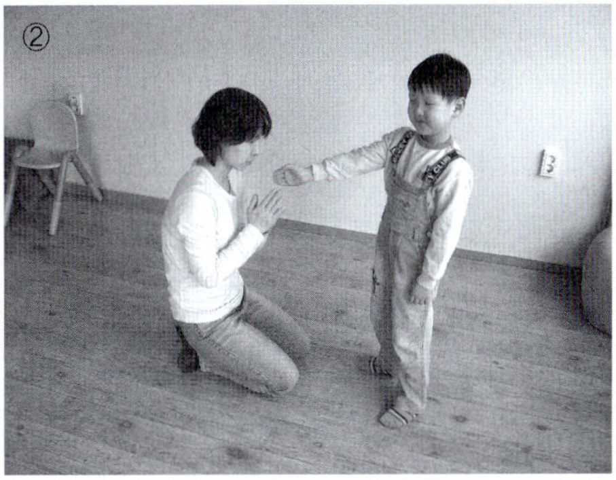

유아는 얼음을 한 채 머무르고, 교사만 얼음에서 풀려나와 다른 동작으로 얼음을 취한다.

교사는 얼음을 하고 있고, 유아만 얼음에서 풀려나와 다른 동작으로 얼음을 취한다.

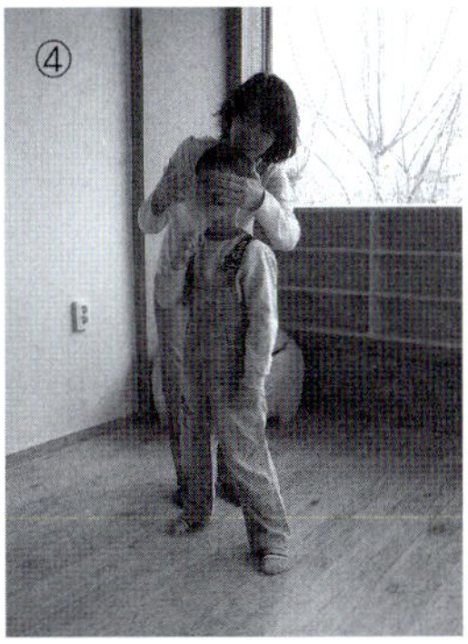

교사가 다른 얼음 몸짓을 취한다.

## 전 개

1) 유아들은 두 명씩 짝을 지어 서로 악수를 한 채 얼음을 한다.
2) 1번인 유아는 그대로 얼음을 하고 있고 2번인 유아는 악수 동작에서 살며시 빠져나와 다른 형태의 동작을 한다. 이때 앞서서 교사가 시범보인 몸짓을 따라하기보다는 각자 자신만의 얼음 동작을 만들어보도록 유도한다.
3) 이번에는 2번인 유아는 가만히 있고 1번인 유아가 얼음을 풀고 빠져 나와 다른 형태의 동작을 취한다.
4) 위의 방법으로 둘이서 계속 번갈아 가면서 동작을 주고받는다.

## 마 무 리

모두 자리에 앉히고 나서, 앞에 나와서 발표하고 싶은 서너 모둠을 선정한다. 이 모둠들이 동시에 위의 놀이를 하다가 어느 순간 둘 다 얼음을 취하게 한다.

- (앉아있는 유아들에게) ○○와 △△는 뭘 하고 있는 것 같니?

—똥침하고 있어요.

- ○○이 지금 말을 한다면 어떤 말을 할까? △△는?

—똥침을 받아라 / 아야!

한 모둠씩 어떤 상황을 연상시키는지 앉아있는 유아들에게 물어본다.

- 이렇게 말을 하지 않아도 우리는 몸짓만 보고 어떤 말을 하고 있는 건지, 어떤 일이 일어나고 있는지 대충 알 수 있단다. 너희들은 이 놀이를 할 때 어땠니?

## 궁금해요 ??

**Q** 다양한 동작을 취하지 않고 자기가 재미있다고 생각하는 동작만 계속해요. 한 아이는 키득키득 거리면서 계속 똥침하는 동작만 하는 거예요.

**A** 그 아이의 짝에게 물어봐 주세요. "네 짝이 계속 너에게 똥침만 하던데 기분이 어땠니?" 아마 좋다고 하지는 않겠죠. 짝의 기분을 알았다면 좀 달라지지 않을까요.

**Q** 움직임에 소극적인 아이들이 있어요. 어떻게 해야 할지 모르는 얼굴로 우물쭈물 하더라구요. 명확한 얼음 동작도 취하지 못하구요.

**A** 동작을 정지시키는 '얼음' 활동이 유아들에게 쉽지만은 않은 일입니다. 이런 아이들이 다수인 경우에는 교사가 '하나 둘 셋 (박수 한 번)' 하고 구령을 붙여주세요. 아이들은 얼떨결에 박수 소리에 맞춰 몸을 정지시키게 될 것입니다. 뭘 해야 할지 고민하는 시간을 주지 않는 거죠. 그럼으로써 즉발적으로 나오는 몸짓을 취하게 되는데, 이것은 생각이 많거나 소극적인 아동들에게 도움이 되는 방법이랍니다.

**Q** 이 활동은 어느 정도까지 지속해야 하나요?

**A** 교사들은 이 활동을 빨리 끝내려는 경향이 있는데, 그것은 아이들이 기대만큼 활발히 움직임을 주고받지 못하기 때문이죠. 처음에는 지지부진해 보여도 시간을 가지고 좀 더 지켜봐 주세요. 나름대로 진지하게 하는 모둠은 시간이 지나면서 신기하게도 점점 무용처럼 훌륭한 듀엣 움직임을 창조하곤 한답니다. 움직임에 흐름과 리듬이 생겨나기 위해서는 어느 정도의 시간이 필요합니다.

# 03 거인, 마녀, 난쟁이

활동목표 : 몸짓과 소리로 상상 속의 인물을 표현한다.
준비자료 : 동시 '이야기가 재채기를 해서'

## 도 입

다음의 동시를 함께 낭송하며 감상한다.

**이야기가 재채기를 해서**

이송은

이야기 자루가
"에—에취!"
이야기 속 친구들이
대글대글 나왔대.

거인은 콩나무,
마녀는 비스킷,
난쟁이는 빨간 사과
쥐고 있었대.

이야기에 이야기,
또 또 이야기,
세 친구는 모여 앉아 자랑을 했대.

아직도 모른대지,
누구 것이 더 재밌나.
백년 넘게 하고 있는 거인 , 마녀, 난쟁이

## 전 개

1) 동시 속의 등장인물에 대해 이야기 나눈다.

- 이 동시에 나오는 거인은 어느 이야기 속에 나오는 거인일까? 어떻게 알 수 있었니? 마녀는? 난쟁이는?

2) 거인을 표현하는 몸짓과 소리를 만든다.

○ '잭과 콩나무' 에 나오는 거인은 어떤 모습일지 몸으로 표현해 볼까? 선생님이 '하나, 둘, 셋' 하면 모두 동시에 거인의 모습으로 얼음하는 거다. 하나, 둘, 셋!

○ 거인은 어떤 소리를 낼지 소리도 내어보세요.

3) 유아들이 표현한 거인의 몸짓과 소리 중에서 한 가지를 선택한다.

○ 다른 친구들의 거인 모습도 죽 살펴보세요. 어떤 것이 가장 거인 같니?

—○○요! / △△요!

○ 그러면 ○○처럼 손을 위로 올리고 △△처럼 다리를 벌린 채 서서 '워워!' 소리를 내면 그게 바로 거인이라고 하자. 모두 함께 이렇게 해보자.

4) 위와 같은 방식으로 '헨젤과 그레텔' 의 마녀, '백설공주' 의 난쟁이의 몸짓과 소리를 만들고 그 중에서 한 가지를 정하여 약속한다.

5) 세 인물 간의 이기고 지는 관계를 설정한다.

- 동시에서 거인, 마녀, 난쟁이가 누구 이야기가 더 재미있나 자랑하고 있다고 했지? 만약 이들이 서로 싸운다면 어떻게 될까? 거인하고 난쟁이가 싸우면 누가 이길 것 같아?

—거인!

- 왜 그렇게 생각하니?

—거인은 힘이 세잖아요.

- 그래, 그런데 이 거인을 이길 수 있는 사람이 있다면 누굴까?

—마녀! 마법을 걸어서 이겨요.

- 그렇다면 마녀를 이기는 사람도 있겠네. 누굴까?

—난쟁이! 독이 든 빨간 사과를 마녀에게 줘요.

6) 거인, 마녀, 난쟁이 놀이의 규칙을 설명해주고 두 모둠으로 나누어 놀이한다.

① 두 모둠으로 나눈다.

② 각 모둠끼리 모여서 거인, 마녀, 난쟁이 중 하나를 선택한다.

③ 두 모둠은 마주보고 있다가 교사가 '하나, 둘, 셋!' 하면, 동시에 자신들이 선택했던 인물의 몸짓과 소리를 보여준다.

④ 진 모둠은 뒤돌아서 뛰어가 벽에 손을 갖다댄다. 이긴 모둠은 쫓아가서 상대방이 손을 벽에 대기 전에 잡는다. 잡힌 사람은 상대 모둠으로 간다.

⑤ 비겼을 경우, 즉 똑같은 인물을 두 모둠이 표현했을 때에는 두 모둠 모두 잉잉 울면서 되돌아간다.

## 마 무 리

'이야기가 재채기를 해서' 동시를 다시 한 번 읽어보면서 마무리한다.

- '헨젤과 그레텔'에 나오는 마녀, '잭크와 콩나무'의 거인, '백설공주'의 난쟁이 중에서 어떤 인물을 가장 좋아하니? 왜?
- 너희들이 좋아하는 이야기 속에 나오는 인물들을 그림으로 그려보자.

**후속활동 1**

'헨젤과 그레텔', '잭크와 콩나무', '백설공주' 이야기를 잘 모르는 아동이 있을 때에는 그림책을 이용하여 차분히 이야기를 들려준다.

**후속활동 2**

아이들이 그린 인물 그림을 오려서 막대 인형으로 만든다. 이 외에도 몇 가지 동화 속 인물들의 막대 인형을 교사가 더 만들어서 커다란 주머니 속에 넣어놓는다. 즉 동시에 나오는 이야기 자루를 만들어놓는 것이다. 다음 시간에 아이들이 한 명씩 주머니 속에서 막대 인형을 하나씩 꺼내도록 한다. 아동은 자신이 꺼낸 인물에 대해 설명하거나, 그 인물의 특징적인 몸짓이나 소리, 대사 등을 표현한다. 나머지 아이들은 어떤 동화의 어떤 인물인지 맞추어본다.

## 궁금해요??

**Q** 우리 반 아이들은 난쟁이가 콩나무를 잘라서 거인을 이긴다고 말하던데요?

**A** 위에서 설정한 마녀, 난쟁이, 거인의 이기고 지는 관계는 하나의 예일 뿐입니다. 유아들의 의견을 최대한 반영하여 세 인물의 이기고 지는 관계를 나름대로 설정하고 약속하면 됩니다.

**Q** 우리 반 교실은 여러 가지 기물이 들어차 있어서 뛰어가고 잡는 활동이 용이하지 않습니다. 그리고 뛰어 도망가다가 다치기라도 하면 어떡하죠?

**A** 동적인 연극놀이를 할 때 안전은 최우선적으로 고려해야 하는 요소지요. 공간이 좁은 편이거나 안전의 문제가 염려되는 경우에는 이렇게 규칙을 바꾸어보세요. 진 모둠이 뛰어서 도망가는 대신, 그 자리에서 '얼음' 하고 정지해 있으면, 이긴 모둠이 진 모둠의 유아들을 간질이는 것입니다. 교사가 다섯까지 세는 동안 움직이거나 웃는 사람이 있다면, 그 사람은 상대 모둠으로 가도록 합니다.

# 04 무엇이 될까?

활동목표 : 막대를 여러 가지 다른 물체로 변형시켜 몸짓으로 표현한다.
준비자료 : 신문지를 이용하여 만든 막대나 기타 딱딱한 재질의 막대

## 도 입

교사는 막대를 몇 가지로 변형시켜 이용하는 몸짓을 시범 보이고 유아들에게 맞춰 보도록 제안한다.

- 지금 선생님이 가지고 있는 물건이 무엇일까?

—막대기요.

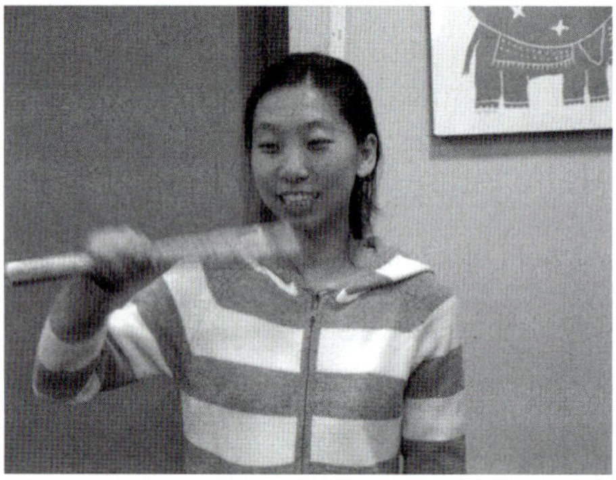

- 그래, 이제 막대기가 다른 무언가로 바뀔 거야. 잘 보고 무엇으로 바뀌었는지 알아 맞춰 보자. (교사는 막대를 칫솔로 이용하여 이를 닦는 동작을 보여준다.)

—칫솔이에요.

- 딩동댕!

## 전 개

유아들은 한 명씩 막대를 변형하여 그것을 이용하는 몸짓을 보여준다. 다른 유아들은 그것을 잘 보고 맞추도록 한다.

- 이제부터는 녀희들 한 사람씩 자기가 생각한 것을 친구들에게 보여주자. 그리고 그걸 보

고 무엇인지 알아맞춰보자.

유아 1 : (막대의 끝을 눈에 대고 무언가를 살피는 동작을 한다.)

- 지금 무엇을 하고 있는 걸까?

유아 2 : 뭔가를 보고 있어요. 알았다. 망원경이에요.

유아 1 : 딩동댕!

- (유아 1에게) 망원경으로 지금 무엇을 보고 있니?

유아 1 : 별을 보고 있어요.

- 망원경으로 저 멀리 하늘에 있는 별을 보고 있구나. 이제 옆의 친구 ○○에게 막대를 전달해주자. ○○에게 간 막대는 무엇으로 변할까?

## 마 무 리

- 막대 하나가 정말 여러 가지 것들로 변할 수 있구나. 막대가 어떤 것으로 변했을 때 특별히 재미있었니? 왜?

유아 1 : 플롯이요. 정말로 플롯을 부는 것 같았어요.

유아 2 : 머리빗이요. ○○머리를 빗겨주는게 재미있었어요.

- 너희가 막대를 보고 플롯과 머리빗, 망원경을 생각해낸 것도 재밌지만, 그것을 사용하는 몸짓, 그것의 움직임을 너희들이 잘 보여주었기 때문에 더 재밌었어요. 자, 우리 무엇으로든 변할 수 있는 이 막대기에 이름을 붙여주자. 뭐라고 부르면 좋을까?

유아들 : 마술봉이요. / 요술 지팡이. / 도깨비 방망이.

## 궁금해요??

**Q** 표현을 못하는 유아들이 너무 많을 때에는 어떻게 하죠? 한두 명도 아니고.

**A** 표현을 못하고 머뭇거리는 유아를 볼 때면 심정이 어떠세요? 답답하기 짝이 없죠? '빗자루도 있고, 야구 방망이, 골프채도 있는데 왜 아무 것도 안하고 있는지!' 그래서 성급한 교사는 자기 생각을 말해주고는 그것을 표현해보라고 요구하기도 합니다. 하지만 이것이 그 아이를 더욱 위축시킬 수 있습니다. 분명히 그 아이도 무한한 상상력과 표현의 욕구를 지니고 있습니다. 믿음을 갖고 기다려주세요. 편안하게 안전감을 느낄 수 있는 분위기를 만들어주면서요. 머뭇거리고 있는 유아에게 '생각이 나지 않으면 옆 사람에게 막대를 넘겨줘. 좋은 생각이 날 때 손을 들어. 그러면 그때 선생님이 막대를 다시 너에게 줄게.' 라고 말해주세요. 처음에 표현을 못하던 유아들도 한 바퀴 정도 막대가 돌고 나면 재밌는 생각과 표현을 찾아내기 시작합니다.

**Q** 아이들이 '상상하고 표현하기' 보다는 '알아맞추기' 에 더 열을 올리는 거예요. 그러다 보니 표현은 대충대충 하게 되는 것 같아요.

**A** 날카로운 지적입니다. 연극놀이를 아주 잘 이해하고 있군요. 이 연극놀이는 단순히 알아맞추기 게임이 아닙니다. 이런 경우에는 교사의 역할이 중요합니다. 막대와 몸을 이용해서 자기가 상상한 것을 집중하여 표현하지 못하고 건성으로 대충 표현하는 유아에게는 적절한 질문과 반응을 통해 구체적인 표현을 할 수 있도록 도와줄 수 있습니다. 위의 예에서처럼 망원경으로 변형하였다면, '뭐가 보이니?' 라고 물어봐 주고, 다른 아이들에게도 막대를 망원경으로 사용해보도록 하면서 각자 무엇이 보이는지 이야기해보는 것입니다. 또한 야구방망이라면, '내가 공을 던질 테니 네가 방망이로 맞춰보렴.' 이라고 말하고는 마임으로 공을 던져주는 거죠. '우아, 홈런이다! 한 바퀴 돌아야겠네.' 자기가 상상해낸 것을 가지고 이렇게 선생님과 다른 친구들이 재밌게 놀아준다면, 정말 신이 나겠죠. 막대기 하나만 가지고도 하루 종일 놀 수 있을 거예요.

# 05 이상한 굴

활동목표 : 부분을 보고 전체를 상상한다.
다양한 동물이나 물건의 움직임을 몸짓으로 표현한다.
준비자료 : 1)『이상한 굴』 그림책 (히데오 키소 글 · 그림, 한국프뢰벨주식회사)
2) 훌라후프

## 도 입

- 선생님이 그림책 하나를 보여줄게. 제목은 '이상한 굴' 이야. 왜 이상한 굴일까? 그림책을 보며 알아보자.

## 전 개

1) 교사는 그림책의 첫 페이지를 보여주면서 이야기를 나눈다.

- 여기 돼지 한 마리가 길을 가고 있었대. 그런데 멀리서 새가 날아오더니 돼지에게 자기를 따라오라고 하는 거야. 그래서 돼지는 새를 따라갔지. 새를 따라가면 무엇이 나올까?

2) 다음 페이지를 보여주면서 부분을 보고 동굴 속에 무엇이 있을지 상상해보게 한다.

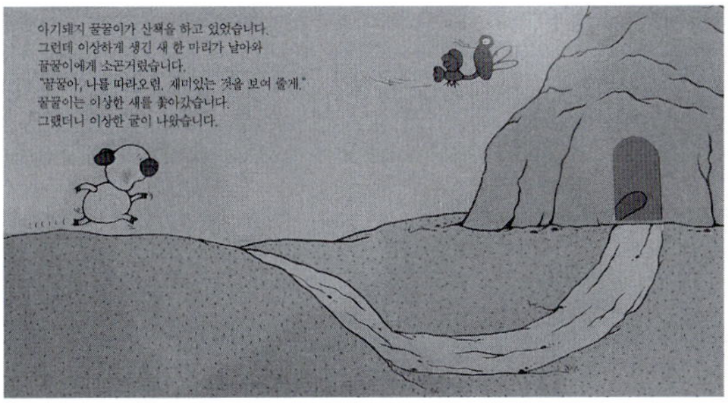

출처 : 히데오 키소(1996). 이상한 굴. 한국프뢰벨주식회사.

- 어, 동굴이 나왔네. 동굴 속에 뭔가 있는 것 같다. 이게 뭘까?

—바나나요. / 야구, 방망이요. / 여우요. / 고구마요.

- 그럼 돼지와 함께 굴속으로 들어가 볼까? (다음 페이지를 보여주며) 굴속으로 들어간 돼지는 어떻게 되었니? 몸이 흔들흔들 하면서 꼬리가 길게 나오더니 너구리로 변했대. 어, 그런데 또 이 구멍으로 무엇이 보이네. 이번에는 또 뭘까?

출처 : 히데오 키소(1996). 이상한 굴. 한국프뢰벨주식회사.

3) 위와 같은 방식으로 그림책을 끝까지 본다.
4) 훌라후프를 굴로 사용한다. 유아들이 훌라후프를 통과할 때마다 그림책의 동물이나 사물 등으로 변하여 몸짓 표현을 하도록 유도한다.

해설(교사) : 그림책 속의 돼지처럼 아이들이 길을 가고 있었습니다.(유아들을 한 줄로 세워서 걸어가게 한다.) 그런데 어디선가 새 한 마리가 날아왔어요. (교사가 새가 되어서 목소리와 몸짓을 달리하여 유아들에게 말을 건다.)

새(교사) : 안녕! 애들아, 어디 가고 있니? 날 따라와 봐. 재미있는 일이 있을 거야. (유아들을 훌라후프 있는 쪽으로 데리고 간다. 훌라후프를 들고) 이 동굴로 들어가면 너희들 몸이 이상하게 변할 거야. 한 명씩 들어가 보지 않을래?

해설(교사) : 아이들이 한 명씩 동굴 속으로 들어가자 몸이 흔들흔들 하면서 돼지로 변했대요. (아이들이 한 명씩 훌라후프를 통과하면서 돼지로 변하여 몸짓과 소리로 표현해보도록 한다.) 돼지들은 꿀꿀거리며 한 줄로 서서 계속 걸어갔어요. (훌라후프를 아이들 앞에 세워주며) 그러자 앞에 또 다른 동굴이 나타났어요. 돼지들이 한 마리씩 동굴 속으로 들어가자 이번엔 딱따구리(혹은 여우, 고양이, 팽이, 마녀, 실, 시계 등 그림책 속의 동물이나 사물)로 변했대요.

5) 위와 같은 방식으로 3~5가지 정도 몸짓 표현을 해 본 후, 다시 본래의 자기 모습으로 되돌아오게 한다.

해설(교사) : (훌라후프를 앞에 세워주며) 이것을 통과하면 동굴 밖으로 나가게 된답니다. 한 명씩 이것을 지나면서 원래 자기 모습으로 돌아오세요. (모두 통과한 다음) 아이들은 정말 이상한 굴이라고 생각하면서 모두 집으로 돌아갔답니다.

### 마 무 리

- 이상한 굴에 다녀온 느낌이 어떠니?
- 우리 몸이 무엇으로 변했었지? 지난 시간에는 막대가 여러 가지 것들로 변했었지. 연극놀이에서는 막대처럼 우리 몸도 무엇으로든 변할 수 있단다.

### 궁금해요??

**Q** 변하는 모습이나 과정을 유아들이 섬세하게 표현하지 못하고 그냥 앞의 유아를 그대로 흉내낼 때는 어떻게 하죠?

**A** 연극놀이를 시작한 지 얼마 안 되는데 너무 욕심내는 것은 아닌지요? 제 경험 한 가지를 말씀드리고 싶군요. 문화센터에서 유아들하고 이 놀이를 한 적이 있습니다. 아이들은 그림책 보는 것을 매우 즐겼고 훌라후프를 통과하면서 직접 몸으로 표현하는 것도 좋아하였습니다. 그런데 평상시에도 소극적이었던 한 아이는 몸짓 표현은 하지 않은 채 열심히 훌라후프만 통과하는 것이었어요. 그 아이 자신은 나름대로 재밌어 하는 것 같기에 별다른 지적은 하지 않았습니다. 다음 주에 어머님이 오셔서 하시는 말씀은 저를 매우 놀라게 하였습니다. "우리 아이가 집에 와서 연극놀이 한 것을 이야기하는데, 산 속을 가다가 굴로 들어갔는데, 거기서 마녀도 만나고, 여우도 만나고 …를 만났다고 해요. 너무 열심히 생생하게 이야기하던데, 도대체 어떻게 한 건가요?" 어머님은 우리가 굉장한 연극을 했다고 생각하시는 것 같았어요. 그 아이는 정말로 상상의 세계에 빠져서 체험을 한 모양이에요. 물론 그 아이는 참여도와 표현력에 있어서 이후 눈에 띄게 향상되었지요.

그림책을 보고 직접 훌라후프를 통과하면서 몸짓으로 표현하는 과정 자체를 모든 유아들이 즐기고 있다면, 어떤 경우든 잘 진행되고 있다고 생각하셔도 좋습니다. 아이들이 대충대충 표현을 하든, 앞의 친구를 따라하든. 그런데 여기서 한 발자국 더 나가고 싶다면 다음 방법을 참조하세요.

① 한 명씩 훌라후프를 통과하여 표현하는 시간을 충분히 가지도록 합니다. 그 동안 다른 유아들은 그것을 주의 깊게 지켜보고 박수로 반응하도록 유도합니다. "○○는 시계를 어떻게 표현하고 있니? 똑딱똑딱 추가 왔다 갔다 하는 시계네. 다음 ◇◇는 어떤 시계일까? 자, 드디어 ◇◇가 굴속으로 들어갑니다." "마녀들은 여러 가지 요술을 부릴 수 있지. 마녀가 된 사람은 주문을 외면서 요술을 한 가지씩 부려보세요." 앞 사람과 다르게 하고 싶은 욕구를 유발시키는 거죠.

② 표현하려 하는 동물이나 사물의 특성에 대해서 사전에 충분히 이야기를 나눕니다. "이번에 굴 속으로 들어가면 고양이로 변할 거야. 너희들은 고양이를 본 적이 있니? 고양이는 어떤 동물이니? 세수는 어떻게 하지? 걸을 때는? 몸이 아주 가볍지." "○○ 고양이는 술 취한 고양인가 보다. 비틀비틀 하네. ◇◇ 고양이는 도둑 고양이인가? 살금살금 담 위를 걸어가고 있어요." 과거의 기억과 경험, 관찰 등을 적극 활용하여 구체적인 표현을 하도록 도울 수 있습니다.

# 06 이름 보따리

수업목표 : 이름은 나와 다른 사람을 구별시켜주는 것임을 이해하고, 이름의 소중함을 공유한다.

준비자료 : 1) 그림책 『이름 보따리』(장 끄로드 무를로바 글, 장 뤼크 배나제 그림, 문학동네)
2) 유아들의 이름이 적힌 이름 카드
3) 이름 카드를 넣을 자루
4) 종이 테이프
5) 늑대집 표지판 : "이름 주는 늑대네 집"이라고 쓰고 늑대 그림을 그려넣은 도화지
6) 늑대 역할을 위한 간단한 소품(예 : 털 신발, 후드 티셔츠)

## 수업 준비

연극놀이를 위한 공간을 설정해둔다.

1) 절벽 : 벽면 한쪽 바닥에 종이 테이프를 길게 붙여둔다.
2) 외나무 다리 : 의자를 한 줄로 길게 붙여둔다.
3) 동굴 : 긴 책상을 한 쪽 벽면에 붙인다. 여기에 긴 천을 덮어서 동굴로 사용하면 좋다.
4) 이름 주는 늑대네 집 : 늑대집 표지판을 바퀴가 달린 칠판 뒤쪽에 붙여놓는다.

## 그림책 이야기 내용

꼬마 늑대 한 마리가 슬픔에 잠겨 숲 속 바위에 앉아있다. 식구들은 모두 이름이 있는데 일곱째인 자신만 이름이 없었기 때문이다. 때마침 지나가던 할아버지를 만나게 된다. 이 할아버지는 이름 보따리를 메고 있었다. 꼬마 늑대는 이름을 얻기 위해 할아버지를 따라 나서는데 가는 도중 이름 없는 일곱째 동물들을 만나 함께 가게 된다. 드디어 이름 주는 할아버지 집에 도착하여 모두 이름을 얻게 되는데, 꼬마 늑대만 이름을 얻지 못한 채 잠이 든다. 꿈 속에 나타난 이름 주는 할아버지는 '이름 주는 이' 라는 이름을 꼬마 늑대에게 지어준다. 꼬마 늑대는 이름이 잔뜩 들은 이름 보따리를 메고 이름이 없는 이들에게 이름을 주러 길을 떠난다.

### 활동 1 울고 있는 꼬마 늑대 만나기

1) 그림책의 첫 장면을 보고 이야기 나눈다.

- 여기 뭐가 보이니? 여기는 어디일까? 늑대는 왜 이러고 있는 걸까?

출처 : 장 클로드 무를르바(2000). 이름 보따리. 신선영 역. 문학동네.

2) 역할내 교사 기법을 활용하여 유아들이 늑대를 직접 만나 대화를 나누어 보도록 한다.

- 그럼, 우리 그림 속의 늑대를 직접 만나보자. 늑대는 선생님이 할 거야. (털 신발과 모자를 보여주며) 여기 있는 털 신발과 모자를 쓰고 나오면 선생님은 늑대가 되는 거다. 너희들이 '하나 둘 셋' 하면 선생님이 늑대가 되어 나올게.

  유아들 : 하나, 둘, 셋!

늑대(교사) : (교사는 털 신발과 모자를 쓰고 융판 뒤에서 등장하여 의자 위에 앉는다. 슬픈 얼굴이다.) 정말 슬퍼. 에이! 속상해. (유아들의 반응을 기다려본다.)

유아 : 늑대야. 왜 그래? (유아들이 이러한 질문을 하지 않고 그냥 호기심 어린 눈빛으로 쳐다보고 있다면 곧바로 다음 대사로 넘어가도 좋다.)

늑대(교사) : 나만 이름이 없어. 우리 아빠도 엄마도 누나도, 형들 모두 이름이 있는데 나만 이름이 없단 말이야. 흑흑.

유아 : 왜 이름이 없어?

늑대(교사) : 몰라. 아무도 내게는 이름을 지어주지 않았어.

교사 : 이제 '셋 둘 하나' 하면 늑대에서 선생님으로 돌아올 거야. 자, '셋 둘 하나' (털 신발과 모자를 벗고) 꼬마 늑대를 만나보았지. 늑대가 왜 울고 있었니?

유아 : 이름이 없어서요.

교사 : 이름이 없으면 어떨까? '누구야 놀자' 하고 부르려고 해도 부를 수가 없어. 그

런데 꼬마 늑대도 이름을 얻을 수가 있었대. 어떻게 이름을 얻게 되었는지 그림책을 보면서 알아보자.

### 활 동 2 다 함께 그림책 보기

그림책을 끝까지 보면서 이야기 나눈다. (이 그림책에는 글자가 매우 많아서 다 읽는다면 너무 시간이 걸린다. 그림을 중심으로 교사가 내용을 줄여서 들려주는 것이 좋을 것이다.)

### 활 동 3 이름 주는 늑대를 찾아서

1) 유아들과 함께 이름 주는 늑대를 찾아간다.

- 꼬마 늑대가 얻은 이름은 무엇이지? '이름 주는 이'란다. 이름을 얻은 꼬마 늑대는 지금 어디에서 뭘 하고 있을까? 만나보고 싶지 않니? 그럼, 이제부터 이름 주는 늑대를 찾아가 보자.

2) 찾아가는 도중 절벽과 외나무 다리, 동굴을 마주치게 되는데, 미리 준비해둔 장소로 가서 한 명씩 각각을 통과한다. 한 명씩 무사히 건널 때마다 미리 건넌 사람들은 박수를 쳐주면서 환호해준다.

- 절벽 : 벽에 손을 대고 천천히 옆 걸음으로 이동한다.
- 외나무 다리 : 한 명씩 차례로 의자 위를 걸어간다.
- 동굴 : 책상 밑을 기어서 통과한다.

3) 아이들이 동굴까지 모두 통과하였으면, 교사는 칠판 쪽으로 아이들을 인도한 후, '이름 주는 늑대네 집' 글씨가 써 있는 쪽으로 칠판을 돌려놓는다.

## 활 동 4 이름 주는 늑대 만나기

- (칠판 쪽으로 아이들을 인도하면서) 이름 주는 늑대네 집이 여기 어디라고 하던데… (두리번거리다가 '이름 주는 늑대네 집' 이라고 쓰여있는 종이가 붙은 걸 보고서) 어, 여기 뭔가 써있는 것 같은데, 너희들이 좀 읽어볼래? 아, 여기가 이름 주는 늑대 집이구나. 여기서 잠깐 동안 조용히 기다리면 이름 주는 늑대가 나타날 거예요. 조금만 기다려보세요. (교사는 역할 변화를 위해 융판 뒤로 간다. 털 신발과 모자를 쓰고 이름 보따리를 메고 유아들 앞에 다시 나온다.)

늑대(교사) : (이름 보따리에서 아이들 이름을 하나씩 꺼내면서) 김○○, 이☆☆, 이쁜 이름들을 많이 지어놨는데, 누구한테 이 이름을 주지. (아이들을 발견하고는) 너희들한테 이 이쁜 이름을 줄까?

유아 : 네!

늑대(교사) : 좋아. 그러면 이름을 갖고 싶은 사람은 한 사람씩 앞으로 나와 맘에 드는 이름을 골라서 가지렴. (아이 한 명이 나와서 자기 이름을 골라서 가져가면) 잠깐, 이름은 친구들이 불러 주어야만 진짜 네 이름이 되는 것이란다. 이 친구가 고른 이름을 다 함께 불러주자. 그때 네가 큰 소리로 대답하면 진짜로 너의 이름이 되는 거야. (앉아있는 아이들에게) 얘들아, 모두 다같이 '○○야 놀자' 라고 이름을 불러주자.

유아들 : ○○야, 놀자.

○○ : 그래. 좋아.

늑대(교사) : (위와 같은 방식으로 모든 유아들이 이름 카드를 다 받아가면) 얘들아, 너희들 이름이 다 마음에 드니? 내가 너희들에게 이름을 주었으니, 너희들도 나에게 한 가지 약속을 해주었으면 좋겠다. 자기 이름을 소중하게 생각하고, 남의 이름을 부를 때도 예쁘게 불러주기! 약속할 수 있겠니? 그래, 그럼 나중에 만나자. 안녕! (융판 뒤로 퇴장한다.)

## 활 동 5 마무리

- (털 신발과 모자를 벗고 다시 나온다.) 이름 주는 늑대를 만나보았니?

—늑대가 우리에게 이름을 주었어요.

- 정말? 어디 보자. (아이들이 받은 이름 카드를 하나하나 보면서) 우아, 정말 좋은 이름이

다. 늑대하고 약속도 했다면서? 어떤 약속이었니?

—남의 이름을 예쁘게 불러주기!

○ 그럼, 이름 가지고 장난치고 그러면 안 되겠네.

## 후속활동 1

○ 어제 연극놀이할 때 우리에게 이름을 준 이가 있었는데 누구였지?

—늑대요.

○ 연극놀이할 때는 늑대가 우리에게 이름을 주었지만, 실제로 여러분이 태어나자마자 여러분에게 이름을 준 사람이 있어요. 누구일까?

—아빠요. / 엄마. / 할아버지. / 이름짓는 곳에서 지었어요.

○ 할아버지가 이름을 지어준 사람도 있고, 아빠, 엄마가 지어준 사람도 있네. 예쁜 아기가 태어나면 부모님이나 할아버지, 할머니들은 잘 자라라고 좋은 이름을 지어준단다. 혹은 이름 짓는 곳에 가서 "예쁘고 뜻이 좋은 이름으로 지어주세요" 라고 부탁하기도 하지. 그래서 이름에는 좋은 뜻이 반드시 담겨져 있단다. 오늘 집에 가면 부모님께 너희들 이름에 대해 물어볼래?. 누가 지었는지, 왜 그렇게 지었는지 알아오는 거다. 내일 친구들 앞에서 발표할 거야.

## 후속활동 2

○ (늑대가 쓴 편지를 가지고 와서 아이들에게 보여준다.) 오늘 선생님이 유치원에 와보니까 이런 편지 한 통이 와 있었어. 너희들한테 온 것 같은데, 누가 보낸 걸까? (겉봉투의 내용을 읽어준다.) 너희들은 누가 보냈는지 알겠니?

> 보낸 사람 : 숲 속 작은 집에 사는 이름 주는 늑대
>
> 받는 사람 : □□ 유치원에 다니는
> ○○, ◎◎, ◇◇ (아이들 이름을 모두 적는다.)

—늑대예요. / 우리에게 이름을 주었던 늑대예요.

○ 아, 그 늑대구나. 그런데 왜 편지를 너희들에게 보냈지? 봉투를 뜯어볼까? (봉투를 뜯은 다음 편지 내용을 읽어준다.)

안녕, 얘들아.

나를 기억하니? 나는 너희들에게 예쁜 이름을 지어주었던 '이름 주는 이' 라는 늑대란다. 나는 이름보따리를 메고 여기저기 다니면서 이름이 없는 동물들과 사람들, 꽃, 나무, 인형들을 만나 참으로 많은 이름을 지어주었단다. 그런데 이제 나는 나이도 많이 들고 늙어서 이름을 지어주기가 힘들단다. 그래서 이제는 나 대신 이름을 지어줄 사람을 찾고 있단다. 너희들이 이름 주는 이가 되어서 이름 없는 이들에게 좋은 이름을 지어주면 좋겠다. 나 대신 이름을 지어줄 수 있겠니? 부탁한다. 그럼 나는 너희들만 믿고 깊은 산 속으로 들어가서 좀 쉬어야겠다. 그럼, 안녕!

- 너희들이 이름 주는 이가 되어서 이름을 지어줄 수 있겠니?

—네.

- 그러면 먼저 우리 교실에 있는 이 화분에 이름을 지어주자. (교실에 있는 몇 가지 사물들의 이름을 아이들과 함께 지어서 붙인다.) 오늘 집에 가서 여러분이 좋아하는 것들에 이름을 지어줘보렴. 그리고 내일 유치원에 와서 늑대에게 답장을 써주자. 너희들이 어떤 것에 어떤 이름을 지어주었는지 알려주는 편지를 써서 보내면 늑대가 매우 좋아할 것 같다.

## 궁금해요??

**Q** 저는 이제까지 한 번도 연극을 해본 적이 없어요. 그런 제가 용기를 내어서 털 신발을 신고 모자를 쓰고 이름 없는 꼬마 늑대로 짜자잔 하고 나타났는데, 아이들 몇 명이 키득거리고 웃으면서 자꾸 "선생님이죠? 가짜로 하는 거죠?" 라고 묻는 거예요. 당황해서 혼났어요.

**A** 아이들이 웃는 것은 선생님의 연기가 우습다거나 어설퍼서 웃는 것이 아닙니다. 이상하고 낯설기 때문입니다. 평상시 교실에서의 선생님의 모습과 슬픔에 가득 차 있는 연약한 꼬마 늑대의 모습을 비교해보세요. 엄청난 차이가 있겠죠? 아이들이 그동안 접해온 선생님의 이미지와는 너무나도 다르기 때문에 헷갈리는 것이지요. '선생님이 우리를 놀리는 것인가?' 라고 생각하는 아동도 있고, 혹은 바로 눈앞에서 역할로 변하는 과정을 보았어도 '우리 선생님이 아닌 게 아닐까?' 하고는 현실과 허구 사이에서 혼란스러워하기도 합니다. 키득거림은 그러한 불안하고 혼란스런 심리의 표현입니다. 따라서 사전에 교사가 역할로 나올 것임을 정확하게 알려주는 것이 매우

중요합니다. 활동 1과 활동 2를 꼼꼼히 살펴보세요. 이 과정은 현실이 아닌 허구를 잠시 동안 인정하기로 약속을 하는 것입니다. 약속이 잘 이루어진다면, 아이들은 안정감을 가지고 허구를 받아들여 즐길 수 있게 됩니다.

Q 아이들이 이름 주는 늑대네 집을 찾아가서 늑대를 만나잖아요. 제가 늑대가 되어서 아이들에게 이름을 주겠다고 말하자 대부분의 아이들은 좋아서 "네"라고 소리쳤지만, 몇몇 아이들은 "저는 이름이 있어요"라고 말하더군요. 이럴 때는 어떻게 해야 하나요?

A "네 이름도 여기 이름 보따리에 있을지 몰라. 한 번 나와서 직접 찾아볼래? 아, 네 이름이 ㅇㅇ이었구나. 정말 좋은 이름을 가졌구나."라고 말해주면 되지 않을까요.
즉흥 상황에서 아이들은 교사가 미처 생각하지 못한 반응들을 보여주곤 합니다. 이때 되도록 그것을 받아들여 극 속에서 자연스럽게 대처해주세요. 이것은 물론 말처럼 쉬운 일이 아닙니다. 저희도 당황할 때가 많으니까요. 그래서 교사도 즉흥적인 연극놀이를 직접 경험해보면서 자신의 자발성과 즉흥성, 상상력을 훈련하고 연습할 필요가 있답니다. 교사를 위한 연극놀이 워크숍을 여는 기관이 있으니 한 번 찾아가보시면 어떨까요.

Q 보통 그림책의 이야기로 극화할 때는 등장 인물의 역할을 맡아서 이야기 순서대로 하곤 했어요. 그런데 이 활동은 이야기랑 조금 다르게 진행되기도 하고, 아이들이 그림책에 나오는 역할을 맡지도 않네요.

A 네. 이 극화의 처음은 그림책의 첫 장면 속의 늑대를 직접 만나 보는 것으로 시작합니다. 그런 다음, 그림책의 맨 뒷 장면 이후의 상황으로서 아이들이 이름 주는 늑대를 만나러 가지요. 이처럼 주어진 이야기나 그림책의 내용을 교사가 설정한 목표나 아이들과의 활동을 고려하여 얼마든지 새롭게 구성할 수 있습니다. 극화에서 이야기의 순서나 역할은 활동에 맞게 조정할 수 있습니다. 한 번 다른 그림책에서도 시도해 보세요. 더 많은 가능성들이 열립니다.

chapter 2

# 가족, 이웃, 동네

## 01 우리 집에 왜 왔니?

활동목표 : 다양한 사물이나 자연물, 인물 등을 몸짓으로 표현한다.

### 도 입

잘 알고 있는 전래놀이인 〈우리 집에 왜 왔니?〉를 할 때처럼, 두 줄로 서서 마주보게 한다.

- '우리 집에 왜 왔니?' 놀이를 알고 있니? 제자리에 선 채로, 노래만 불러보자.(노래를 부른 후) 오늘은 이 놀이를 약간만 바꾸어서 놀이를 해볼 거야.

### 전 개

1) '우리 집에 왜 왔니?' 의 가사를 다음과 같이 바꾸어서 함께 불러본다.

㉮ 모둠 : 우리 집에 왜 왔니? 왜 왔니? 왜 왔니?

㉯ 모둠 : 보여주러 왔단다! 왔단다! 왔단다!

㉮ 모둠 : 무엇을 보여주러 왔느냐? 왔느냐?

㉯ 모둠 : 이것을 보여주러 왔단다! 왔단다!

2) 교사는 동물, 직업, 음식 등과 같은 하나의 범주를 제시한다. 유아들은 모둠별로 모여 범주 내에서 구체적인 것 한 가지를 결정한다.

- 이번에 보여줄 것은 동물이란다. 같은 모둠끼리 모여 여러 동물들 중에서 딱 한 가지만

정하는 거야. 쉿! 다른 모둠이 듣지 않게 조심해. (모둠별로 모여 하나의 동물을 결정할 시간을 준다.) 자, 정했으면 다시 처음처럼 두 줄로 서자.

3) 전래놀이의 방식대로 번갈아 걸으면서 '이것을 보여주러 왔단다! 왔단다!' 부분까지 노래를 부른다. 여기서 잠깐 멈추고, 다음과 같은 놀이의 규칙을 설명한다.
   ① 보여주러 온 모둠(㉯모둠)은 교사의 하나, 둘, 셋 신호에 맞추어 뒤로 세 걸음 물러선다.
   ② ㉮모둠이 "보여주세요!"라고 외치면 ㉯모둠은 정한 동물을 말없이 몸짓으로 보여준다.
   ③ ㉮모둠은 ㉯모둠의 몸짓을 보고 어떤 동물인지 알아 맞춘다.
   ④ ㉯모둠은 계속 몸짓으로 보여주다가 정답이 나오면 도망가서 벽을 짚는다.
   ⑤ ㉮모둠은 ㉯모둠을 뒤쫓아간다. 벽에 닿기 전에 ㉯ 모둠원을 잡으면, 그 사람을 자기네 모둠으로 데려간다.

4) 처음에 선 대형대로 두 줄로 마주 서게 한다. 새로 ㉮모둠이 된 아이들에게 ㉮모둠에서 미리 정했던 동물을 귓속말로 알려주게 한다. 그리고 이번엔 ㉯모둠이 '우리 집에 왜 왔니, 왜 왔니, 왜 왔니?'를 선창하면서 위와 같은 방식으로 진행한다. 동물 대신 음식, 놀이, 직업 등의 다양한 범주로 놀이를 해볼 수 있다.

### 궁금해요!

**Q** 모둠끼리 '동물' 중 하나를 정할 때, 의견을 모으기가 너무 어려워요. 아이들마다 하고 싶은 동물이 다르거든요.

**A** 유아들은 다른 의견들을 조정하여 하나로 결정하는 데 있어서 아직은 교사의 도움을 필요로 하는 것 같습니다. 교사가 모둠별로 다니면서, 딱 한가지 동물만 정해야 함을 다시 한번 환기시키고 의견조정을 도와줄 필요가 있습니다. 의견조정을 할 때 저희가 많이 쓰는 방법은 아이들에게 다시 물어보는 것입니다. "너희들이 하고 싶은 동물이 이렇게 많은데 어떻게 한 가지로 결정하지?" 아이들은 나름대로 여러 가지 제안을 할 것입니다. 가위바위보라든가, 손을 들어 결정하자고 한다든가. 아이들이 제안한 방법으로 결정을 하면 되겠죠.

**Q** 몸짓으로 표현할 때 상투적인 표현을 하거나 다른 아이가 하는 것을 모방할 때는 어떻게 하나요?

**A** 이 활동에서 다양하고 섬세한 표현을 원하는 건 아니랍니다. 아이들이 이 놀이를 즐겼다면 그것으로 만족해도 좋을 것입니다. 다만 아이들 중에서 개성있는 좋은 표현을 한 아동이 있을 때 그것을 다시 한 번 해보라고 하면서 독특한 표현방식을 구체적으로 언급해준다면, 보다 창의적인 표현을 자극할 수 있을 것입니다.

# 02 품앗이 놀이

활동목표 : 품앗이는 서로 도움을 주고받는 우리 고유의 풍습임을 이해한다.
자리 바꾸기 놀이를 통해 공동체 분위기를 형성한다.

## 도 입

- 옛날에 우리나라에서는 농사지을 때나 집안에 큰 일이 있을 때 동네 사람들이 서로 일을 도와서 했단다. 그걸 품앗이라고 하거든. 오늘 우리가 해볼 놀이는 품앗이 놀이인데, 이웃에 가서 일할 사람을 데려오는 거란다.

## 전 개

1) 모두 원으로 둘러앉는다.
2) 술래는 일어나 원 안으로 들어가 선다. 술래가 일어난 자리는 비워둔다.
3) 술래는 노래를 한 곡 선택하여 처음부터 끝까지 부른다. 노래가 시작되면, 술래가 앉았던 자리 양 옆의 사람은 손을 잡고 다른 사람을 데려와 가운데 빈 자리에 앉힌다.
4) 다시 자리 하나가 비게 된다. 이 자리의 양 옆 사람은 일어나 서로 손을 잡고 다른 사람을 데려온다. 이와 같은 방식으로 노래가 끝날 때까지 계속 진행한다.
5) 술래의 노래가 끝났을 때, 자리에 앉지 못하고 서 있게 되는 사람들 중 한 명이 새로운 술래가 된다.
6) 새로운 술래가 노래를 부르기 시작하면, 같은 방식으로 놀이가 계속된다.

## 마 무 리

- 놀이에서 빈 자리가 생겼을 때 옆 친구와 힘을 모아 다른 친구를 데리고 왔지? 너희들도 다른 사람의 도움이 필요한 적이 있었니? 어떨 때?

## 궁금해요??

**Q** 술래가 된 아이가 노래를 안 하려고 해서 노래하기를 기다려줬죠. 그랬더니 그 아이는 부담스러운지 울려고 하고, 다른 아이들은 지루해하더군요. 놀이의 흥겨움이 통 일어나지 않더라구요.

**A** 수줍음이 많은 아이는 여러 사람 앞에서 혼자 노래부르는 것을 부담스러워하기도 하지요. 무슨 노래를 하고 싶은지 물어보세요. 그리고 다른 아이들 모두와 함께 박수를 치며 그 노래를 부르는 분위기를 조성해주면 훨씬 부담감이 덜할 것입니다.

**Q** 친한 친구하고만 어울리려 하고, 남자, 여자 편을 갈라서 섞이지 않으려고 할 때 이 놀이를 하면 좋을 것 같네요.

**A** 맞습니다. 이 놀이를 하다보면 맘에 드는 아이를 선택할 경황이 없어서 아무나 눈에 띄는 사람을 정신 없이 데리고 옵니다. 그러다보면 친하지 않은 아이와 손도 잡게 되고, 옆자리에 앉게 되지요. 이렇듯 연극놀이는 즐거운 분위기 속에서 몸을 부딪치며 놀이하고 연극적 체험을 하는 활동이기 때문에, 여럿이 함께 어울려 사는 사회적 기술을 함양하는 데 매우 효과적인 매체라고 할 수 있습니다.

# 03 찰칵 사진놀이

활동목표 : 몸의 움직임을 순간 정지시킴으로써 신체 조절 능력을 기른다.
다른 사람의 순간 정지 표현을 보고 언어적으로 표현해본다.
준비자료 : 교사의 사진 몇 장 (무엇을 하고 있는지 금방 알 수 있는 사진)
동시 '사진'

## 도 입

- 선생님이 어떤 일을 하는 사람인지 맞추어보렴. (사진을 이리저리 찍는 마임을 한다.) 누구일까? 사진을 찍는 사진사지. 너희 동네에 사진관이 있니? 그 사진관에 가보았니? 사진관에서 너희들은 어떻게 하고 사진을 찍었니? 오늘은 사진찍기 놀이를 해보자.

## 전 개

1) 두 모둠으로 나눈다. 한 모둠은 사진을 찍는 모델이 되어 앞에 나와 일렬로 서고, 다른 모둠은 사진사가 되어 모델을 마주하고 앉는다. 사진사 모둠은 자리에 앉아서 "하나 둘 셋 찰칵!" 하면서 연속해서 8~10회 정도 사진을 찍는다. 이때마다 모델이 된 사람들은 계속해서 포즈를 바꾸어준다. 사진사 모둠은 손으로 사진을 찍는 마임을 해도 좋고 말로만 찰칵 소리를 내어주어도 좋다.

- (모델 모둠에게) 너희들은 사진 모델이 될 거야. 사진 모델은 사진을 찍을 때마다 매번 새로운 자세로 바꾸어준단다. 그것을 '모델이 포즈를 취한다' 라고 말한단다. 앞의 사진사들이 "하나 둘 셋 찰칵!" 하고 사진을 찍을 때마다 새로운 포즈를 취해보는 거야. 꼭 멋있는 포즈만 취할 필요는 없어.

2) 사진사와 모델의 역할을 바꾸어서 위와 같은 방식으로 진행한다.

- 너희들은 정말 훌륭한 사진 모델이로구나. 매번 새로운 포즈를 취하는 것이 어렵지는 않았니?
- (사진사 모둠에게) 모델의 포즈 중에 제일 맘에 드는 포즈는 어떤 것이었니?

3) 동시 '사진' 을 함께 읽으면서 이야기 나눈다.

**사진**

작자미상

찰칵!
웃는 내 모습이
찍혔어요.

찰칵!
심술쟁이
친구 모습도 담겼어요.

찰칵찰칵
네모난 공간엔
어제가 있어요.

- 선생님이 사진에 관한 동시를 하나 가지고 왔단다. 함께 읽어보자.
- '네모난 공간' 이 무얼까? '어제' 는 무엇일까?

4) 교사의 사진을 보여주면서 무엇을 하고 있을 때 찍은 것인지 이야기 나눈다.

- (교사가 밥을 먹는 사진을 보여주면서) 사진을 찍어놓으면 나중에 이렇게 네모난 사진을 보면서 '아, 내가 일주일 전에 식당에서 밥을 먹고 있었구나' 라고 알 수 있단다. (사진 몇 장을 보여주며) 이 사진 속에서 선생님은 무얼 하고 있었을까? 언제 찍은 것일까?

5) 자원한 한 명의 아동이 앞으로 나와서 자신이 생각한 동작을 한 가지 한다. 나머지 아이들은 그것을 잘 보고 있다가 교사의 신호에 따라서 "하나 둘 셋 찰칵!" 하면서 사진을 찍는다. 동작을 하고 있던 유아는 "찰칵" 소리에 맞추어서 순간 정지한다.

- 사진 속의 선생님은 밥을 먹는 모습으로 얼음을 하고 있지? 너희들도 어떤 동작을 하다가 우리가 찰칵 사진을 찍어주면 그대로 얼음할 수 있겠니? 얼음을 하고 있으면 우리가 이름을 넣어서 동시를 지어줄게. 해보고 싶은 사람?

6) 빈칸이 있는 동시 한 연을 제시하고, 앉아있는 아이들이 얼음을 하고 있는 친구의 모습을 보고 빈칸을 채워넣어서 동시를 읊어보도록 한다.

찰칵!
……하고 있는 ……의 모습이
찍혔어요.

- (얼음이 되어 있는 ○○을 가리키며) 우리가 찍은 사진 속에서 ○○이 무얼 하고 있는 것 같니? ○○의 모습을 보고 동시를 지어보자.

  예 찰칵! / 달리기를 하고 있는 ○○의 모습이 / 찍혔어요.
  
  찰칵! / 청소를 하고 있는 △△의 모습이 / 찍혔어요.

7) 유아들이 한 명씩 나와서 위와 같은 방식으로 놀이하도록 한다.

찰칵! 마빡이를 하고 있는 민석의 모습이 찍혔어요.

찰칵! 컴퓨터 게임을 하고 있는 민석의 모습이 찍혔어요.

## 마 무 리

- 친구들이 지어준 동시가 맘에 드니?
- 너희들한테 진짜 사진기가 있다면 어떤 것을 사진으로 찍고 싶니? 누구를 찍고 싶니?

## 후속활동 1

5)번의 활동을 하고 있는 유아의 모습을 카메라로 찍은 후, 다른 유아들이 함께 지은 짧은 동시와 함께 사진을 예쁘게 붙여서 유아에게 나누어준다.

## 후속활동 2

유아들이 자신이 가장 맘에 들어 하는 사진을 집에서 한 장씩 가지고 와서 다른 친구들 앞에서 발표하는 시간을 갖는다.

## 궁금해요??

**Q** 두 모둠으로 나누어서 모델과 사진사가 되어 사진찍기 놀이를 할 때 짝을 지어 1 대 1로 사진을 찍는 것인가요?

**A** 아이들이 부담스러워하지 않는다면 1 대 1로 찍어도 좋습니다. 그러나 연극놀이를 많이 해보지 않은 유아들이라면, 집단적으로 모델을 하고 사진을 찍는 활동이 좋을 것입니다.

**Q** 사진사 역할을 하는 아이들이 "하나 둘 셋 찰칵!" 연속해서 사진을 찍는다고 하셨는데, 그 시간 간격은 어느 정도 두는 것이 좋을까요?

**A** 시간 간격을 두지 말고 "하나 둘 셋 찰칵! 하나 둘 셋 찰칵!…"이라고 연이어서 사진을 찍는 것이 좋습니다. '다른 사람이 나를 어떻게 볼까' 라는 자의식이 발동하기 전에, 즉 '어떤 동작을 취할까?' 머릿속으로 계획할 시간을 주지 않은 채 즉발적으로 계속 다른 자세와 포즈를 취하도록 할 수 있기 때문입니다. 일반 어른들한테도 사진을 찍기 위한 포즈를 취하라고 하면 매우 어색해하면서 고민을 하지요. 그래서 더더욱 자연스러운 자세가 나오지 않게 됩니다. 정신 없이 계속 다른 포즈를 취하다보면 자신도 생각지 못한 다양한 신체상을 만들게 될 것입니다.

**Q** 아이들은 "찰칵! 스키를 타고 있는 ☆☆의 모습이 찍혔어요." 라고 동시를 지어주었는데, 정작 당사자인 아이는 스케이트를 타고 있었던 것이라고 하면서 불만스러워 하였어요.

**A** 조금 큰 아이들인 경우에 이런 상황은 연극적 표현방식에 대해 깊게 탐구할 수 있는 기회입니다. 즉 스키를 타는 동작과 스케이트를 타는 동작이 실제 어떻게 다른지, 그것을 관객이 알 수 있도록 효과적으로 표현할 수 있는 방법은 무엇인지 아이들과 함께 토론할 수 있기 때문이죠. 그러나 유아인 경우에는 자칫 '잘하고 못한 것' 을 따지고 있다는 인상을 주어 표현의 자발성을 위축시킬 우려가 있습니다. 그냥 "어머, 스케이트를 타고 있었구나. 우리가 잘못 알았네. 얘들아, ☆☆의 동시를 새로 지어주자" 하고 넘어가는 게 좋지 않을까요.

## 04 아기 돌보기[1)]

수업목표 : 자신이 이미 알고 있는 지식을 상황에 맞게 설명한다.
제시 조건에 맞게 물건을 분류한다.

준비자료 : 1) 아기 인형
2) 아기에게 필요한 물건(예 : 기저귀, 우유병)과 아닌 물건(예 : 영어사전, 연필 깎는 칼, 술병) 여러 개
3) 분류를 위한 상자 3개(O표시: 필요함 / X표시 : 필요 없음 / △표시 : 잘 모름)
4) 시끄러운 음악

### 활 동 1 약속하기

교사는 유아들과 교사의 역할 맡기에 대해 약속을 한다.

- 연극놀이 시간에 우리는 다른 사람이 될 수도 있고, 또 어디든 갈 수 있지. 선생님이 이 인형을 안고 여기 이 의자에 와서 앉으면 선생님은 다른 사람이 될 거야. 그 사람에게 무슨 일이 있는 건지 잘 보고 들어서 알아보자.

### 활 동 2 아기 돌보는 법을 모르는 사람 만나기

1) 교사는 아이들 앞에 의자를 둔다. 한 옆에 가서 인형을 안고 다른 인물로서 아이들 앞에 나타난다. 이때 교사의 역할은 아기 돌보는 법을 모르는 사람이다. 서툴게 아기를 안는 동작이나 아기가 울 때 어쩔 줄 몰라하는 모습을 확실하게 보여준다.

1) 이 프로그램은 아래 책에 실린 프로그램을 우리나라 유아들의 상황과 정서에 맞게 확장, 보완한 것이다. Nigel Toye and Francis Prendiville. *Drama and Traditional Story for the Early Years*, London:Routledge, 2000, pp.24-27.

| | |
|---|---|
| 아기 돌보는 법을 모르는 사람(교사) : | (아기를 안고 등장하며) 아이, 정말 어떡하지. 아기 엄마는 밤 9시에 온다고 했는데. (아기가 우는 것을 발견한 듯이) 어, 울고 있네. 울지마. (아기를 심하게 흔들면서) 응, 울지 말라니까! 왜 우는지 말을 해야 알지! 아, 맞다!! 너, 배고파서 그러지? 내가 밥이랑 국이랑 줄게. (몸짓으로 밥을 떠서 먹인다.) 자, 먹어. 어, 왜 안 먹지? 아, 알았다!! 너, 기분이 안 좋아서 그러는구나. 좋아, 내가 기분 좋아지는 음악을 들려줄게. (요란한 소리가 울려 퍼지는 음악을 틀고 신나게 몸을 흔들며) 오, 예! 어, 더 심하게 우네. 난 몰라. 어떡해. |

2) 교사는 의자에서 일어나 아이들로부터 조금 떨어진 곳으로 걸어가 아기 인형을 내려 놓는다. 아이들 앞으로 돌아와서 교사로서 아이들과 이야기를 나눈다.

- 지금 누구를 만나보았니?

—아줌마요. / 아가요.

- 그 아줌마는 무엇을 하고 있었지?

—아기를 돌봐요. / 그런데 잘 돌볼 줄 몰라요. / 아기에게 밥을 주려고 했어요. / 시끄러운 음악도 틀어주었어요.

- 너희들 말을 들어보니 그 아줌마는 아기에 대해서 잘 모르는 사람인가 보구나. 그래서 아기를 제대로 돌보지 못하고 있는 것 같다. 그런데 너희들은 아기에 대해 잘 알고 있네. 다시 아줌마를 만나볼텐데, 이번엔 너희가 그 아줌마를 도와줄 수 있겠니?

—네!

### 활 동 3 아기 돌보는 법을 모르는 사람을 도와주기

교사가 다시 인형을 안고 의자에 와서 앉으면, 아기 돌보는 법을 모르는 사람이 된다. 어떻게 하면 아기를 진정시킬 수 있는지 물어보고 아이들이 제안한 방안대로 실현해보인다.

| | |
|---|---|
| 아기 돌보는 법을 모르는 사람(교사) : | 아, 어떡하지. 아기가 자꾸만 우네. (아이들에게) 혹시 아기가 울 때 어떻게 하는지 아세요? |
| 유아들 : | 아기를 너무 흔들지 마세요. / 아기에게 우유를 먹여요. / 쉬 쌌는지 보고 기저귀를 갈아주세요. / 아기는 밥을 못 먹어요. / 졸린가 봐요. (교사는 유아들이 제안하는 대로 아기에게 해주면서 반응을 보여준다. 우유을 먹여주며 '정말 배가 고팠나봐요. 이렇게 잘 먹을 수가!', 기저귀를 보면 |

서 '어머, 쉬를 해서 축축해서 울었나봐요' 라고 말하고 기저귀를 갈아준다.)

아기 돌보는 법을 모르는 사람(교사) : 아기가 하품을 하는 것을 보니 졸린가봐요. 그런데 어떻게 하면 아기를 재울 수 있나요?

유아들 : 토닥토닥 두드리면서 안아줘요. / 자장가를 불러줘요.

아기 돌보는 법을 모르는 사람(교사) : 자장가? 그럼 누가 아기 좀 안아줄래요? 그리고 여러분이 자장가를 불러줄 수 있겠어요? 난 아는 노래가 없는데.
(자원하는 아동들에게 차례대로 아기를 안을 수 있는 기회를 주면서, 나머지 아이들과 함께 자장가를 불러준다.)

아기 돌보는 법을 모르는 사람(교사) : (아기에게 귀를 대어본 다음 속삭이는 소리로) 아기가 잠들었나봐요.
아이, 이뻐라. 저 쪽에 아기를 눕혀놓고 올께요. (아기를 한편에 가만히 눕히고 아이들에게 돌아온다.)

## 활동 4 아기 돌보는 데 필요한 물건은 무엇일까?

아기 돌보는 법을 모르는 사람(교사) : 여러분 덕택에 이제 저도 아기를 잘 볼 수 있을 것 같아요.
그런데 한 가지만 더 도와줄 수 있을까요? 제가 아기 돌보는 데 필요한 물건들을 가지고 왔거든요. 그런데 잘 가지고 온 건지, 또 어디에 필요한 건지 잘 모르겠어요.

1) 여러 가지 물건들을 담은 상자를 들고 와서, 아이들 앞에서 물건을 하나씩 꺼낸다.

아기 돌보는 법을 모르는 사람(교사) : (영어사전을 꺼내며) 음, 이건 아기가 심심할 때 보면 좋은 책이에요.
영어공부도 되구요. 맞죠?

유아 : 아니에요. / 아기들은 영어를 몰라요. / 그림책을 보여줘요.

아기 돌보는 법을 모르는 사람(교사) : 그래요? 아기한테는 그림책이 더 좋구나. (라이터와 같은 위험한 물건을 꺼내며) 또 이건 아기가 가지고 놀면 좋겠다. 그렇죠? 아기에게 필요한 거죠?

유아 : 아뇨. / 위험해요.

아기 돌보는 법을 모르는 사람(교사) : 어머, 아기한테 주었더라면 큰일날 뻔했군요. 그러면 여러분이 하나씩 보고 아기 돌보는 데 필요한 것과 필요 없는 것을 이 상자에 나누어 넣어주세요.

2) ○, ×, △가 그려진 상자 세 개를 가지고 온다. 유아들이 한 명씩 앞으로 나와서 물건 한두 개를 적합한 상자에 넣어보도록 한다. 유아들 간에 의견이 다른 물건이나, 필요한지 불필요한지 판단이 안 되는 물건은 △ 표시 상자에 일단 넣어두도록 한다.

| 아기 돌보는 법을 모르는 사람(교사) | : 정말 고마워요. 이제 아기 엄마가 올 때까지 저 혼자서도 아기를 잘 돌볼 수 있을 것 같아요. 안녕히 계세요. (교실 한 옆으로 나간다.) |
|---|---|

### 활 동 5 마무리

교사로서 앞의 활동에 대해 정리하면서, 분류한 물건들을 다시 한 번 점검해보는 시간을 갖는다.

### 궁금해요 ??

**Q** 우리 반에서는 시계를 놓고 싸움이 일어났어요. 시간 맞춰서 우유를 먹이려면 시계가 꼭 필요하다고 하는 아이들하고, 따르르릉 울리면 아기가 놀라기 때문에 시계는 필요하지 않다고 주장하는 아이들이 서로 싸우는 거예요. 제가 개입을 하고 싶었지만, 제 역할은 아기 돌보는 법을 모르는 사람이잖아요. 아무 것도 모르는 사람의 역할 내에서 이 싸움을 어떻게 처리해야할지 난감하더라구요.

**A** 그럴 때 갑자기 잘 아는 사람으로 돌변할 수 있으니 조심해야겠지요. 교사가 역할을 한 번 맡았으면, 교사와 학생 모두가 역할 밖으로 빠져나오기 전까지는 맡은 역할의

태도를 일관되게 유지하여야 합니다. 이 프로그램에서 교사는 '아기 돌보기에 대해서 아무 것도 모르는 무지한 사람' 으로서 유아들에게 도움을 요청하고 있습니다. 정말 아무 것도 모르는 사람이기에 유아들은 기꺼이 도와주고픈 마음을 갖게 되며, 자신이 갖고 있는 지식을 적극적으로 활용하고 적용하고픈 욕구를 느끼게 되는 것입니다. 그런데 역할을 통해서 유아들의 학습의욕을 북돋아놓고는 이런 문제가 생겼을 때는 '교사', 즉 '무엇이든 다 아는 사람' 이 되어서 '이건 이거고 저건 저거야' 라고 말한다면 순식간에 약속을 깨어버리는 일이지요. 따라서 이러한 경우에는 여전히 무지한 사람으로서 두 가지 의견을 경청하면서 '맞아요, 시간 맞춰 먹이려면 시계가 필요해요.' '저도 따르릉 시계 소리를 듣고 깜짝 놀라는데 아기는 얼마나 놀라겠어요.' 라고 일단 수용해주세요. '여러분의 의견을 들으니 시계가 필요한 물건인지 아닌지 저도 잘 모르겠네요. 일단 여기 세모 상자에 넣어둘께요. 나중에 아기 엄마에게 물어봐야겠어요.' 라고 말하면서 판단을 제3자에게 미루어두는 것이 좋습니다. 그리고 나서 활동이 모두 끝난 뒤에 교사와 학생으로서 분류한 물건을 하나하나 점검하면서 논란이 되었던 물건에 대해 결론을 내리면 됩니다. 아기를 볼 때는 자명종이 아닌 조용한 시계가 더 좋겠다고 제안하면 되겠지요. 아, 참, 유아들이 잘못 분류하는 경우도 종종 있어요. 우유병 닦는 솔이 필요하지 않다고 단언하는 경우입니다. 유아들은 그 솔이 무엇에 쓰는지 몰랐던 게지요. 이럴 때도 역시 일단 가위 표시 상자에 넣도록 하고, 활동이 끝난 후 그 솔의 올바른 용도를 알려주시면 됩니다.

# 05 우리 동네 빵집 이야기[2)]

수업목표 : 빵을 만들기 위해 필요한 재료가 무엇인지 알고 빵만들기 과정을 이해한다.
반죽놀이를 통해 감각을 활성화시키고 소근육 운동 능력을 기른다.

준비자료 : 1) 전지에 그린 빵집 그림
2) 손바닥 크기로 자른 종이 여러 장
3) 요리사 모자와 앞치마 (1인당 1벌씩)
4) 밑이 둥근 그릇, 거품기, 머핀컵, 요리장갑
5) 빵 만들기 재료
6) 쵸코칩 혹은 땅콩, 아몬드 가루
7) 놀이용 밀가루 반죽

※ 빵 만들기 재료 : 계란, 우유, 버터, 설탕, 베이킹 파우더, 밀가루
실제 빵을 만들 때는 시중에서 파는 머핀가루를 이용하면 편리하다. 시판용 머핀가루에는 밀가루, 설탕, 베이킹파우더가 혼합되어 들어있다. 계란, 우유, 버터, 머핀가루의 비율은 머핀가루 포장에 적힌 요리법을 참조한다.

## 활 동 1 빵집과 빵에 대해 이야기 나누기

1) 교사는 유아들과 빵을 만들어 파는 빵집과 다양한 빵에 대해 이야기 나눈다.

- 녀희들 동네에 빵을 파는 가게가 있니? 그런 가게를 빵집이라고 하지. 빵집에는 여러 가지 빵들이 있지? 녀희들은 어떤 빵을 먹어보았니? 또 어떤 것을 제일 좋아하니?

2) 교사는 손바닥 크기로 작게 자른 종이에 아이들이 말한 빵들을 하나씩 그려넣는다. 그리고 미리 그려둔 빵집 창문 그림에 빵을 하나씩 붙여서 창문 가득 빵이 붙어있게 한다.

2) 이 프로그램은 아래 책에 실린 프로그램을 우리나라 유아들의 상황과 정서에 맞게 수정, 보완한 것이다. Judith Ackroyd and Jo Boulton. *Drama Lessons for Five to Eleven-Year-Olds*, London:Fulton Publishers, 2001, pp.27-30.

### 활 동 2 텅 비어있는 빵집 창문

- 어느 마을에 맛있는 빵을 매일 만드는 빵집이 있었어. 그 빵집 이름은 <호호 빵집>이었어. 구멍이 뚫려있는 동그란 도너츠, 기다란 바게트빵, 그리고 잼 발라 먹는 식빵, 생일케이크, 이렇게 맛있는 빵을 만드는 사람은 바로 호호 아줌마였어. 호호 아줌마는 매일 빵을 만들어 창문 앞에 놓았고, 아이들은 빵집을 지나갈 때마다 빵 구경을 했대. 그런데 어느 날!

교사는 빵집 창문에 붙여두었던 빵 그림들을 하나씩 떼어서 처음의 텅 빈 창문이 되게 한다.

- 오늘도 아이들이 유치원에 갈 때 빵집 창문을 보았는데 글쎄, 빵이 하나도 보이지 않는 거야. 왜 그랬을까?

—아직 자고 있어요. / 어디 가서 아직 안 왔어요. / 빵이 다 팔렸어요.

- 호호 빵집 아줌마에게 무슨 일이 생겼는지 아줌마를 만나서 우리가 한 번 알아볼까?

### 활 동 3 호호 빵집 아줌마 만나기

1) 교사는 호호 빵집 아줌마의 역할을 맡는 것에 대해 유아들과 약속한다. 역할을 맡을 때 쓰게 될 모자와 앞치마를 보여주고 빵집 아줌마의 집이 어디이고 문이 어디인지를 함께 정한다.

- 선생님이 호호 빵집 아줌마가 되어볼 건데, 빵을 만드는 사람은 어떤 옷을 입을까? (모자와 앞치마를 보여주며) 이 모자와 앞치마는 어떠니? 빵집 아줌마의 집은 어디라고 할까? 사람들이 들어오는 문은 어디로 정할까? 너희들이 빵집 문 앞에 와서 '호호 아줌마' 라고 부르면 빵집 안에 있다가 호호 아줌마가 되어서 나올게.

2) 교사는 한쪽 구석에 가서 모자를 쓰고 앞치마를 두르면서 준비한다. 아이들이 문을 두드리면서 아줌마를 부르면 나와서 아이들을 맞이한다. 이때 허리가 아프다는 것을 알아채도록 행동한다.

유아 : 호호 아줌마!!

호호 아줌마(교사) : 아이구, 허리야. (아픈 허리 때문에 천천히 움직이면서) 누가 이렇게 아침 일찍부터 찾아왔을까? (문을 열며) 누구세요? 아이고, 너희들이구나. 어서 들어오렴.

3) 호호 아줌마는 아이들과의 대화를 통해 어제 밀가루 자루를 나르다 허리를 삐었다는 것, 도와줄 사람이 없어 혼자서 빵을 만들 수 없다는 것을 전한다.

호호 아줌마(교사) : 이렇게 허리가 아파서 며칠 동안 빵을 하나도 만들지 못했단다. 누가 좀 도와주면 좋겠는데 ….

유아 : 우리가 도와줄게요!

4) 아이들에게서 도와주겠다는 반응이 나오면, 빵 만드는 법에 대해서 알고 있는지 확인한다.

호호 아줌마(교사) : 그래? 정말 고맙지만 너희들이 하기 힘들 수도 있단다. 너희들은 빵을 만드는데 뭐가 필요한 지 알고 있니?

유아 : 밀가루 / 우유 / 빵 / 기름/ 아니 버터

호호 아줌마(교사) : 정말 잘 알고 있구나. 그럼 나를 도와서 빵을 만들어 볼래?

유아 : 네!

## 활 동 4 빵 만들기를 위한 준비

1) 음식을 만드는 데 필요한 기본적인 위생관념을 상기시켜준다.

호호 아줌마(교사): 잠깐, 빵을 만들기 전에 먼저 해야 할 일이 있단다. 무엇일까? 우선 손을 깨끗이 씻고 앞치마도 둘러야 한단다. 왜 이렇게 해야 하는지 알고 있니? 빵은 사람들이 먹는 건데, 더러운 것들이 들어가면 안 되겠지. 그래서 빵을 만드는 사람부터 깨끗해야 한단다.

2) 아이들이 손을 씻고 앞치마를 두르며 준비를 하는 동안 교사는 빵 만들 때 필요한 재료(머핀가루, 우유, 계란, 버터, 베이킹 파우더, 설탕)를 가지런히 책상 위에 배열해둔다. 그리고 각 재료를 보여주며 유아들이 조금씩 맛을 보고 그 이름을 말해보도록 한다. 설탕과 베이킹 파우더의 경우에는 유아들이 맛을 보게 하고, 교사는 베이킹 파우더의 기능을 설명해준다.

## 활 동 5 빵 만들기

1) 교사는 호호 아줌마로서 둥근 그릇에 달걀을 깨서 넣고, 우유와 녹인 버터를 차례로 넣는다. 세 가지 재료가 고루 섞이도록 젓는다.

호호 아줌마(교사): 이제 이것들을 잘 저어주어야 해요. 그런데 난 허리가 아파서 힘드니까 여러분이 좀 도와주세요.

2) 유아들이 한 사람씩 차례로 위의 재료들을 저어볼 수 있게 돕는다. 재료들이 고루 잘 섞이고 모두가 저어볼 기회를 가졌다면 다음 단계로 넘어간다.
3) 밀가루, 설탕, 베이킹 파우더가 고루 섞인 시판용 머핀가루를 위의 그릇에 넣는다. 이번에도 젓는 것을 유아들에게 부탁한다.

호호 아줌마(교사): 밀가루에 설탕과 베이킹 파우더를 넣고 고루 섞어야 하는데, 미리 내가 그것을 섞어놓은 밀가루가 있단다. 이 밀가루를 계란, 우유, 버터 섞은 것에 넣고 또 잘 저어주어야 해요. (아이들이 저어보도록 한 후) 그런데 우유, 계란, 버터를 저을 때랑 밀가루, 설탕을 넣어서 저을 때랑 느낌이 어떠니?
유아 : 아까는 물 같았어요. 지금은 끈적끈적해요.

4) 재료들이 요리의 과정을 거치면서 변하는 특성을 유아들이 충분히 관찰하고 느껴볼 수 있도록 이야기를 나눈다.
5) 교사는 호호 아줌마로서 빵 반죽을 작은 머핀 컵에 담는다.
6) 아이들이 각자 자신의 머핀 컵에 담긴 빵 반죽 위에 쵸코칩이나 땅콩, 아몬드 등을 얹어 꾸며보게 한다.
7) 미리 예열된 전기 오븐이나 토스터 오븐에 빵 반죽이 담긴 머핀 컵을 넣는다.

### 활 동 6 밀가루 반죽놀이

빵이 구워지는 동안, 교사가 미리 준비한 놀이용 밀가루 반죽을 나누어 주고 반죽놀이를 하게 한다. 유아들이 밀가루 반죽으로 자유롭게 모양을 만드는 것을 보면서 교사는 동그랗게 굴리는 것, 길게 미는 것, 주먹으로 쳐서 납작하게 펴는 것 등 다양한 활동을 이끈다.

### 활 동 7 빵 진열하기

빵이 다 구워지면 오븐에서 꺼내어 식힌다. 유아들은 자기 빵을 책상 위에 예쁘게 진열한다. 교사는 호호 아줌마로서 아이들에게 고마움을 표시한다.

호호 아줌마(교사) : 너희들 덕분에 아주 예쁘고 맛있는 빵을 만들 수 있게 되었구나. 정말 고맙다.

### 활 동 8 마무리

교사는 역할 밖으로 나와서 빵집 아줌마를 도와 빵을 만들어본 경험에 대해 이야기 나눈다. 유아들은 자신이 만든 빵을 먹으며 간식 시간을 갖는다.

### 후속활동

집에서 엄마와 함께 음식을 만들어보는 과제를 부여한다. 다음날 유치원에 와서 자신이 만들었던 음식과 그 요리방법을 소개하는 시간을 갖는다.

### 궁금해요 ??

Q 아이들과 함께 빵 만들기를 한다는 것이 엄두가 나지 않습니다.

A 실제 요리에 임하는 유아들의 자세는 어른들이 생각하는 것보다 훨씬 책임감 있고 진지합니다. 그건 어른들처럼 뭔가 의미 있는 일에 참여하고 싶은 아이들의 욕구 때문이라고 생각합니다. 그래서 장난감이 아닌 실제 부엌 도구와 재료들로 진행되는 요리에서 아이들은 자기가 할 수 있는 몫의 일들을 성실히 해내고 또 그에 따른 성취감도 크게 느낄 것입니다.

**Q** 굳이 교사가 역할을 맡아서 요리를 해야 하나요? 그냥 아이들과 빵 만들기 요리 수업을 하는 것과 연극놀이에서 빵 만들기를 하는 것이 뭐가 다른가요?

**A** 물론 빵 만들기를 요리 수업으로 진행하셔도 됩니다. 그런데 연극을 통해 이런 활동을 하는 이점은 무엇보다 구체적인 상황을 제공한다는 점입니다. 즉 빵을 만들어야 하는 이유와 의미를 구체적으로 제시하는 것이지요. 위에서 호호 아줌마라는 인물이 허리가 아프기 때문에 빵을 못 만들고 있다는 상황은 유아들에게 강력한 정서를 불러일으킵니다. 동정심과 도와주고픈 욕구를 자연스럽게 느끼게 되는 것이지요. 이러한 욕구 때문에 장난스러운 행동을 억제하고 진지하게 요리 활동에 임하게 됩니다. 따라서 일련의 연극놀이 과정 속에서 아이들은 요리에서 필요로 하는 위생관념, 책임감, 조심성 있는 조작 등을 자연스럽게 학습하고 연습해볼 수 있습니다. 학습은 객관적인 지식 습득과 더불어 주관적인 느낌과 정서가 함께 작용할 때 가장 효과적으로 이루어집니다.

## 06 우리 마을 지킴이 —장승

수업목표 : 장승의 전통적인 의미를 이해한다.

준비자료 : 1) 옛날 마을 그림 : 산과 들, 시냇물, 초가집, 기와집, 길 등이 그려져 있다. 그 안에 또 다른 것도 채워 넣을 수 있도록 여백을 넉넉히 둔다. 수업 전에 미리 교실 벽에 붙여놓는다.
2) 장승 사진 여러 장(무서운 표정, 붉은 얼굴, 온화한 얼굴의 장승을 꼭 포함한다.)
3) 얼굴 크기의 도화지 : 약간 두꺼운 도화지를 유아의 얼굴 크기로 잘라서 뒷면에는 손잡이로 쓸 수 있도록 끈이나 종이 테이프를 고리 모양으로 붙여놓는다. 유아의 인원수만큼 필요하다.
4) 도둑의 머리 두건, 나그네의 지팡이
5) 크레파스, 하늘색 천, 북, 엿

### 활 동 1 옛날 마을의 모습은 어땠을까?

○ 오늘은 우리가 옛날 사람들이 살았던 마을로 가보려고 해. (그림을 제시하며) 이 마을에는 어떤 것들이 있니?

—산이요. / 옛날 집도 있어요. / 물, 시냇물도 있어요.

○ 여기 그려진 것 말고 또 어떤 것들이 있었을까?

—물 속에 물고기요. / 수박밭. / 지붕 위에 호박을 그려주세요.

교사는 아이들이 이야기하는 것을 그림에 덧붙여 그려주며 이야기를 이어간다. 시간이 충분하다면 아이들이 직접 나와서 그림을 그려 넣도록 한다.

○ (마을 입구 쪽에 장승을 그려 넣으며) 옛날 마을로 들어가는 길에는 이런 것들이 서있기도 했지. 나무나 돌로 만든 건데 혹시 본 적이 있니? 이런 걸 장승이라고 부른단다.

### 활 동 2 장승 사진 보기

장승 사진을 준비하여 유아들과 함께 보며 간략하게 장승의 특성과 역할에 대해 이야기 나눈다.

1) 천하대장군과 지하여장군의 장승 사진을 보여준다.

○ 장승의 얼굴 표정이 어떻게 보이니?

—무서워요. 화난 것 같아요.

○ 옛날 사람들은 장승이 나쁜 것들로부터 마을을 지켜준다고 생각했대. 그래서 무서운 표정, 힘센 장군의 얼굴을 나무에 새기게 된 거지.

2) 붉은 색 얼굴의 장승 사진을 보여준다.

○ 자, 이렇게 얼굴색을 빨갛게 칠한 장승도 있었어. 왜 그랬을까?

—빨간 색을 좋아해서. / 나쁜 걸 물리치려고.

○ 사람들을 아프게 하는 나쁜 병균들이 특히 빨간 색을 무서워한다고 생각했어. 병균들이 빨간색 얼굴의 장승을 보고 무서워서 마을에 못 들어오고 도망을 친다는 거지. 그러면 마을 사람들이 일년 내내 건강하게 살 수 있겠지.

출처 : 황헌만(2005). 장승. 열화당.

3) 온화한 미소의 돌장승을 보여준다.

출처 : 황헌만(2005). 장승. 열화당.

- 이 장승은 표정이 어떠니?

—할아버지 같아요. / 웃고 있어요. / 착한 사람들만 있는 마을이라고 그렇게 만든 것 같아요.

- 그렇구나. 이렇게 할아버지처럼 웃는 얼굴을 한 장승도 있었대. 멀리 떠났다가 다시 마을로 돌아오는 사람들이나 마을을 지나치는 나그네를 따뜻하게 반겨주기 위한 것이 아닐까?

### 활 동 3 장승 가면 만들기

- 우리도 한 번 장승의 얼굴을 그려볼까? 무서운 얼굴이나 재미있는 얼굴을 그려도 좋고, 할아버지, 할머니처럼 생긴 얼굴을 그려도 좋아. 다 그린 사람은 그것을 자기 얼굴에 대고 서서 장승처럼 서 보자.

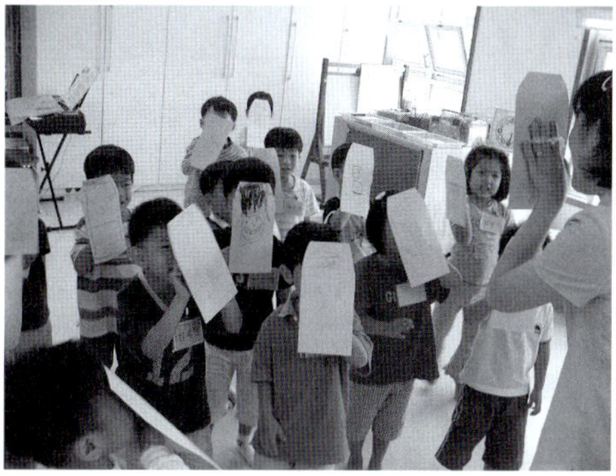

### 활 동 4 옛날 마을 꾸미기

활동 1에서 제시한 마을 그림을 참조하면서 아이들과 함께 옛날 마을을 교실에 만들어 본다. 마을 사람들이 사는 집이 있는 공간을 정하고, 시냇물과 길을 의자와 천 등 주변의 물건들로 꾸며본다. 장승이 서 있을 마을 입구는 의자를 두 줄로 나란히 놓아 분명하게 표시하는 것이 좋다.

## 활 동 5 역할 맡기

○ 선생님이 도둑 역할을 하고, 너희들은 마을 사람들과 장승의 역할을 맡아서 연극을 해보자. 도둑이 왔을 때 마을을 지켜주는 장승은 어떤 얼굴의 장승일까?

—무서운 장승이요.

1) 무서운 얼굴의 장승을 그린 유아들은 장승 역할을 하고, 나머지 유아들은 마을 사람들을 맡도록 한다.

○ 마을 사람들은 어느 곳에 있을까? 집안에 있겠지. 그리고 장승은 어디에 서 있지? 마을 입구에 서 있겠구나. 그리고 도둑은 보통 언제 마을로 들어오려 할까? 사람들이 모두 자고 있는 밤에 들어오지? 그러면 마을 사람들은 잠을 자고 있겠구나. 장승은 의자에서 내려오지 않고 무서운 얼굴과 무서운 소리로 도둑이 못 들어오게 막는 거야. 북 소리가 들리면 연극을 시작하자.

2) 마을 사람들은 집에서 잠을 자고 있도록 하고, 장승들은 의자 위에 서 있도록 한다.

## 활 동 6 실연 ① — 도둑으로부터 마을을 지키는 장승

1) 교사는 북소리를 둥둥 내주면서 연극이 시작됨을 알린다.

해설(교사) : 어느 평화로운 마을에 밤이 찾아왔습니다. 마을 사람들은 모두 곤히 잠을 자고 있습니다. 이 마을에는 옛날부터 도둑이나 병균처럼 나쁜 것들로부터 마을을 지켜주는 장승이 마을 입구에 서 있었습니다.

도둑(교사) : (까만 두건을 얼굴에 두르고 큰 주머니를 매고 살금살금 등장한다.) 흠, 이 마을에는 부자들이 많다던데……. 훔칠 게 많겠지. (마을 쪽에 귀를 대고 소리를 들어보며) 아무 소리도 들리지 않는 것을 보아 모두 잠을 자고 있는 게 틀림없어.

2) 교사는 도둑이 되어 마을로 들어가기 위해 장승이 있는 쪽으로 간다. 유아들이 장승이 되어 무서운 소리와 동작을 취할 때, 교사는 반응을 보여주면서 결국은 도망간다. 마을 사람 역할을 맡은 유아들은 장승에게 가서 고맙다는 인사를 한다.

도둑(교사) : 아이고, 무서워서 죽을 뻔했네. 다시는 이 마을에 오지 말아야지.

해설(교사) : (머리 두건을 벗고) 장승은 아무 일도 없었다는 듯이 마을 입구에 점잖게 서 있습니다. 해가 뜨고 아침이 되자 사람들은 일어났습니다. 지난 밤에 옆 마을에는 도둑이 들었는데, 이 마을에는 도둑이 들지 않은 것을 감사해하면서, 사람들은 마을 입구에 있는 장승에게로 가서 고맙다고 말하였습니다.

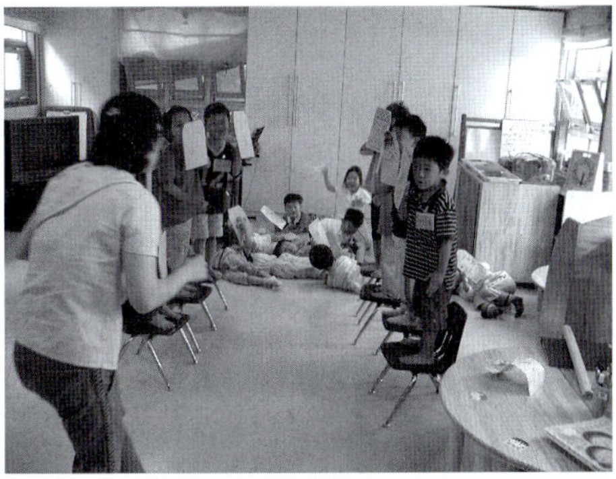

### 활 동 7 실연 ② —나그네를 반겨주는 장승

- 선생님이 이번에는 길을 가다가 지쳐서 이 마을에 들러 쉬었다 가는 나그네 역할을 할 거야. 나그네를 반겨주는 장승의 얼굴은 어떨까? 웃고 있는 장승 얼굴을 그린 사람들이 그것을 쓰고 장승의 역할을 해보자. 나머지 사람들은 마을 사람들이 되는 거야. 장승은 어떻게 나그네를 반겨주었을까?

—웃어요. / 인사해요.

○ 그러면 나그네가 장승을 지나서 마을로 들어오면 마을 사람들은 나그네한테 어떻게 할까?
—먹을 것을 갖다줘요. / 안아줘요. / 자고 가게 해요.

1) 유아들이 마을 사람들과 장승으로서 자기 위치를 잡으면, 북소리를 둥둥 울려주면서 연극을 시작한다.

해설(교사) : 날이 밝자 마을 사람들은 모두 일어나서 일하기 시작합니다. 밥을 짓는 사람도 있고, 밭에 나와서 일을 하는 사람도 있고, 시냇물에서 물고기를 잡는 사람도 있습니다. 먼 길을 걸어가다가 피곤한 나그네가 이 마을을 지나가게 되었어요.

나그네(교사) : (모자를 쓰고 지팡이를 짚으며 장승 쪽으로 다가간다.) 휴! (이마의 땀을 훔친다.) 오늘은 이 마을에서 좀 쉬어갈 수 있을까?

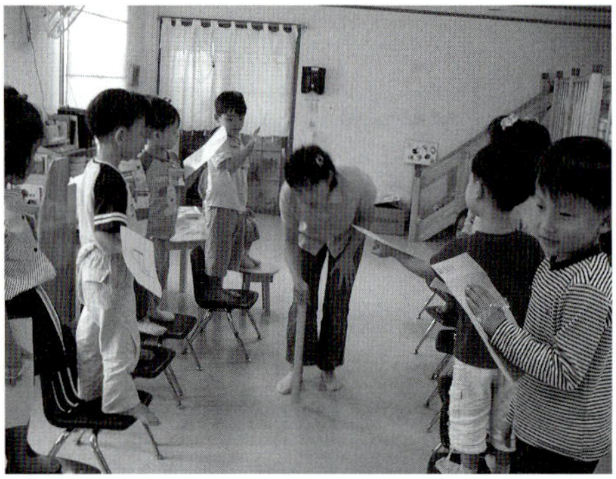

2) 장승 쪽으로 다가가서 장승 역할의 유아들과 대화를 나눈다. 그 다음 마을로 들어가서 마을 사람들의 환대를 받을 때 크게 반응을 보여준다. 교사는 다시 길을 가야한다고 하면서 마을 사람들과 장승에게 고마움을 전하고 선물로 엿을 주고는 길을 떠난다.

### 활 동 8 실연 ③

유아들에게 도둑과 나그네 역할을 하고 싶은 사람이 있는지 물어보고, 자원자들에게 그 역할을 맡긴다. 나머지 유아들은 장승과 마을 사람들로 나뉘어서 위와 같은 방식으로 실연을 한다. 교사는 해설을 통해 전체적인 흐름을 유도하고, 도움이 필요한 역할 모둠 쪽에 들어가서 도와준다.

### 활 동 9 마무리

- 옛날 사람들은 장승이 이렇게 나쁜 것들을 물리치고 좋은 일이 생기도록 해준다고 믿었기 때문에 장승을 매우 소중하게 생각했대. 요즘에 우리 동네를 지켜주는 것은 무엇일까?

### 궁금해요 ??

**Q** 무서운 얼굴과 웃는 얼굴의 장승 가면을 아이들이 반반씩 그리면 좋을텐데, 무서운 얼굴은 몇 명만 그리고, 나머지 아이들은 모두 웃는 얼굴만 그리는 거예요. 무서운 장승과 웃는 장승의 숫자가 맞지 않으면 실제로 실연할 때 곤란하지 않나요?

**A** 전혀 곤란하지 않습니다. 무서운 장승 역할을 몇 명만 하고, 다수의 아이들이 웃는 장승 역할을 해도 연극을 하는 데 아무 지장이 없습니다. 숫자가 중요한 것이 아니라, 아이들 자신이 좋아하여 선택한 역할을 행한다는 점이 중요합니다. 선택의 자유를 부여하는 것은 유아들의 자발성을 끌어내는 가장 첫 번째 방법입니다. 아이들은 자신이 스스로 선택한 역할에 대해 더 많은 관심을 가지고 좀 더 적극적으로 표현합니다. 만약 무서운 장승 역할을 아무도 안 한다고 한다면, 무서운 장승의 얼굴을 커다란 종이에 아이들과 다함께 그려서 벽에 붙여놓으세요. 나그네는 그 그림만 보고도 도망가는 것으로 처리할 수 있습니다.

chapter 3

# 동 물

## 01 곰과 나무꾼

활동목표 : 온몸의 감각을 예민하게 느껴본다.
신체 통제력을 기른다.

### 도 입

- 어느 숲 속에서 나무꾼이 나무를 하고 있었어. 그런데 어디선가 이상한 소리가 나더니 커다란 곰이 나타난 거야. 나무꾼은 어떻게 했을까? 곰은 죽은 사람은 잡아먹지 않는대. 나무꾼은 이것을 잘 알고 있었거든. 그래서 바닥에 엎드려서 죽은 척을 했어. 그러니까 곰은 이리저리 건드려보고 간질여 보기도 하면서 진짜로 죽었는지, 아니면 살았는지 알아보는 거야. 오늘은 우리가 이런 나무꾼과 곰이 되어보자.

### 전 개

1) 유아들은 모두 나무꾼이 되어서 도끼로 나무를 찍는 마임을 한다.
2) 교사가 곰이 되어서 '워!' 소리를 내면서 나타나면 유아들은 모두 바닥에 엎드리거나 누워서 꼼짝도 하지 않는다.
3) 교사는 아이들에게 다가가서 이리저리 건드려보고 간질인다. 이때 소리를 내거나 움직인 사람은 곰이 되어 교사와 함께 다른 아이들을 간질인다.
4) 위와 같은 방식으로 진행하면 점점 곰이 늘어나게 될 것이다. 마지막으로 한 사람이 남을 때까지 계속 놀이한다.

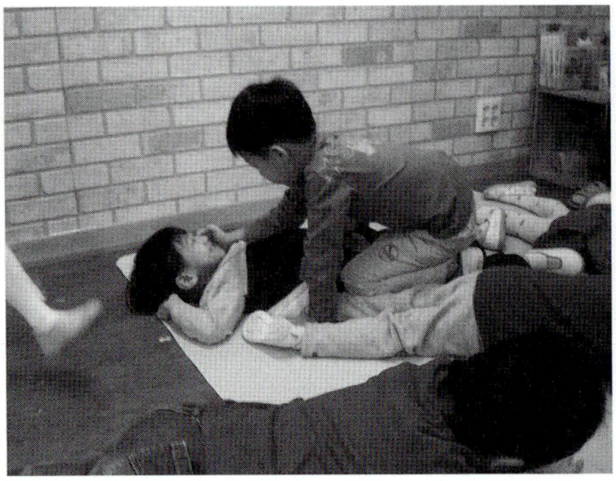

## 마 무 리

마지막까지 움직이지 않고 견뎌낸 유아를 인터뷰한다.

- 어떻게 그렇게 오랫동안 꼼짝도 안 하고 있을 수 있었나요? 제일 힘들었던 적은 언제였나요?

## 궁금해요??

**Q** 우리 반 아이들은 워낙 극성이라 이 놀이를 하는 데 문제가 많았어요. 곰이 된 아이들이 다른 아이들을 너무 괴롭히는 거예요. 귀에 대고 소리를 꽥꽥 질러대고 몸 위로 올라가서 밟고 아프게 찔러대기도 하니까 몇 아이들은 울고 난리 났었죠.

**A** 보통 초등학생 남자 아이들이 나무꾼을 깨워야겠다는 목표의식에 불타 그런 행동을 보이는데…. 반 아이들의 성격이 그렇다면, 사전에 미리 제한 조건을 제시하여야 할 것입니다. 쿡쿡 찌르거나 귀에 대고 소리를 지르면 안됨을 알려주고, '검지 손가락 하나만으로 간질이기' 와 같이 할 수 있는 행동을 제한시켜 주세요. 그리고 이 놀이는 친구를 괴롭히거나 아프게 하는 놀이가 아님도 주지시켜 주세요.

# 02 닭잡기 놀이

활동목표 : 역할과 상황에 적합하게 말하고 답함으로써 즉흥적인 말놀이의 재미를 느껴본다.

## 도 입

어느 산 속에 여우가 살고 있었어. 그런데 여우가 배가 고파서 사람이 사는 마을로 내려왔단다. 그 마을에서는 닭을 키우고 있었는데, 닭은 달걀을 많이 낳아서 품고 있었지. 여우는 닭한테 "아우! 닭아, 닭아. 계란 한 개 주게"라고 말했어. 그러자 닭은 "울타리를 세워주면 계란 한 개 주지"라고 말했단다. 그래서 여우는 무너진 울타리를 다 세워주고 이제 계란을 달라고 말했지. 닭은 계란에서 냄새가 난다, 썩은 냄새가 난다, 비린내가 난다, 쓴 맛이 난다고 하면서 계란을 주려고 하지 않았어. 여우는 어떻게 했을까? 닭과 여우가 나오는 재밌는 닭잡기 놀이를 해보자.

## 전 개

1) 여우 역할을 할 사람과 닭 역할을 할 사람을 정한다.
2) 나머지 사람들은 손을 잡고 둥그렇게 앉아서 닭장 울타리를 만들어준다.
3) 닭은 원 안에 서 있고, 여우는 원 밖에 서 있는다.
4) 여우와 닭이 다음과 같이 서로 말을 주고 받는다.

여우 : 아우! 닭아, 닭아, 계란 한 개 주게.
닭 : 여우야, 여우야, 허물어진 울타리를 일으켜 세워 준다면 한 개 주지.
여우 : 그럼, 일으켜주지. (아이들을 하나하나 일으켜 세운다.) 자, 모두 일으켰어. 계란을 다오.
닭 : 냄새 나는데.
여우 : 냄새가 나도 다오.
닭 : 썩은 냄새가 난다니까.
여우 : 썩은 냄새가 나도 다오.
닭 : 비린내가 나.
여우 : 비린내가 나도 줘.

닭 : 쓰다구.
여우 : 쓰더라도 줘.
닭 : 없어.
여우 : 뭐라구? 그러면 너라도 잡아먹어야겠다.

5) 문답이 끝나면 여우는 닭을 잡으려고 원 안으로 들어오려고 한다. 그러면 울타리를 친 아이들이 못 들어오게 막는다. 만약 울타리를 뚫고 여우가 원 안으로 들어오면, 재빨리 손을 들어 닭을 밖으로 내보낸다. 그러면 닭은 재빨리 밖으로 도망쳤다가 여우가 나오면 다시 들어가면서 도망 다닌다.
6) 여우가 닭을 잡으면, 다른 사람이 여우와 닭의 역할을 맡아 놀이를 시작한다.

## 마 무 리

- 여우가 닭을 잡았니? 어떻게 해서 닭을 잡을 수 있었니?
- 울타리는 닭이 잡히지 않도록 어떻게 도와주었니?

## 후속활동

여우와 닭을 백과사전에서 찾아보고, 각각이 어떤 것을 먹고 사는지 알아본다.

## 궁금해요??

**Q** 유아들한테 어려운 놀이가 아닐까 생각했는데, 아이들이 즐거워하면서 생각보다 잘 하네요. 그런데 선생님이 가르쳐준 대로 문답을 하지 않고, 자기 맘대로 말을 생략하거나 다른 말을 지어내서 놀이하는 아이도 있었어요. 그래도 놀이하는 데 별 지장은 없어서 지적은 하지 않았습니다.

**A** 잘 하셨습니다. 닭잡기 놀이는 우리의 전래놀이로서 지역마다 나오는 동물도 다르고, 문답의 내용도 다릅니다. 위의 문답을 알려주고, 그대로 외워서 놀이하라고 하면 놀이의 재미도 뚝 떨어지고, 아이들도 어려워합니다. 상황을 아이들이 잘 이해하도록 설명해준 다음에는 닭과 여우를 맡은 아이들이 재량껏 말을 주고 받을 수 있도록 해주세요. 여우가 울타리를 세워준 다음 계란을 달라고 했을 때, 닭이 핑계대지 않고 곧바로 싫다고 말할 수도 있고, 위의 문답과 다른 핑계를 댈 수도 있습니다. "계란이 한 개밖에 없어", "썩었어", "내가 계란 주면 너는 뭐줄래?" 라고 말이죠. 이것에 대해 여우가 나름대로 대꾸를 하게 한다면 즉흥적인 말놀이를 통한 언어교육의 효과까지도 기대할 수 있습니다.

**Q** 여우가 닭을 잡아야 놀이가 끝나는데, 실제 울타리를 하는 아이들이 하도 견고하게 닭을 보호하고 있어서 여우가 도저히 원 안으로 들어갈 수가 없었었요. 그러니 닭도 잡을 수 없었지요.

**A** 제 경험에 비추어 봐도 초등학생들인 경우에는 여우와 닭의 쫓고 쫓는 놀이가 잘 진행되는 편인데, 유아인 경우에는 여우가 닭을 잡기가 쉽지 않더군요. 그래서 저는 유아와 이 놀이를 할 때에는 말놀이에 보다 초점을 두어서 진행한답니다. 즉 유아들이 닭과 여우 역할을 맡아 문답을 할 때 충분히 재미를 느끼도록 하는 것이지요. 그리고 나서 울타리가 닭을 보호하고, 여우가 닭을 잡으려고 이리저리 왔다갔다 하는 시간을 적당히 부여한 후, 여우가 닭을 잡지 못했어도 놀이를 중단시키고, 역할을 바꾸어줍니다. 그래서 최대한 많은 아이들이 여우와 닭의 역할을 해볼 수 있도록 합니다.

# 03 토끼와 당밀

수업목표 : 몸의 오감 체험을 활용하여 생생한 몸짓 표현을 창조한다.
연극적 약속의 의미를 이해하고 실행한다.

준비자료 : 1) 물엿 : 투명한 병에 담아 예쁘게 포장한다.
2) 차 숟가락, 물티슈, 은박 접시
3) 북, 실로폰
4) 그림 6장 : 토끼 굴, 농부 집 전경, 농부 집 문, 농부 집 창문, 벽난로, 당밀병
5) 농부 복장 : 밀짚모자, 수건
6) 밝고 명랑한 음악

## 활 동 1 무엇일까?

1) 유아들을 원형으로 앉게 한다.

2) 포장된 물엿 병을 보여주며, 내용물이 무엇인지 알려면 어떻게 해야 하는지 물어본다.

○ 선생님이 이 물건을 선물 받았어. 무엇일까? 소리가 나는 걸까? (귀에 대고 들어본다. 아이 몇 명의 귀에 대어준다.) 어떤 소리가 들렸니? 아무 소리도 들리지 않았지. 이것이 무엇인지 알려면 어떻게 하면 될까?

—풀어 봐요.

3) 포장을 풀어서 자세히 보게 한다.

○ (포장을 푼 후) 어, 유리병에 뭔가 들어있네. 뭘까? 무슨 색깔이니? 한 사람씩 돌아가며 이 병에 들어있는 것을 자세히 살펴보세요. 다 보았으면 옆의 친구에게 전해 주세요. 깨지지 않게 조심해야겠지.

4) 병의 뚜껑을 열고 한 명씩 돌아가며 냄새를 맡게 한다.

○ 눈으로 보고 어떤 것인지 알 수 있겠니? 아직 잘 모르겠지? 이제 코로 냄새를 맡아보자. 어떤 냄새가 나니?

5) 조금씩 맛을 보게 한다. 교사는 차 숟가락으로 조금씩 떠서 먹여준다.

○ 달콤한 냄새가 나는 것을 보니 뭔가 맛있는 거 같다. 그럼 이제 혀로 맛을 보자. 어떤 맛이니?

6) 지금까지의 감각을 조합하여 '물엿' 임을 알아낸다.

- 자, 이것을 손으로 만져보면 어떤 느낌일까? 만져보고 싶은 사람? (물엿을 은박 접시에 조금만 덜어서 자원자 몇 명에게 만져볼 기회를 준다.) 이제까지 우리가 이 병 안에 들어 있는 것이 무엇일까 알아보기 위해서 어떻게 했지? 눈으로 보고 귀로 소리를 들어보고, 코로 냄새맡고, 혀로 맛을 보고 손으로 만져보았지? 끈적끈적하고 달콤한 맛이 나는 이것은 무엇일까? 한 사람씩 자기가 생각하는 것을 말해보자. (모두 의견을 말하도록 한 다음) 이것은 딱딱한 엿을 녹인 물엿이란다. 엄마들이 요리할 때 맛있으라고 조금씩 넣는단다. 그런데 물엿하고 아주 비슷한 게 또 있어. 당밀이라고 하는데 당밀도 물엿처럼 달콤한 맛이 나고 만지면 끈적끈적하단다.

※당밀이란?
사탕수수 줄기를 뜨거운 물에 녹여서 설탕을 얻어내는데, 여기서 설탕을 분리하고 나면 끈적끈적하고 단맛이 나는 액체가 남는다. 이것을 당밀이라고 한다.

## 활 동 2 당밀에 붙었어요.

1) 당밀이 바닥에 퍼져있다고 가정하고 몸의 각 부분이 당밀에 붙는 마임을 연습해본다.

- 당밀이 지금 여기 교실 바닥에 쫙 퍼져있다고 하자. 이 당밀에 손이 닿으면 어떻게 될까? 한 번 손으로 당밀을 만져보자. (교사가 시범을 보이면서) 어어, 당밀에 손이 붙어서 안 떨어지네.
- 이제 발도 당밀에 붙었네. (떼려고 바둥거리는 몸짓을 교사가 먼저 시범을 보이면서 아이들을 유도한다.) 에고에고, 이제 배까지 붙었네. 몸을 뒤집어볼까? 배는 떼어졌는데, 이제 등하고 엉덩이가 붙었네.

2) 유아들은 교사의 북소리에 맞추어 걷다가 교사가 지정하는 곳에 가서 교사가 지정하는 몸의 일부를 붙인다.

- 당밀이 바닥이 아닌 다른 곳에 묻어있을 수도 있겠지. 창문에 당밀이 묻어 있다고 하자. 그 당밀에 머리가 붙으면 어떤 모습이 될까? 이제 선생님이 북을 쳐줄테니 북소리에 맞추어 신나게 걸어다니는 거야. 선생님이 당밀이 어디에 있는지 말해줄게. 그러면 그 곳으로 가서 선생님이 말하는 몸의 부분을 붙이는 거다.
- (걸어다니게 하다가) 당밀이 커튼에 묻어 있어요. 당밀에 엉덩이가 붙어요.
- 의자에 당밀이 있네. 그 곳에 배가 붙어요.

○ 칠판에 당밀이 있네. 그 곳에 오른 발이 붙어요.

○ 교실 바닥에 당밀이 있어. 온몸이 다 붙었어요.

3) 유아들이 바닥에 몸 전체를 붙이고 있는 동안 온도에 따라 변하는 당밀의 성질을 설명해주고 교사의 신호에 따라 몸이 서서히 당밀에서 떼어지는 마임을 함께 연습한다.

○ 우아, 온몸에 당밀이 붙어서 꼼짝도 못하네. 그런데 당밀에는 신기한 성질이 있대. 당밀은 보통 때는 아주 끈적끈적하지만, 방이 따뜻해지면 끈적끈적함이 사라지고 그냥 물처럼 된대. 자, 이제 선생님이 실로폰을 열 번 칠 거야. 그 동안 우리 교실이 점점 더워진다고 하자. 그러면 너희들도 조금씩 당밀에서 몸이 떼어질 거야.

### 활 동 2 이야기 들려주기

그림을 한 장씩 보여주면서 '토끼와 당밀'[3]의 이야기를 들려준다.

○ 당밀이 나오는 아주 재미난 이야기가 있단다. 이 이야기에는 당밀 말고 또 동물이 하나 나와. 무슨 동물일까?

○ 바로 이 동물이야. 토끼. 토끼들은 어디에 살까? 토끼들은 이렇게 숲 속에서 굴을 파놓고, 굴 속에서 산대. 어느 숲 속에 토끼들이 굴 속에서 살고 있었는데, 토끼굴 저 앞에는 예쁜 집이 하나 있었어요. 어떤 집인가 볼까?

○ 이 집에는 농부 아저씨가 살고 있었어요. 어느 날 농부는 밭에서 열심히 일을 하다가 집으로 돌아왔어요.

3) 여기 실린 '토끼와 당밀' 이야기는 Winifred Ward의 책 〈Stories to Dramatize〉(Anchorage press, 1981)에 실린 이야기를 대폭 수정, 변형시킨 것이다.

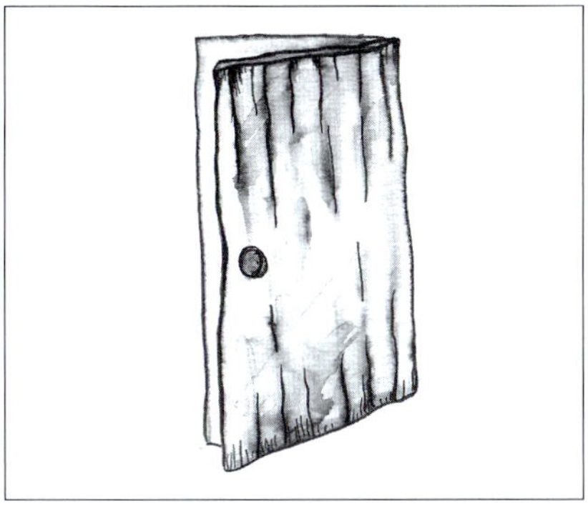

문을 열고 들어가니 집안이 너무 더웠어요.

그래서 창문을 활짝 열었어요. 창문을 통해서 무엇이 보이니? 나무를 쌓아놓았네. 여기에 불을 붙여서 음식을 해먹나보다. 창문을 열어놓으니 시원한 바람이 들어왔어요. 농부는 "와, 시원하다. 그런데 배가 고픈데…"하면서 부엌 쪽으로 가서 먹을 것을 찾아보았어요.

그런데 빵도 다 떨어지고, 쌀도 없고, 먹을 게 아무 것도 없는 것이었어요. "어떡하지?"하고 있는데 갑자기 좋은 생각이 떠올랐어요. "아, 그래, 달콤한 당밀을 먹으면 되겠다. 그런데 당밀을 내가 어디 두었더라?"하면서 당밀을 찾았어요. 당밀이 어디 있니? 여기 그림에 당밀병이 보이지?

바로 이렇게 당밀을 병에 넣어서 선반 위에 올려놓았었지. 농부는 그것을 생각해내고는 높이 손을 뻗어서 당밀을 꺼내려고 했지만, 손이 닿지 않았어요. 그래서 의자를 갖다놓고, 의자 위에 올라가 당밀병을 꺼내었지요. 그런데 의자 위에서 몸이 휘청휘청하더니 그만 쓰러지고 말았어요. 당밀병은 어떻게 되었을까? 뚜껑이 열리면서 당밀이 모두 바닥에 쏟아지고 말았답니다. 너무 아깝지? 농부 아저씨는 당밀을 얼른 쓸어 담으려고 빗자루와 쓰레받기를 찾았는데, 그것을 어제 옆집에 빌려주었지 뭐예요. 그래서 빗자루를 다시 찾으러 옆집으로 갔습니다. 이때 토끼들은 뭘 하고 있었을까? 토끼굴에서 잠을 자고 있었어요. 그런데 어디선가 달콤한 냄새가 나는 거예요. 그 냄새를 맡은 한 토끼가 잠에서 깨어 다른 토끼들을 깨웠어요. 토끼들은 이 냄새가 어디서 나는지 궁금했어요.

바로 이렇게 열린 창을 통해서 고소한 당밀 냄새가 토끼굴까지 가닿은 것이었어요. 토끼들은 코를 킁킁거리면서 냄새를 따라 창문 바로 밑에까지 오게 되었죠. 용감한 토끼 한 마리가 창문을 깡충 뛰어넘어 들어가서 당밀 맛을 보고는 다른 토끼들에게도 들어오라고 했어요. 그래서 토끼들은 모두 창문을 넘어 농부네 집 안으로 들어가서는 맛있게 당밀을 핥아먹었답니다. 그런데 당밀에 발이 붙어버리고 말았어요. 아무리 떼려고 해도 떼지지 않았어요. 도리어 뒷발까지 붙었지 뭐예요. 떼려고 바둥대다 보니까 온몸이 다 붙어버리고 말았답니다. 이때 농부 아저씨가 집으로 돌아왔습니다. 바닥에 붙어있는 토끼를 보고는 매우 좋아하면서 "토끼탕을 끓여먹으면 아주 맛있겠다"라고 말했어요.

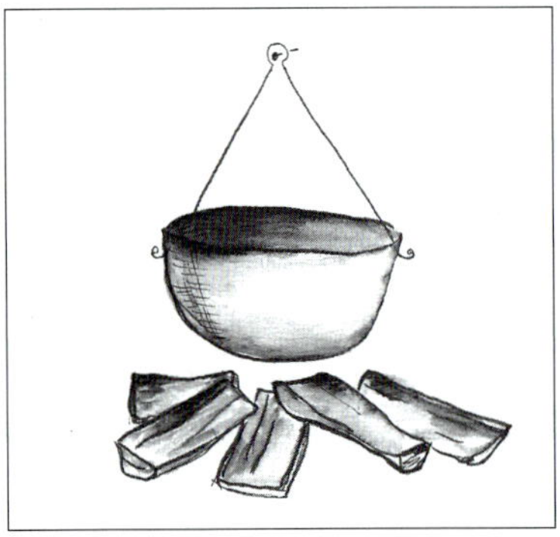

농부는 성냥을 탁 켜서 이 나무에 불을 붙였어요. 그리고는 토끼들을 모두 넣을 수 있는 냄비를 찾았어요. 그런데 여기 그림에서 보는 것처럼 작은 냄비밖에 없었어요. 그래서 큰 냄비를 빌리러 옆집으로 갔습니다. 그 사이에 불 때문에 방 안이 따뜻해지면서 당밀의 끈적끈적함이 다 없어졌어요. 그래서 토끼는 어떻게 되었겠니? 앞발도 떨어지고, 뒷발도 떨어지고 엉덩이도 떨어져서 모두 창문을 넘어 도망을 쳤답니다. 농부는 옆집에서 큰 냄비를 빌어서 집으로 돌아왔어요. 어, 보니까 토끼가 한 마리도 없는 거예요. 농부 아저씨는 매우 속상해서 엉엉 울었답니다.

- 이 이야기의 제목은 무엇일까? '토끼와 당밀' 이에요. 토끼와 당밀 이야기를 가지고 우리가 함께 연극으로 만들어보자.

## 활 동 4 실연을 위한 준비

1) 이야기를 들려줄 때 보여주었던 그림을 붙여가며 유아들과 함께 공간을 설정하고 약속한다.

- 농부 아저씨네 집을 어디라고 할까? 그러면 토끼들이 사는 굴은? (유아들이 지정하는 곳에 의자 두 개를 갖다놓고 '토끼굴' 그림을 붙인다. 의자 사이를 띄워놓고) 여기가 토끼굴의 구멍이라고 하자. 토끼들은 여기로만 왔다갔다 할 수 있겠지.
- 농부 아저씨 집으로 들어가는 문은? (유아들이 제안하는 곳의 벽에 '문' 그림을 붙인다.) 아저씨네 집에는 커다란 창문이 있다고 하는데 창문은? (토끼굴을 마주하는 쪽으로 의자 두 개를 갖다놓고 '창문' 그림을 붙인다.) 이 의자를 창문이라고 하자.
- 불을 붙여서 요리하는 벽난로는 어디 있을까? (벽에 '벽난로' 그림을 붙인다.) 그리고 당밀병은? (벽난로와 멀지 않은 곳에 높은 위치의 벽에 '당밀병' 그림을 붙인다.)

2) 유아들은 토끼 역할을 맡고, 교사는 농부와 해설자를 맡는다. '부지런한 토끼' 와 '용감한 토끼' 역할에 대해 자원자를 받는다.

- 너희들은 모두 토끼가 되고, 농부는 선생님이 할게. 토끼들 중에서 당밀의 달콤한 냄새를 제일 먼저 맡고 다른 토끼를 깨우는 '제일 부지런한 토끼' 는 누가 할까?
- 토끼들이 농부네 집에 갔을 때, 토끼 한 마리가 먼저 창문을 넘어 들어가서 혹시 사람이 있는지, 맛있는 것이 어디에 있는지 알아보고 다른 토끼들을 불렀지? 이렇게 '용감한 토끼' 역할을 하고 싶은 사람?

## 활 동 5 실연하기

교사는 해설과 농부의 역할을 맡아 다음의 극화를 유도한다.

- 처음에 토끼들은 어디 있을까? 그래, 토끼굴 안에 들어가 있겠지. 뭘 하고 있을까? 잠을 자고 있어요.(유아들이 토끼굴 안에 들어가 잠을 자고 있도록 유도한 후) 음악이 나오면 연극을 시작하는 거다.

**장면 1 : 배고픈 농부**

해설(교사) : (밝고 경쾌한 음악을 튼다.) 나무와 꽃이 많은 어느 숲 속에 토끼들이 살고 있었어요. 토끼들은 지금 토끼굴에서 쿨쿨 잠을 자고 있네요. 어떤 토끼는 몸을 뒤척거리기도 하고, 코를 골기도 하고 잠꼬대를 하는 토끼도 있네요. 토끼굴에서 조금 멀리 떨어진 곳에 집 한 채가 있었습니다. 그 집에는 농부 아저씨가 살고 있었어요. 농부는 지금 밭에서 열심히 일을 하고 있습니다. (음악을 멈춘다.)

농부(교사) : (밀짚모자를 쓰고 마임으로 열심히 밭일을 하는 모습을 보여준다. 허리를 펴고 땀을 닦는다.) 어, 힘들다. 집에 가서 좀 쉬어야겠다. (문 그림 쪽으로 걸어가 마임으로 문을 열고 집으로 들어가 문을 닫는다.) 집 안이 왜 이렇게 덥나? (손으로 부채질을 하며 창문 쪽으로 간다. 붙여놓은 의자 두 개를 벌려놓음으로써 창문 여는 것을 표현한다.) 아, 시원하다. 이게 무슨 소리지? (자기 배를 쳐다보며) 배에서 꼬르륵 꼬르륵 소리가 나네. 배고픈데 뭐 먹을 게 있나? (난롯가 근처에서 여기저기를 뒤지는 마임) 먹을 게 하나도 없네. 어떡하지? 아, 그래. (선반을 쳐다보며) 저기 당밀이 있었지. 당밀이라도 먹어야겠다. (까치발로 당밀병을 꺼내려하지만 손이 닿지 않는다. 의자를 갖다놓고 당밀병을 힘들게 꺼내다가 떨어뜨리는 마임) 아구구구, 이를 어째. 당밀이 쏟아져버렸네. 에구, 아까워라. (바닥에 있는 당밀을 손가락으로 찍어먹는 마임) 아깝지만 하는 수 없지. 그런데 빗자루하고 쓰레받기가 어디 갔나? 아, 옆집에서 빌려갔었지. 빨리 가서 찾아와야지. (문을 열고 닫는 마임. 성급히 나간다.)

**장면 2 : 당밀 냄새를 따라간 토끼들**

해설(교사) : (모자를 벗고) 이게 무슨 냄새일까요? 뭔가 달콤하고 고소한 냄새가 나는데요. 농부가 바닥에 엎지른 당밀의 냄새가 열어놓은 창문을 통해 멀리멀리 퍼졌어요. 숲 속에 있는 토끼굴까지 당밀 냄새가 퍼졌어요. 그때 토끼들은 모두 잠들어 있었는데, '제일 부지런한 토끼' 가 코를 벌름거리며 냄새를 맡고 잠에서 깨어났어요. '부지런한 토끼' 는 뭔가 맛있는 냄새가 난다고 하면서 다른 토끼들을 깨웠어요.

해설(교사) : 토끼들은 한 마리씩 토끼굴을 나와서 냄새가 나는 쪽으로 깡충깡충 뛰어갔습니다. 가보니 농부 아저씨네 집이었어요. 토끼들은 창문 너머로 집 안을 들여다보았어요. 혹시 사람이라도 있을까봐 토끼들은 선뜻 집안으로 들어가지 못하였죠. 그런데 용감한 토끼가 창문을 뛰어넘어서 집 안으로 들어갔습니다. 집안을 이리저리 둘러보며 사람이 없는 것을 확인하고는 밖에 있는 친구 토끼들을 불렀어요. 토끼들은 한 마리씩 창문을 넘어서 집 안으로 들어갔습니다. (교사는 아이들이 한 명씩 안전하게 창문을 통과할 수 있도록 도와준다.)

해설(교사) : 토끼들은 집 안으로 들어가 바닥에 있는 당밀을 맛있게 핥아 먹었습니다. 어, 그런데 이상하네. 앞 발이 바닥에 붙어서 떨어지지 않아요. 애써 힘을 주어 떼어보려고 했어요. 조금 떨어졌다가는 다시 붙었어요. 이번에는 뒷발도 붙었어요. 떼려고 버둥거리다가 몸이 뒤집어져서 엉덩이가 붙고 등도 붙고 머리까지 붙어버렸어요. 그래서 토끼들은 꼼짝도 할 수 없었습니다.

**장면 3 : 위기에 처한 토끼**

농부(교사) : (모자를 쓰고 문을 열고 들어와서 닫는다.) 어? 이게 뭐야? 토끼잖아. 한 마리, 두 마리, 세 마리(아이들의 머리를 만지면서 아이들 수만큼 세어준다) 와! 배고픈데 잘됐다. 맛있는 토끼 요리를 해먹어야겠다. 우선 불을 피우자. (벽난로에 장작을 갖다놓고 성냥불을 그어 불을 지핀 후 후후 바람을 넣는 마임) 이제 냄비에 토끼를 넣고 끓이면 되겠지. 그런데 이 많은 토끼를 다 넣으려면 큰 냄비가 있어야겠는데. 그래, 옆집에 가서 빌려 오자. (문을 열고 나간다.)

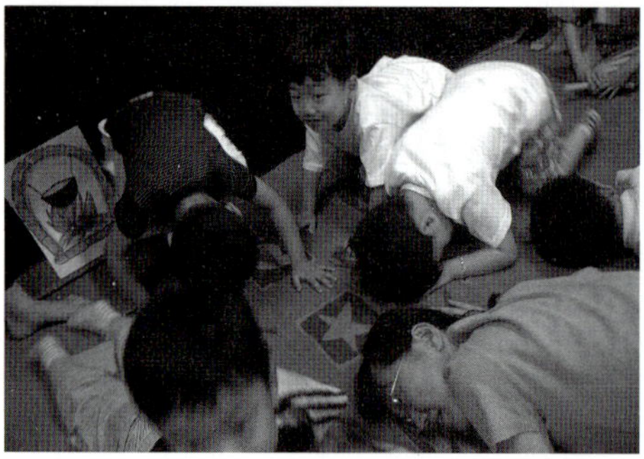

**장면 4 : 풀려난 토끼**

해설(교사) : (모자를 벗고) 토끼들은 도망을 가려고 했지만, 몸이 꼼짝도 하지 않았어요. 그런데 농부가 피워놓은 불 때문에 방안이 점점 따뜻해졌어요. 그러자 당밀도 끈적끈적함이 없어지고 물처럼 녹았어요. 토끼들의 몸이 서서히 바닥에서 떼어졌어요. 먼저 머리, 다음에 등, 엉덩이가 떼어지고, 다음에는 발도 떨어졌어요. 자유로워진 토끼들은 창문을 통해서 한 마리씩 도망을 갔어요. 모두 토끼굴로 돌아갔어요.

**장면 5 : 토끼는 어디에?**

농부(교사) : (모자를 쓰고, 커다란 냄비를 들고 문을 열고 들어오는 마임) 어떤 요리를 해 먹을까? 토끼탕, 토끼 구이, 삶아 먹을까? (집안을 둘러보며) 어, 토끼들이 어디 갔지? (이리저리 찾으며) 그 많던 토끼들이 다 어디로 간 거야. (창문을 통해 밖을 내다본다.) 토끼야, 토끼야, 돌아와! (바닥에 주저앉아) 아구구구, 당밀도 못 먹고, 토끼도 못 먹고. 배고파 죽겠네. 흑흑.

(교사는 농부 모자를 벗고 음악을 틀고 마무리한다.)

해설(교사) : 토끼들은 그 이후에는 절대로 농부네 집에 가지 않았대요. 농부 아저씨한테 잡힐 수도 있으니까요.

## 활 동 6 평가하기

교사 : '토끼와 당밀' 이야기로 연극놀이 했는데 어땠니?

유아 : 재미있었어요.

교사 : 무엇이 특히 재미있었니?

유아1 : 당밀에 붙은 게 재미있었어요.

교사 : 사실 아무것도 없었는데, 너희들이 붙어 있는 모습을 보니까 당밀이 진짜 있는 것 같았어.

유아2 : 힘들었어요.

교사 : 왜 힘들었니?

유아2 : 창문을 넘어갈 때 누가 나를 밀었어요.

유아3 : 저도 넘어졌어요.

교사 : 큰일 날 번했구나. 다음에 또 연극놀이 할 때는 어떻게 하면 좋을까?

유아들 : 한 명씩 차례대로 가요 / 줄을 서서 가요.

교사 : 그리고 아까 창문으로 넘어가지 않고, 벽을 뚫고 가는 토끼들도 있었어. 그렇게 넘어간 토끼들, 손들어볼래? 왜 그렇게 했니?

유아 4 : 농부가 다시 와서 잡아먹을까봐 그랬어요.

교사 : 아, 너무 급해서 그랬구나. 하지만 우리가 맨 처음에 여기는 벽으로 하고, 이쪽은 창문으로 하기로 약속했었지? 함께 약속한 것을 지키지 않으면 연극놀이를 할 수가 없단다. 또 연극놀이하면서 어떤 것을 느꼈니?

유아들 : 농부가 불쌍했어요. /농부에게 당근을 가져다 주고 싶었어요.

유아들이 좋아할 경우 다시 한번 연극을 한다. 이번에는 교사가 했던 농부 역할을 자원하는 아이에게 맡긴다. 한 명이 아닌 두세 명의 아이들이 함께 해도 좋다. 교사는 아이들의 행동을 보면서 해설을 줄여 나간다. 앞의 실연에서 잘 지켜지지 않았던 약속들을 다시 한번 상기시켜준다. (예: 벽과 창문의 공간 설정, 이야기 맥락 속에서 당밀에 붙었다 떨어지기, 한두 마리씩 차례로 창문을 통과하기)

## 궁금해요??

**Q** 당밀에 몸이 붙어서 꼼짝 못하는 것은 마임으로 하는 거잖아요. 그런데 농부가 와서 토끼요리를 해먹겠다고 하니까 아이들은 소리소리 지르면서 흥분해서는 모두 도망가 버렸어요. 힘으로 토끼들을 잡을 수도 없고. 그래서 더 이상 이야기극화를 할 수가 없었어요.

**A** 극 속에 너무 몰입하다보니 진정으로 위기감을 느껴서 당밀에 몸이 붙어있다는 연극적 약속을 잊고 행동한 경우라고 할 수 있겠네요. 이런 경우를 피하기 위해서는 활동 4의 공간 설정과정을 비중있게 다룰 필요가 있습니다. 문과 창문을 설정하였다면, 집 안과 밖이 구분되고, 그 사이에 눈에 보이지 않는 벽이 있다는 것을 유아들도 이해할 것입니다. 이때 유아들에게 '벽' 이 어디에 있는 것인지 물어보고, '벽을 뚫고 지나갈 수 있나요?' 라고 물어보세요. 그리고는 교사가 벽을 짚고 걸어간다던지, 벽을 두드린다던지 하는 마임을 보여주세요. 아이들이 흥미로워하면, 아이들과 함께 벽을 대상으로 그런 마임 활동을 해도 좋습니다. 그리고는 토끼들은 이 창문을 통해서만 집 안팎을 오고 갈 수 있음을 잊지 말도록 다시 한 번 주의를 주세요.

**Q** 실제 활동을 해보니까 교사의 해설이 너무 많은 것 같아요. 불필요한 부분도 있구요. 아이들은 이야기를 먼저 들었기 때문에, 해설에 앞서서 행위를 하기도 하던데…

**A** 교사가 해설을 해주고, 아이들은 해설을 들으면서 적절한 행동과 말을 하는 것을 '해설 판토마임(narrative pantomime)' 이라고 합니다. 해설 판토마임을 기계적으로 적용하면 유아들의 창의적인 표현력을 억제시키는 역효과를 내기도 합니다. 실제 유아들의 행동을 보면서 해설을 적절하게 조절해줄 필요가 있습니다. 해설보다 앞서서 행동한다면, 그 부분의 해설을 과감히 생략하고, 다음 부분으로 넘어갈 수도 있다는 것이지요. 혹은 아이들이 무엇을 해야 할지 모르고 있다면, 보다 상세하게 해설을 첨가

해야 합니다. 해설을 진행시키는 속도 역시 유아들의 극적 행동 속도에 맞추어야 합니다. 예를 들어 당밀에 붙은 유아들이 자기들끼리 "큰일 났다. 어떻게 하지?", "난 발이 붙었어", "난 다리까지 붙었어", "주인이 오면 안되는데." 등의 대사를 즉흥적으로 지어내면서 연기를 하고 있다면, 교사는 유아들의 이런 자발적인 반응이 충분히 진행될 수 있도록 다음 해설을 늦추어야겠지요.

## 04 흉내쟁이 호랑이[4)]

수업목표 : 다른 사람의 몸짓과 말을 잘 관찰하여 정확하게 모방한다.
문제 상황을 해결할 수 있는 방안을 탐구한다.

### 활 동 1 '흉내쟁이 호랑이' 이야기 들려주기

교사는 이야기를 들려주는 화자인 동시에 호랑이와 토끼의 두 가지 역할을 몸짓과 목소리로 실감나게 표현한다. 즉, 1인 3역을 하는 것과 같다.

해설(교사) : 옛날 어느 숲 속에 호랑이 한 마리가 살고 있었습니다.

호랑이(교사) : (앞발을 휘두르며 호랑이 몸짓을 취한다. 굵은 목소리로) 어흥! 아, 심심하다. 뭐하고 놀지? (노래를 불러본다.) 에이, 재미없다. (바닥에서 마구 뒹군다.) 이것도 재미없다. 뭐 재미난 게 없을까?

해설(교사) : (바른 자세로 서서, 중립적인 목소리로) 호랑이는 혼자 노래 불러보고 바닥에서 뒹굴어보곤 하였지만 하나도 재미가 없었어요. 뭐 재미난 게 없을까 골똘히 생각하고 있는데 갑자기 좋은 생각이 났어요. 무슨 생각일까요? 바로 흉내내기 놀이였는데, 이 놀이를 하려면 다른 동물이 있어야 해요. 그래서 호랑이는 다른 동물이 나오기를 기다렸어요. 이때 마침 토끼가 나타났어요. 토끼는 호랑이에게 인사했어요. (오른쪽 방향을 보고 서서 손을 흔들면서) "안녕, 호랑아" 그러자 호랑이는 (왼쪽 방향을 보고 서서 손을 흔들며) "안녕, 호랑아" 이러는 거예요. 그래서 토끼는 "어? 난 토끼인데. 호랑아, (손가락으로 호랑이 쪽을 가리키며) 너는 호랑이고 (손가락으로 자신을 가리키며) 나는 토끼야." 라고 말했어요. 호랑이는 이 말도 똑같이 따라하는 거예요. (호랑이 자리에 서서 앞서 했던 토끼의 몸짓을 그대로 흉내내면서) "어? 난 토끼인데. 호랑아, 너는 호랑이고 나는 토끼야."

해설(교사) : 토끼는 좀 화가 났어요. (토끼 자리에 서서 양손을 허리에 대고 따지는 말투로) "너, 나 놀리는 거지?" (호랑이로서 몸짓과 말을 그대로 흉내낸다.) 토끼는 하지 말라고 말했어요. (손을 흔들면서) "하지마!" (호랑이로서 흉내낸다. 토끼

4) 이 프로그램은 극단 사다리의 공연〈애들아 놀자〉(유홍영 연출, 1999)에 나오는 한 에피소드를 소재로 한 것이다.

자리에 서서 빠르게) "하지마! 하지마! 하지마!" (호랑이로서 흉내낸다.) 토끼는 너무 속상해서 울었습니다. (우는 몸짓을 취하며) "잉잉, 너, 우리 엄마한테 일러줄 거야." 토끼는 이렇게 말하면서 집으로 돌아갔어요. 호랑이는 "잉잉, 너, 우리 엄마한테 일러줄 거야. 히히, 아고, 재밌어. 다른 동물이 오면 또 놀려줘야지" 호랑이는 나무 뒤에 숨어서 다른 동물을 기다렸어요.

○ 재미있었니? 호랑이가 토끼를 만나서 어떻게 했지? 토끼의 말과 몸짓을 그대로 흉내내었지? 이제 너희들이 숲 속의 다른 동물들이 될 거야. 호랑이는 선생님이 할께.

### 활 동 2 호랑이는 나만 따라해

1) 자원한 한 명의 유아가 숲 속 동물을 하고, 교사는 호랑이 역할을 하여, 위의 과정을 실연한다. 유아는 동물로서 즉흥적으로 말하도록 하고, 호랑이인 교사는 유아의 말과 행동을 그대로 흉내낸다.

○ 숲 속 동물을 해보고 싶은 사람? ○○은 어떤 동물을 하고 싶니?

○○ 유아 : 개구리요.

○ 개구리! 좋아요. (교실 구석을 가리키며) 저 쪽 덤불 속에 있다가 선생님이 "개구리가 숲 속을 지나가게 되었어요."라고 말하면 (교실 한 가운데를 가리키며) 여기로 펄쩍펄쩍 뛰어나와서 호랑이한테 말하면 된다.

해설(교사) : (○○ 유아를 준비시킨 후) 호랑이가 나무 뒤에 숨어 있는데, 그때 개구리가 숲 속을 지나가게 되었어요.

○○ : 안녕, 호랑아.

호랑이(교사) : 안녕, 호랑아.

○○ : 나는 개구리고 너는 호랑이야.

호랑이(교사) : 나는 개구리고 너는 호랑이야.

(○○ 유아가 무엇을 하든 교사는 호랑이로서 그대로 흉내낸다. 유아가 말을 안하고 쭈볏쭈볏 하고 있어도 그것조차 그대로 흉내낸다. 유아가 충분히 호랑이에게 반응하도록 한 후, 다음 과정으로 넘어간다.)

해설(교사) : 개구리는 잉잉 울면서 엄마에게 일러주겠다고 하면서 집으로 돌아갔습니다.

2) 또 다른 자원자를 받아서 위의 과정을 반복한다. 시간과 에너지가 허락된다면 하고 싶어하는 모든 유아들이 위의 역할놀이를 해보도록 기회를 준다.

3) 자원을 해서 흉내의 대상이 되었던 아동들에게 어떤 느낌이었는지 발표할 기회를 준다.

○ ○○아, 호랑이가 너를 흉내내니까 어떤 기분이었니?

### 활 동 3 호랑이 되어보기

유아들은 모두 호랑이가 되어 남의 흉내를 내는 입장이 되어본다. 교사는 숲 속 동물의 역할을 두세 가지 정도 순서대로 해서 흉내의 대상이 되어준다.

○ ○○는 개구리를 할 때 호랑이가 모든 걸 다 따라하니까 기분이 나빴다고 했지? 그러면 이제 너희 모두가 호랑이 역할을 해보면 어떨까? 선생님이 캥거루를 할게, 너희들은 모두 흉내쟁이 호랑이가 되어서 캥거루가 나오면 캥거루가 하는 말과 몸짓을 모두 그대로 따라하는 거다.

**교사의 동물 역할 예**

캥거루(교사) : 안녕, 호랑아. / 바보 아니야? / 자기가 호랑이인 것도 모르네. / 바보야! / 멍청아! / 씨, 나빠! / 너, 계속 따라하면 너랑 안 논다. / (발을 구르며 으앙 울음을 터트린다) / 나, 집에 갈래! 으앙.

원숭이(교사) : 호랑아, 뭐하니? / 어? (호랑이를 이리저리 살핀다.) / 너, 어디 아프니? / 따라하지 마! / 치, 그럼 이건 못 따라할걸. / (재주를 넘는다든지, 한 발로 선다든지 등과 같은 약간 어려운 동작들을 해보인다.) / 어, 다 따라하네. / 에이, 재미없어. / 가야겠다.

**활 동 4** **숲 속 동물들의 회의**

유아들은 호랑이에게 흉내를 당한 숲 속 동물들이 되어 호랑이를 어떻게 하면 혼내줄 수 있는지 방법을 논의한다.

- 호랑이가 되어 보니 어땠니? 재밌었다구? 그래, 호랑이는 흉내내기 놀이를 하면서 매우 재미있어 했지만, 다른 숲 속 동물들은 별로 기분이 좋지 않았어. 이렇게 호랑이에게 당한 동물들이 개구리, 캥거루, 원숭이, 토끼 외에도 많이 있었대. 그래서 이런 숲 속 동물들이 모여서 회의를 열었어. 어떻게 하면 호랑이를 혼내줄 수 있을까 이야기하려고. 우리 모두 '하나 둘 셋' 하고 외치고 나면 너희들과 선생님은 모두 숲 속 동물들이 되는 거다. 하나, 둘, 셋!

캥거루(교사) : 호랑이를 만났던 동물들은 어서 모여주세요. 흠흠, 저는 캥거루 엄마입니다. 어제 제 아이와 함께 숲 속을 지나가는데 호랑이를 만났지 뭡니까? 그런데 그 호랑이 녀석이 글쎄 나를 다 따라하는 거예요. 나, 원, 참. 여러분도 그런 적이 있었습니까? (아이들의 이야기를 듣는다.) 저런, 저런. 댁도 그랬었군요. 기분이 어땠나요? 저도 아주 기분이 나빴어요. 놀림을 받는 것 같았죠? 계속 우리가 호랑이한테 이렇게 당할 수는 없습니다. 힘을 모아서 호랑이를 혼내줍시다. 모두 그렇게 생각하나요? 좋습니다. 그럼 호랑이를 어떻게 혼내줄 수 있을까요?

유아 1 : 우리가 다 같이 몰려가서 호랑이를 때려줘요.

캥거루(교사) : 네? 때려주자구요? 흠… 호랑이가 밉긴 하지만 때려주는 것은 좀 너무 하지 않습니까? 다른 동물들은 어떻게 생각하시나요? (의견을 듣는다.) 아무래도 때려주는 것은 좋은 방법이 아닌 것 같습니다. 조금이라도 미운 동물이 있을 때 때려준다면, 우리 숲 속은 싸움이 그치지 않을 겁니다. 어떠한 경우에라도 때리는 일은 하지 않아야 한다고 우리 부모님들이 항상 말씀하지 않습니까? 다른 방법을 생각해봅시다.

유아들 : 호랑이를 함정에 빠뜨려요. / 호랑이를 만나면 아는 척도 하지 않고 말도 하지 않아요. / 호랑이를 우리가 따라해요. / 우리가 모두 바위 뒤에 숨어 있다가 호랑이가 지나갈 때 '왁!' 하고 갑자기 나타나서 놀라게 해요.

교사는 아이들의 의견을 조정해서 한 가지 방법을 함께 결정한다.

### 활 동 5 호랑이 혼내주기

유아들은 숲 속 동물들이 되어 호랑이를 혼내주기 위한 준비를 하고, 교사는 호랑이가 되어 등장하여 곤경에 처한 상황을 연기한다. 유아들이 어떤 방법을 결정하였든, 교사는 그것에 반응하여 잘못을 빌고 용서를 구한다.

**놀이 예 1 : 호랑이를 함정에 빠뜨리자는 의견에 합의한 경우**

교사 : 함정을 어떻게 만들지?

유아들 : 구멍을 파놓고 나뭇가지나 풀 같은 걸로 덮어놓아요.

교사 : 어디에 만들까? (유아들이 제안한 곳에서 유아들이 함께 마임으로 구멍을 파고 나뭇가지로 덮어놓도록 한다.) 이제 함정은 준비되었는데, 호랑이가 이쪽으로 가지 않으면 소용이 없잖니? 어떻게 호랑이가 여기로 오게 하지?

◇◇ 유아 : '호랑아 놀자' 고 해서 이쪽으로 오게 해요.

◎◎ 유아 : 먹이로 꼬셔서 오게 해요.

교사 : 그럼 ◇◇하고 ◎◎이 호랑이 집에 가서 같이 놀자고 말하면서 '저기 가면 맛있는 것도 많다' 고 이 함정으로 데리고 오면 되겠다. ◇◇아, ◎◎아, 할 수 있겠니? 좋아. 그러면 호랑이 역할은 선생님이 할께. 선생님은 (교실 한 구석을 가리키며) 저쪽에 호랑이 집에서 자고 있을게. 준비가 되면 와서 불러.

(이후 교사는 호랑이가 되어 아이들에게 즉흥적으로 반응하면서 함정에 마임으로 빠진다. 아이들에게 '앞으로 절대 놀리지 않겠다' 고 하며 용서를 구한다.)

**놀이 예 2 : 동물들이 호랑이를 따라하겠다고 결정한 경우**

교사 : 우리가 모두 호랑이를 똑같이 따라하면 호랑이도 우리 기분이 어땠는지 알 수 있겠구나. 그럼 너희들 모두가 호랑이한테 가는 것이 좋겠니? 아니면 호랑이가 이쪽으로 오라고 할까?

유아 : 우리가 호랑이를 찾아가요.

교사 : 처음에 거꾸로 호랑이가 우리를 따라하면 어떻게 하지? 호랑이가 먼저 말을 해야 우리가 따라할 수 있을 텐데…

유아 : 우리가 아무 말도 하지 않아요. 그러면 호랑이가 답답해서 말을 먼저 할 거예요.

교사 : 좋아. 그러면 선생님이 호랑이가 되어서 저쪽에 있을께. 너희들이 동물들이 되어서 오렴.

호랑이(교사) : (유아들과 떨어진 곳에 자리를 잡고 누워있는다.) 아, 심심하다. 요즘엔 왜 동물들이 이 숲 속을 안 지나가지?

동물들(유아) : (호랑이에게 다가온다.)

호랑이(교사) : 와, 드디어 왔다. (동물들에게 다가간다. 동물들이 아무 말을 하지 않자, 한 동안 빤히 쳐다본다.) 아, 답답해.

동물들(유아) : 아, 답답해.

호랑이(교사) : 왜 그래? / 날씨가 더우니까 머리가 어떻게 되었나? / 떼거지로 몰려와서 합창으로 날 따라하네. / 하지마! 기분 나빠! / 하지 말라니까! / 좋은 말로 할 때 하지 마! / 너희들 정말 그러면 (험악한 표정을 지어 위협을 한다. 그러나 동물들도 똑같이 따라하자 울음을 터트린다.) / 으앙, 너희들 나 놀리는 거지? / 나 안 그럴게. 이제 그만해. / 이제 안 따라한다구! / 잘못했어. 너희들이 나만 보면 무섭다고 그러고, 놀아주지도 않고 그래서 심심해서 따라하기 놀이한 거야. 미안해.

동물들(유아) : 알았어. 너, 그럼 이제부터 우리 따라하면 안돼.

호랑이(교사) : 응. 알았어.

동물들(유아) : 그리고 배고프다고 우리 잡아먹지 마.

호랑이(교사) : 알았어. 그럼 이제부터 나랑 친구해주는 거지?

동물들(유아) : 응.

호랑이(교사) : 우아, 신난다. 그럼 우리 같이 노래 부르자. 히히, 내가 제일 좋아하는 노래야. (다함께 '산중호걸' 노래를 부르면서 마무리한다.)

## 활 동 6 마무리

- '흉내쟁이 호랑이' 이야기를 가지고 연극놀이를 해보았는데 어땠니?
- 호랑이는 흉내로 친구들을 놀려서 친구들의 기분을 상하게 했지? 너희들도 친구한테 놀림을 받아서 기분이 나빴던 적이 있니? 언제? 친구가 어떻게 너를 놀렸는데? 그 때 너는 어떻게 했니?
- 그러면 너희들이 친구나 동생을 놀려본 적이 있니? 어떻게? 왜?
- 친구가 밉다고 해서 때려준다거나 놀려주면 그 친구도 매우 기분이 나빠질 거야. 그러면 친구가 너무 얄미워서 놀려주고 싶은 마음이 들 때, 또 친구와 싸웠을 때 어떻게 하면 좋을까? 어떻게 하면 다시 좋은 친구가 될 수 있을까?

## 궁금해요

**Q** 활동 2에서 제가 '동물 역할 해볼 사람?' 하니까 자신 있게 손을 들은 아이가 있어 그 아이가 동물 역할을 하게 했죠. 그런데 아이는 나와서 쭈볏쭈볏 하면서 킥킥거리기만 하고 별 말을 하지 않는 거예요. 저는 호랑이라서 이 아이를 따라해야 되는데, 따라할 게 있어야 말이죠. 그 다음 두 번째로 나온 아이는 호랑이가 자기를 따라하니까 진정으로 화가 났었나봐요. 저를 주먹으로 때리고 발로 차고. 사실 호랑이가 더 힘이 세겠지만, 제가 아이를 같이 때릴 수는 없잖아요.

**A** 맨 처음 동물 역할을 맡은 아이와 호랑이가 즉흥적으로 상황을 만들어 가는 과정은 매우 중요합니다. 그것을 보고 있는 다수의 아동들에게 하나의 예시가 되기 때문입니다. 이 과정에서 즉흥적인 에너지가 살아나면서 '흉내' 의 본질적인 측면들이 감각적으로 드러난다면, 유아들은 일시에 연극놀이의 핵심으로 들어가게 됩니다. 그래서 그것을 본 아동은 평소 소극적이었다 하더라도 한번 동물 역할에 도전하고픈 욕구를 느끼면서, 자발성이 일어납니다. 그러므로 처음에는 손 든 아동 중에서도 평상시에 표현적이고 맥락 파악 능력이 있는 아동이 하도록 의도적으로 유도할 필요가 있습니다.

아동이 폭력적인 방법을 쓸 때는 그 자리에서 "얼음!" 하고 외치면서 극적인 상황 밖으로 나오세요. 교사로서 진지하게 말해주세요. "우리는 지금 연극놀이를 하고 있는 거지? 호랑이가 따라해서 정말 화가 났다고 하더라도 진짜로 때리면 안돼. 호랑이를 하고 있는 선생님이 아프단 말이야. 그러면 연극놀이를 계속할 수 없단다. 때리고 싶은 마음이 든다면 진짜로 때리지 말고 때리는 척하면 어떨까?" 선생님이 주먹을 휘두르는 마임을 과장되게 보여주세요. 아이들은 마임으로 때리는 모습을 보고 매우 재미있어 하면서 자신도 그러한 방법을 사용할 것입니다.

**Q** 활동 4에서 호랑이를 혼내줄 방법을 논의하는데, 기발한 의견들이 너무 많은 거예요. 그 중에서 한 가지를 선택하기는 너무 힘들더라구요. 아이들도 제각기 끝까지 자기 의견을 고집하고 있고.

**A** 만약 보조교사가 있다면, 아이들이 제안한 방법을 모두 실험해볼 수 있습니다. 즉 제안한 방법 중에서 어떤 것을 먼저 할 것인가 순서를 정한 다음 호랑이에게 한 가지 방법씩 적용해보는 것이지요. 호랑이 역할을 맡은 보조교사는 처음에는 호락호락 넘어오지 않다가 나중에는 잘못을 반성하고 용서를 구하는 것이지요. 이때 교사는 아이들 편에 서서 도와주는 것이 좋겠지요. 다음은 실제 일어났던 경우입니다.

**◘아이들이 제안한 방법**

–어려운 노래를 부르면 못 따라할 것이다.
–호랑이가 놀자고 해도 못 본 척하고 무시한다.
–호랑이가 심심해서 그런 것 같으니 일자리를 주자.
–유치원에 데리고 가자.
–생일날 축하해주면서 선물도 주면 반성할 것이다.

**◘실제 호랑이에게 적용하는 과정**

아이들이 모두 함께 어려운 노래를 불렀다. 호랑이(보조교사)는 따라하려고 열심히 노력했지만, 따라할 수가 없었다. 그리고는 잘못을 빌었다. 아이들은 용서를 받아들였는데, 호랑이는 그 말을 또 따라하면서 재미있어 하였다. 그래서 다음에는 아이들이 모두 호랑이를 무시하기로 하였다. 호랑이는 계속 말을 시키고, 관심을 끌었지만, 아이들은 자기들끼리만 이야기하고 웃으며 호랑이를 소외시켰다. 호랑이는 다시는 안 그러겠다고 잘못을 빌었다가 잠시 후 또 따라하면서 웃으며 퇴장. 교사는 아이들을 모아 이번에는 호랑이를 기쁘게 해주는 방법을 써보자고 유도. 호랑이가 다시 왔을 때, 아이들은 생일 축하 노래를 불러주면서 각자 주고 싶은 선물을 주었다. 어떤 아이는 자신의 장기를 보여주었고, 또 다른 아이는 '유치원에 함께 데리고 가주겠다' 고 약속하였다. 일자리를 제안하였던 아이는 '너는 흉내를 잘내니까 모델 일을 하면 어떻겠니?' 라고 하여, 호랑이는 즉석에서 모델처럼 걸어보였다. 아이들은 모두 박수를 치며 칭찬해주었다. 호랑이는 좋아서 어쩔 줄 모르면서 진심으로 자신의 잘못을 반성하였다. 그리고는 모두 좋은 친구로 사이좋게 지내기로 하고 끝을 맺었다.

# 05 미운 아기 오리 -엄마와 함께하는 연극놀이

수업목표 : 각자가 개성을 지닌 소중한 존재임을 인식한다.
엄마와 함께 연극놀이를 하면서 정서적으로 소통하는 기회를 갖는다.

준비자료 : 1) 하얀 보자기 : 아이들 인원수만큼 준비한다.
2) 오리발 : 오리발 모양으로 부직포를 자르고, 고무줄을 끼워 발에 신을 수 있도록 한다. 인원수만큼 준비한다.
3) 음악 : '아기 오리의 탄생'(부록 CD 1, 2), 잔잔한 음악, 생상의 '동물의 사육제' 중 백조 음악
4) 사냥개, 할머니, 고양이, 암탉 모양의 막대 인형
5) 미운 아기 오리 복장 : 황색이나 갈색의 천을 두르도록 한다.

## 활 동 1 알을 까고 나오는 오리

선생님이 몸짓으로 보여주는 동물이 어떤 동물인지 맞추어 보세요. (꽥꽥 소리를 내면서 뒤뚱뒤뚱 걷는 오리를 몸짓으로 표현한다.) 어떤 동물일까요? 네, 오리예요. 오늘은 엄마하고 함께 오리가 나오는 이야기를 가지고 연극놀이를 해볼 거예요. 오리는 아주 어렸을 때 어떤 모습이었을까? 아기 오리보다 더 어렸을 때는? 조그마한 알이었어요. 어떻게 하면 아기 오리가 알을 깨고 세상 밖으로 나올 수 있을까요? 엄마 오리가 따뜻하게 품어주면 된답니다.

1) 교사는 엄마들에게 하얀 보자기와 오리발 한 쌍을 나누어준다. 엄마는 자녀에게 오리발을 신겨준다. 유아들이 알이 되어서 몸을 웅크리고 있으면 엄마는 하얀 천을 그 위에 씌워주고 안아준다.

2) 엄마들은 교사의 해설에 맞추어서 '엄마 오리가 알을 품어주고, 탄생하는 아기 오리를 반기는 과정' 을 자녀와 함께 동시다발적으로 진행한다.

해설(교사) : (잔잔한 음악을 배경으로 하여) 어느 화창한 봄날 엄마 오리가 알을 따뜻하게 품고 있습니다. 엄마는 작고 예쁜 알에게 뽀뽀를 해주면서 얼른 세상에 나오라고 말했습니다. 그러자 알에서 삐삐 소리가 들리더니 아기 오리가 알 속에서 알 껍질을 콕콕 쪼아대고는 드디어 껍질을 깨고 밖으로 나왔습니다. 밖으로 나온 아기 오리는 꽥꽥 소리를 내면서 한 바퀴 걸어 다녔습니다. 엄마 오리는 아기 오리를 안아주면서 세상에서 제일 사랑한다고 말해 주었습니다.

3) 엄마와 유아를 반원으로 앉힌다. 엄마와 유아, 한 가족씩 앞에 나와서 노래에 맞추어 엄마 오리가 알을 품고 있다가 아기 오리가 세상으로 나오는 과정을 실연해 보인다. 나머지 사람들은 유아가 알을 깨고 나올 때 박수로 환영해준다. 앞에 나온 엄마는 자녀의 이름과 좋아하는 것, 혹은 잘하는 점 등을 소개한다.

아기 오리의 탄생

김 선 작사
정지연 작곡

〈놀이 예〉 엄마가 자녀를 하얀 천으로 싸서 안고 있다. 지켜보는 사람들은 노래를 불러준다. 노래가 끝나면 유아가 천 밖으로 나온다. 사람들은 박수로 환영한다.

○○ 엄마 : (밖으로 나온 자녀를 따뜻하게 안아준 후) 우리 아기 오리의 이름은 ○○입니다. ○○은 자장면을 아주 좋아하구요, 흉내를 잘 낸답니다.

4) 엄마와 유아는 함께 사람들에게 인사한 후, 꽥꽥 오리 소리를 내면서 뒤뚱뒤뚱 걸어서 자리로 돌아간다. 다른 엄마와 유아가 앞으로 나와서 위의 과정을 반복한다.
5) 모든 가족이 위의 과정을 끝낸 후, 교사는 미운 오리 알을 도입한다. 미리 보조교사는 미운 오리 가운을 입고 하얀 천을 뒤집어쓰고 아이들이 볼 수 없는 구석에 앉아있도록 한다. 교사는 유아들과 함께 미운 오리 알에 다가가서 '미운 오리와 아기 오리가 만나는 장면' 을 실연하도록 한다.

교사 : 작은 알에서 여러분같이 이쁜 아기 오리들이 깨어났구나. (보조교사가 구석에서 삐삐 소리를 내어준다.) 어, 근데 이게 무슨 소리죠? 아직도 깨어나지 않은 알이 있는가 본데… (교실을 여기저기 살핀다.) 아기 오리들아, 알이 어디 있는지 같이 찾아봐 줄래? (아이들이 미운 오리 알을 직접 찾아보도록 한다.) 어, 여기 있었구나. 우리 모두 이 알이 깨어나올 수 있도록 품어줄까? (유아들이 알 주변에 빙 둘러서서 '아기 오리의 탄생' 노래를 불러주면 미운 오리가 알을 깨고 나온다.)

미운 아기 오리 (보조교사) : (거친 목소리로) 꽥꽥꽥꽥. 안녕, 얘들아! 반가워! 아, 참. 나보다 먼저 태어났으니까 언니, 오빠들이구나. 언니, 오빠, 반가워요. 근데 엄마는 어디 있지? (교사를 껴안으면서) 엄마! 사랑해요.

교사 : 어어, 그래. 그런데 잠깐만 여기 있어볼래. (유아들에게 속삭이는 소리로) 얘들아, 잠깐 이쪽으로 모여봐. (미운 오리만 남겨두고 약간 떨어진 곳에서) 그런데 아무래도 이상하다. 너희들은 모두 작고 예쁘게 생겼는데, 저 아기 오리는 왜 저렇게 덩치가 크고 털도 이상하고 못생겼을까? 혹시 오리가 아니고 다른 동물이 아닐까? 너희들은 어떻게 생각하니? (아이들의 의견을 듣는다.) 혹시 꼬꼬닭의 알이 아니었을까? 아니면 새끼 칠면조가 아닐까? 참 이상하다. 엄마한테 가서 한 번 물어볼래? (유아들을 엄마에게로 되돌려 보낸다.)

## 활 동 2 엄마 따라하기

- 오리들은 알에서 나오자마자 엄마 오리를 그대로 따라한단다. 사람은 태어나면 어떠니? 걷지도 못하고 말도 잘 못하지? 그렇지만 아기 오리는 엄마 오리를 쫓아서 노래도 부르고 헤엄도 친대요. 이제 선생님이 여러분의 엄마 오리가 될 거예요. 여러분은 모두 아기 오리가 되어서 엄마 오리를 따라할 거예요.

1) 교사는 엄마 오리가 되어 아기 오리들에게 노래와 걷는 방법, 헤엄치기와 먹이 잡는 방법을 가르쳐준다. 유아와 엄마는 아기 오리들이 되어서 엄마 오리를 따라한다. 미운 아기 오리(보조 교사)도 한 옆에서 열심히 따라한다.

엄마 오리(교사) : 꽥꽥꽥꽥. 얘들아, 이제부터 너희들은 훌륭한 어른 오리가 되기 위해서 오리 공부를 열심히 해야 한단다. 알았니? 그러면 이제부터 엄마를 잘 따라하면서 배워야 한다. 준비 됐니? 좋아. 오리들은 아름다운 목청을 가지고 태어나기 때문에 노래를 잘한단다. 엄마를 따라서 노래해보자. (꽥꽥 소리로만 '오리' 노래[5]를 부르도록 한다.)

엄마 오리(교사) : 잘했어요. 그러면 언니, 오빠 오리하고, 동생 오리하고 누가 더 잘하나 보자. 언니, 오빠 오리만 먼저 해보자. (엄마들만 하도록 한다.) 이제 동생 오리들만 해보자. (아이들만 노래를 하도록 한다.) 우와, 너희들은 훌륭한 가수들이로구나. 또 우리 오리들은 큰 엉덩이와 발가락 세 개를 가지고 있기 때문에 다른 동물과는 다르게 아주 멋있게 걷는단다. 오리의 걸음걸이를 배워보자. 날개를 허리 옆에 붙이고 엉덩이를 예쁘게 흔들면서 이렇게 걷는 거야. 너희들도 할 수 있겠니? 꽥꽥꽥꽥! (뒤뚱뒤뚱 네 걸음 걷는다. 엄마와 아이들이 따라하도록 한다. 이 과정을 몇 번 반복하면서 걸어다닌다.) 잘했어요. 다음에는 먹이에 대해 배워보겠어요. 너희들은 배고프다고 아무거나 먹으면 안돼요. 뭘 먹어야 되는지 아니? 물 속에 있는 풀이나 개구리, 지렁이, 작은 물고기를 먹어요. 먹이를 먹을 때는 이렇게 물 속을 노려보고 있다가 재빠르게 긴 부리로 잡아 올려서 먹으면 된단다. (두 손을 부리로 사용하여 시범을 보여준다.) 자, 너희들도 해보렴. 물 속에 지금 작은 물고기가 헤엄치고 있어요. 잡아 먹어보렴. 잘했어요. 이제 제일 중요한 헤엄치기를 배우겠어요. 날개를 옆으로 하고 물 속

5) 오리를 소재로 한 노래면 어떤 것이든 괜찮다. 다만 엄마와 유아 모두가 알고 있는 노래가 좋겠다.

에서 발을 동동 구르면 된단다. (따라하도록 시간을 준다.) 그리고 이건 아주 아주 중요한 건데, 물에 들어가서 헤엄을 칠 때 꼭 지켜야 할 것이란다. 우리 오리한테는 꽁지에 기름샘이 있거든. 기름샘에서 나오는 기름을 자주 깃털에 발라주어야 해. (시범을 보인다.) 그래야 물에 가라앉지 않는단다. 너희들도 기름을 발라보세요. 너희들은 정말 훌륭한 오리들이다. 자, 그럼 오늘 공부는 그만하고 이제 물가로 놀러가렴.

2) 교사는 역할 밖으로 나와서 어떤 것들을 배웠는지 유아들과 이야기 나눈다.

- 오리 공부 많이 했니? 어떤 것을 배웠니?

### 활 동 3 물놀이 나온 오리들

1) 엄마들이 하얀 보자기를 이어서 연못을 만들어주면 유아들은 아기 오리로서 연못 속으로 들어간다.

- 아기 오리들은 이제 물 속에서 헤엄치는 방법도 배우고 물에 가라앉지 않는 방법도 배웠기 때문에 자기들끼리 연못으로 들어가서 물놀이를 하였대요. 엄마들이 연못을 만들어줄 거예요. (엄마들이 천을 가지고 둥그렇게 이어 붙여서 연못을 만들게 한다.) 자, 아기오리들은 모두 연못으로 풍덩 하고 들어가세요. (유아들이 연못 속으로 들어가도록 한다.)

2) 유아들이 연못에서 헤엄을 치며 놀이하는 동안, 엄마들은 '오리' 노래를 부르면서 보자기를 펄럭여주거나 원형을 좁히고 넓히는 등의 움직임으로 변화를 준다. 보조교사가 엄마 편에서 유도를 하고, 교사는 엄마 오리로서 연못 속에서 유아들의 놀이를 유도한다.

엄마 오리(교사) : 얘들아, 우리 연못에서 헤엄쳐보자. 이번에는 조금 전에 나한테 배운 노래를 불러보자. 꽥꽥 꽥꽥꽥꽥! 어, 연못 속에 작은 물고기들이 있네. 부리로 물고기들을 잡아보자.

## 활 동 4 미운 오리 따돌리기

○ (아이들과 엄마들을 얼음시킨 채) 이렇게 재미있게 아기 오리들이 물놀이를 하고 있는데, 저 쪽에서 미운 아기 오리가 나타나서 자기도 같이 놀자고 말하는 거야. 그러자 오리들은 싫다고 했어. 왜 싫다고 했을까?

—못생겨서. / 이상하게 생겨서. / 너무 커서.

○ 그래, 맞아. "싫어. 너는 털도 이상하고 너무 못생겼어. 저리가!"라고 말하면서 물을 뿌렸대.(하얀 보자기를 던지는 시범을 보인다.) 우리도 미운 오리가 나타나면 이렇게 해보자.

(보조교사가 미운 아기 오리가 되어 같이 놀자고 말한다. 유아들은 모두 함께 싫다고 말하면서 보자기를 던진다. 보조교사는 잉잉 울면서 길을 떠난다.)

미운 오리(보조교사) : 얘들아, 물놀이 하고 있니? 재밌겠다. 나도 같이 놀자.

오리들(유아) : 싫어.

미운 오리(보조교사) : 왜?

오리들(유아) : 너는 이상하게 생겼어. / 털도 이상해. / ….

미운 오리(보조교사) : 그래도 같이 놀자. 나도 끼워주라.

오리들(유아) : (엄마들에게서 하얀 천을 받아서 미운 오리에게 던지면서) 저리 가!

미운 오리(보조교사) : 잉잉. 나는 착한 오리인데 왜 다들 나를 싫어하지? 그래, 이 곳을 떠나는 게 낫겠다. 날 반기는 친구가 어딘가 있을 거야. (터벅터벅 걸어나간다.)

### 활 동 5 길 떠나는 오리

- 오빠, 언니 오리들한테 따돌림 받은 미운 오리는 어땠을까? 매우 힘들고 슬펐겠지. 그렇지만 나중에 미운 오리는 어떻게 되지? 아름다운 백조가 되지. 이제부터 우리는 모두 미운 아기 오리가 되어서 집을 나와 멀리 멀리 여행을 떠날 거예요.

1) 교사는 유아들을 이끌고 교실 밖을 나와 돌아다닌다. 엄마들은 교실 안에서 기다리도록 한다.

2) 유아들은 미운 오리가 되어 복도, 다른 교실, 놀이터에서 사냥개, 할머니, 고양이, 암탉을 만난다. 사냥개, 할머니, 고양이, 암탉은 보조 교사가 막대 인형을 이용하여 연기한다.

| | |
|---|---|
| 사냥개(보조교사) : | 멍멍! 너희들은 누구니? |
| 미운 아기 오리(유아) : | 오리예요. |
| 사냥개(보조교사) : | 정말 못생겼구나. 잡아 먹지도 못하겠네. 얼른 저 쪽으로 가!<br>(교사는 유아들을 이끌고 다른 곳으로 이동한다.) |
| 할머니(보조교사) : | (흥얼거리며 일을 하고 있다.) |
| 교사 : | 얘들아, 우리 배고픈데, 할머니한테 가서 먹을 것 좀 달라고 하자. |
| 미운 아기 오리(유아) : | 할머니, 배고파요. 먹을 것 좀 주세요. |
| 할머니(보조교사) : | 너희들 배가 많이 고프구나. 여기 먹을 게 있다. (마임으로 아이들 한 명 한 명에게 먹을 것을 준다.) 우리 집에 가서 같이 살자꾸나. |
| 고양이(보조교사) : | 야옹! 안돼! 너희들 쥐 잡을 수 있어? 너희들은 우리 할머니랑 같이 살 수 없어. |
| 암탉(보조교사) : | 꼬꼬댁! 너희들 계란 낳을 수 있어? 아무 것도 할 줄 모르는 너희들은 우리 할머니랑 같이 살 수 없어! 저리 가! (유아들을 내쫓는다.) |

3) 교사는 유아들을 데리고 교실로 되돌아와서 이야기를 나눈다.

- 미운 오리는 누구 누구를 만났니? 그들은 너희들에게 어떻게 대해주었니?

### 활동 6 백조로의 변신

1) 유아들은 미운 오리에서 백조로 변화는 과정을 극적으로 체험한다.

- 여러분이 다시 미운 오리가 될 텐데, 이번에는 미운 오리가 아름다운 백조로 변한단다. 엄마들이 백조로 변하는 것을 도와주세요.

해설(교사) : (잔잔한 음악을 틀어준다.) 친구 오리들한테 따돌림을 받은 미운 아기 오리는 멀리 떠나서 고생을 많이 했어요. 그러면서 추운 겨울이 지나고 드디어 봄이 왔어요. 미운 오리는 점점 키가 커지고, (엄마들은 위로 쑥 올려주도록 한다.) 몸에 변화가 왔어요. (엄마들이 아이들에게 하얀 천을 씌워주도록 한다.) 하얗고 아름다운 백조가 된 거예요. 백조는 날개를 펴서 펄럭이며 돌아다녔어요. 그러다가 갑자기 몸이 붕 뜨면서 하늘을 날게 되었어요. (엄마들은 아이들이 높이 날게 도와준다.) 날개를 펄럭이면서 하늘 높이 날았답니다. 조심스럽게 연못 위에 내려앉아서는 아름다운 백조의 춤을 추었답니다.

2) 생상의 〈백조〉 음악을 배경으로 엄마와 유아가 함께 우아한 백조의 춤을 춘다.

### 활 동 7 백조들의 축하 파티

원형으로 둘러앉아서 백조가 된 것을 축하하며 간단한 다과를 나누어먹는다.

- 여러분들은 정말 아름다운 백조가 되었네요. 원래 미운 오리가 아니라 백조였군요. 백조가 된 여러분을 축하하기 위해서 선생님이 파티를 준비했어요.

### 활 동 8 마무리

- 미운 오리가 되었을 때 기분이 어땠니? 백조가 되었을 때는?
- 엄마하고 함께 연극놀이를 해보았는데 어땠니?
- (엄마들에게) 오늘 연극놀이 재미있었습니까? 연극놀이는 화려한 소품이나 의상, 대본이 없이도 상상력을 활용하여 역할을 맡아 놀이하면서 상상의 세계를 창조하는 것이랍니다. 집에서 그림책이나 동화책을 그냥 읽어주지만 말고 천이나 신문지, 막대 같이 집에 있는 것들을 활용하여 연극놀이를 함께 해주세요.

## 궁금해요 ?

**Q** 엄마 참여 수업을 몇 번 해보았지만, 이처럼 엄마와 유아가 역할을 맡아 상호작용하는 수업은 해보지 못했습니다. 그런데 엄마들이 과연 유아들과 이렇게 적극적으로 즐겁게 놀아줄까요?

**A** 엄마들이 처음에는 이런 활동을 좀 어색해할 수도 있습니다. 주로 아이들이 하는 것을 지켜보기만 했지, 부모님이 역할을 맡아 적극적으로 참여해야 하는 프로그램은 많이 접하지 못했기 때문입니다. 사전에 안내문을 통해 연극놀이란 무엇인지, 미운 아기 오리 프로그램이 어떻게 진행될 것인지, 어머니의 역할이 무엇인지 알려주세요. 연극놀이는 '대본이 없이 즉흥적으로 행해지는 연극적 활동' 이라는 점, 그리고 '지켜보는 엄마' 와 '함께 참여하는 엄마' 의 차이를 잘 알려주셔야겠지요. 엄마가 연극 속에 함께 참여할 때 유아들은 '엄마한테 내가 어떻게 보일까?' 라는 생각에서 벗어나 보다 자유롭게 자신을 표현할 수 있답니다.

이 프로그램으로 들어가기 전에, 엄마와 유아 모두가 즐겁게 놀 수 있는 워밍업 활동을 하시는 게 좋습니다. '거인 마녀 난쟁이' 나 '선장놀이' '무궁화 꽃이 세수합니다' 등의 놀이를 해도 좋구요. 이런 놀이를 통해 엄마와 유아 모두가 몸과 마음의 긴장을 풀고 자유로운 분위기 속에서 '미운 아기 오리' 이야기로 들어갈 수 있을 것입니다.

Q 다른 반 수업도 있고 아이들도 너무 많기 때문에, 교실을 나와 돌아다니는 것이 불가능합니다. 교실 밖으로 나갈 수가 없는데, 미운 아기 오리가 길을 떠나 여러 인물을 만나는 과정을 어떻게 처리하죠?

A 그 활동('길 떠나는 오리' 활동)을 과감하게 생략하셔도 됩니다. 미운 아기 오리가 길을 떠나 고생을 하면서 다른 인물들을 만나는 과정을 아이들에게 이야기로만 들려주세요. 그리고나서 '백조로의 변신' 활동으로 넘어가시면 됩니다.

chapter 4

# 봄, 여름, 가을, 겨울

## 01 무궁화 꽃이 세수합니다

활동목표 : 즉각적인 몸짓 표현을 통해 신체 통제력과 순발력을 기른다.

### 도 입

- '무궁화 꽃이 피었습니다' 놀이를 알고 있니? 오늘은 그 놀이를 조금 바꿔서 해보도록 하자!

### 전 개

1) '무궁화 꽃이 피었습니다'를 놀이할 때처럼 술래는 한 쪽 벽을 향해 눈을 가리고 서고 아이들은 반대쪽 벽 앞에 선다.
2) 술래는 '무궁화 꽃이 피었습니다!' 대신 '무궁화 꽃이 ㅇㅇ합니다!' 라는 형식으로 뒷말을 지어 말한다. (예 : 무궁화 꽃이 축구합니다, 무궁화 꽃이 노래합니다, 무궁화 꽃이 세수합니다 등.)
3) 아이들은 술래를 향하여 한 줄로 서 있다가 술래가 뒤돌아 서서 말하는 동안에는 술래를 향하여 나아갈 수 있다. 술래가 말을 끝내고 몸을 돌리는 순간, 아이들은 술래가 말한 동작을 하고 있는 얼음이 된다. 예를 들어, 술래가 "무궁화 꽃이 세수합니다"라고 말했다면, 아이들은 각자 세수하는 모습으로 정지 동작을 취하는 것이다.
4) 술래는 아이들의 모습을 보면서, 조금이라도 움직이거나 말하는 사람, 또는 세수하는 동작을 미처 취하지 못한 아이들을 지적한다. 술래에게 걸린 아이들은 손에 손을 잡고

술래에서 시작되는 줄을 형성한다.

5) 위와 같은 방식으로 놀이를 진행하다가, 어떤 아이라도 술래에게 다가가서 줄을 끊어 주면 모두 처음 있던 자리로 도망가고, 술래는 잡으러 쫓아간다. 술래에게 잡힌 사람이 새로운 술래가 되어서 놀이를 다시 시작한다.

**마 무 리**

- '무궁화 꽃이 피었습니다'는 옛날부터 우리나라의 어린 아이들이 모여서 했던 놀이란다. 너희들의 엄마, 아빠, 선생님도 어렸을 적에 이 놀이를 하고 놀았어. 집에 가서 엄마, 아빠, 동생, 형, 언니들과 이 놀이를 같이 해보렴.
- 나라마다 나라꽃이 있단다. 우리나라의 나라꽃은 무엇일까? 무궁화 꽃이지. 무궁화 꽃 본 적 있니? (무궁화 꽃 그림이나 사진을 함께 본다.)

## 궁금해요 ??

Q 술래를 하겠다고 해서 시켰는데 뒷말을 만들어내지 못하고 우물쭈물 하네요. 혼자 할 수 있게 기다려줘야 할까요, 아니면 교사가 대신 말해줘도 될까요?

A 교사가 술래 옆에서 작은 소리로 몇 가지 제안을 해줌으로써 아이의 생각을 자극해줄 수 있습니다. '무궁화 꽃이 뭐한다고 할까?' 라고 묻고 기다렸다가, 대답이 없다면 교사는 '무궁화 꽃이 밥 먹는다고 할까? 아니면 TV 본다고 할까?' 등과 같이 몇 가지 제안을 해서 아이가 선택할 수 있게 해줍니다.

Q 술래가 한 말에 적합한 동작을 취하기보다는, 빨리 달려가서 술래를 치는 데에만 급급합니다. 어떻게 해야 동작을 취하는 데에도 재미를 느끼게 할 수 있을까요?

A 두 가지 방법을 제안하고 싶군요. 첫째, 앞으로 나아갈 때의 걸음 수를 제한해줍니다. 둘째, 규칙을 엄격하게 적용합니다. 아이들이 얼음하고 있을 때, 교사는 술래와 함께 아이들의 동작을 면밀히 살펴보면서 술래가 말한 동작을 정확하게 취하고 있지 않은 사람을 엄격하게 골라내어 술래 손을 잡게 하는 것이지요. 이렇게 하면 동작을 대충 취한 사람은 금방 걸리게 되겠지요.

## 02 꽃씨야, 어디 있니?

수업목표 : 씨앗의 생장 조건을 이해한다.
동시를 몸으로 표현함으로써 시를 읽는 즐거움을 느껴본다.
준비자료 : 1) 씨앗 상자 ; 상자 겉면에 '귀중한 것이 들어있음' 이라고 쓰고, 상자 안에는 꽃씨와 농부의 편지를 넣어놓는다.
2) 보자기(아이들 수만큼), 챙이 넓은 모자
3) 물 뿌리개, 손전등
4) 코팅된 싹 그림(아이들 인원수만큼)
5) 잔잔하고 부드러운 음악

### 도 입

○ 선생님이 유치원에 오니까 이 상자가 문 앞에 있는 거야. 누가 두고 간 것 같은데, 뭔지 모르겠네. 상자에 글자가 쓰여 있네. 뭐라고 쓰여 있니? 읽어보겠니?

— '귀중한 것이 들어있음' 이라고 쓰여 있어요.

○ 귀중한 것이면 어떤 것일까?

—보물 / 반지 / 목걸이 / 장난감 / 먹을 거요.

○ 글쎄, 반지나 먹는 것일까? 잘 모르겠네. 위험한 것은 아니겠지? 한 번 포장을 풀고 상자를 열어 볼까?

### 활 동 1 동시 감상하기

1) 교사는 상자를 열어 씨앗을 보여준다. 그리고 상자 안에 든 편지를 읽어준다.

○ 이게 뭐니? 그래, 씨앗 같은데, 누가 보낸 걸까? 어, 그런데 이건 또 뭘까? (편지를 보여준다.) 편지 같은데 한번 읽어 볼까?

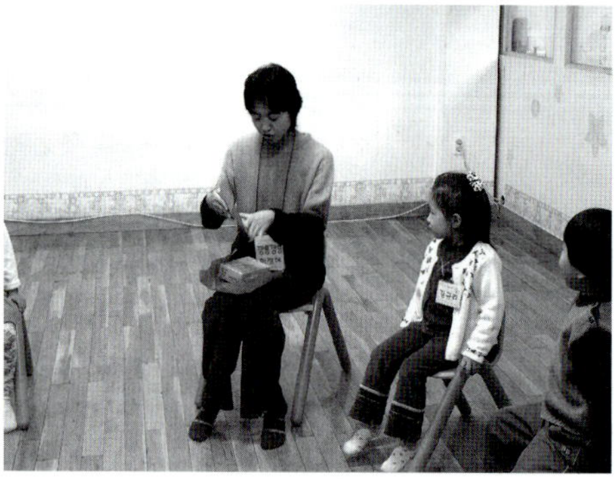

안녕하세요? 전 꽃을 키우는 농부입니다.
며칠 전에 꽃씨를 심었는데 싹이 나오질 않아 아주 걱정했었지요.
그래서 몹시 기다렸더니 드디어 나오더군요.
그런 제 마음을 꼭 닮은 동시가 있어서 여기 적어 보냅니다.
동시를 읽어보시고, 꼭 이 꽃씨를 땅이나 화분에 심어주세요.
조금만 기다리면 예쁜 싹이 돋아날 거예요.
물도 주고, 햇볕도 쬐어주면서 정성껏 키워주세요.

**꽃 씨**

서정숙

꽃씨야!
어디 있니?
—여—기.

—꽃씨야!
나오너라!
—아직—두.

해님 오면 나갈게.
빗님 오면 나갈게.
코—자고 나갈게.

쏘—옥, 꽃싹
노—랑 꽃싹
요—기도 나왔다.
조—기도 나왔다.

◎ 농부 아저씨가 꽃씨하고 동시를 보내주셨구나. 우리 다함께 이 동시를 읽어볼까?

2) 농부 모둠과 꽃씨 모둠으로 나누어서 서로 이야기를 주고받듯이 동시를 읽는다. 모둠을 바꾸어서 다시 한 번 읽는다. 위의 동시를 암송할 수 있도록 4~5회 충분히 낭송한다.

## 활 동 2 농부와 꽃씨 ①

- 이번엔 우리가 농부랑 꽃씨가 되어 보면 어떨까? 선생님이 모자를 쓰고 농부가 될게, 너희들은 모두 꽃씨가 되어보자.

1) 유아들이 몸을 최대한 조그맣게 만들면, 교사는 유아를 한 명씩 교실 곳곳에 옮겨놓으면서 꽃씨를 심는 과정을 대사와 행동으로 표현한다.

> 농부(교사) : (챙이 넓은 모자를 쓰고 나타난다. 책상 아래 공간에서 땅을 파는 동작을 한 후) 여기에는 어떤 꽃씨를 심을까? 옳지, 저기 ○○ 꽃씨와 ◎◎ 꽃씨를 심어야겠다. (○○ 유아와 ◎◎ 유아를 책상 아래 공간으로 조심스럽게 이동시킨다.) 이제 흙을 위에 덮어야겠네. (보자기로 두 유아를 덮어준다.)

2) 이런 방식으로 유아들을 옮겨놓은 후 보자기로 각각 덮어준다.
3) 동시 내용을 문답식으로 주고 받으면서, 손전등과 물 뿌리개를 이용하여 햇빛과 비의 효과를 내준다.

> 농부(교사) : (손을 탁탁 털면서) 다 심었다. 휴! 하루가 지나고 이틀이 지나고 사흘이 지났는데, 왜 싹이 안 나오는 거지? 꽃씨야, 어디 있니?
>
> 꽃씨(유아) : 여기!
>
> 농부(교사) : (아이들을 하나하나 둘러보면서) 그래, 그래, 거기 있었구나. 꽃씨야, 나오너라!
>
> 꽃씨(유아) : 아직두!
>
> 농부 (교사) : 아직두? 꽃씨야, 어떻게 하면 밖으로 나오겠니?
>
> 꽃씨(유아) : 햇님 오면 나갈게!
>
> 농부 (교사) : 햇님! 맞아. 햇빛을 쬐어주지 않았구나. (하늘을 보며) 햇님, 햇님, 제발 우리 꽃씨들에게 따뜻한 햇빛을 쬐어주세요. (손전등 불빛을 유아 한 명 한 명에게 비추어준다.) 햇빛을 쬐어주었는데도 싹이 안나오네. 꽃씨야, 어디 있니?
>
> 꽃씨(유아) : 여기!
>
> 농부(교사) : 꽃씨야, 나오너라!
>
> 꽃씨(유아) : 아직두!

농부(교사) : 아직두? 꽃씨야, 어떻게 하면 밖으로 나오겠니?

꽃씨(유아) : 빗님 오면 나갈게!

농부(교사) : 빗님? 맞아. 비가 오지 않았구나. (하늘을 보며) 빗님, 빗님, 제발 우리 꽃씨들에게 시원한 비를 내려주세요. (물 뿌리개로 물을 뿌려준다.) 비가 내렸으니 이제 곧 싹이 나오겠지. 아이 참, 아직도 싹이 안 나오네. 꽃씨야, 어디 있니?

꽃씨(유아) : 여기!

농부(교사) : 꽃씨야, 나오너라!

꽃씨(유아) : 아직두!

농부(교사) : 꽃씨야, 어떻게 하면 나오겠니?

꽃씨(유아) : 코 자고 나갈게.

농부(교사) : 아, 그렇구나. 그럼 코 잘 수 있게 내가 아름다운 음악을 틀어줄게. (부드러운 음악을 틀어준다.)

해설(교사) : 따뜻한 햇볕도 쬐고, 시원한 비도 맞고, 음악을 들으며 달콤한 잠을 잔 꽃씨는 아침이 되자 드디어 '쏘옥 꽃싹 여기도 나왔다, 저기도 나왔다' 라고 말하면서 땅 밖으로 고개를 내밀었습니다.

꽃씨(유아) : (보자기를 들추고 고개를 내밀고) 쏘옥 꽃싹 여기도 나왔다.

4) 보자기를 들추고 나온 유아들 각각에게 교사는 다가가서 반갑게 인사하면서 싹 그림을 준다.

## 활 동 3 농부와 꽃씨 ②

농부 모둠과 꽃씨 모둠으로 나누어서 활동 2를 반복한다. 농부 모둠에게는 손전등과 물뿌리개, 싹 그림을 필요할 때마다 나누어준다. 유아들끼리 이 활동을 진행할 때 시구절에 너무 얽매이게 할 필요는 없다. 유아들이 즉흥적으로 상호작용하는 것을 허용한다. 모둠의 역할을 바꾸어서 다시 한번 활동을 반복한다.

## 활 동 4 마무리

동시를 다 함께 낭송한다.

- 땅 속에 있던 씨앗이 싹이 되어서 땅 밖으로 나오게 하려면 어떻게 해주어야 할까?
- 우리, 농부 아저씨가 준 씨앗을 화분에 심어보자. 너희들이 계속 씨앗을 보살펴주면서 물도 주고, 햇볕도 쬐어주세요. 기분 좋은 말도 많이 해주렴.

**후속활동** 꽃 그림 그리기

한 명씩 자신의 씨앗이 커서 어떤 꽃이 되었으면 좋을지 발표한다. 식물도감을 참조하면서 책상에 앉아 자신이 원하는 꽃을 그림으로 그린다. 어느 계절에 피는 꽃인지 알아본다.

## 궁금해요??

**Q** 열심히 동시를 낭송했는데, 아이들이 꽃씨가 되었을 때 엉뚱한 반응을 보였어요. 제가 농부로서 "꽃씨야, 어떻게 하면 나오겠니?" 라고 물었더니, "뽀뽀해주면 나오지" "노래해주면 나오지" 라고 말하는 아이가 있는가 하면, 심지어 "메롱, 안 나갈 거야." 라고 말하는 아이도 있었어요.

**A** 스트레스 받지 말고 아이들이 해달라는 대로 해주세요. 뽀뽀도 해주고, 노래도 불러주고. 보통 한두 명은 동시의 내용을 기억해서 햇님이나 빗님을 언급할 거예요. 그러면 그것에 적극적으로 반응해주면 되겠죠. 하지만 한 명도 동시의 내용을 기억해서 말하는 아동이 없다면, "햇님 오면 나오겠니?" 라고 선생님이 물어보세요. 그리고나서 손전등 불빛을 비추어주는 거지요. 활동이 모두 끝나고 나서 동시를 다시 낭송하면서 동시의 운율과 의미를 되새겨볼 수 있으니까 여유를 갖고 유아들의 즉흥적인 표현을 수용해주세요.

## 03 봄의 왕과 겨울 마법사[6)]

수업목표 : 계절(봄과 겨울)에 따라 기후와 생활 모습이 달라짐을 안다.
자기가 이미 알고 있는 지식을 다른 사람에게 설명할 수 있다.
준비자료 : 1) 전지와 크레파스
2) 겨울 마법사의 편지
3) 봄의 왕에 적합한 역할 소품(왕관, 화려한 색깔의 천, 꽃 한 송이)
4) 겨울 마법사에 적합한 역할 소품(마녀 모자, 검은색 천)

### 활 동 1 산책하기

이 수업을 시작하기 전에 아이들과 함께 교실 밖으로 나가 산책하는 시간을 갖는다. 걸으면서 요즘의 날씨와 자연의 변화에 대해 이야기 나누어본다.

- 요즘 봄비가 내려서 꽃잎이 많이 떨어졌구나. 저기 나뭇가지를 봐. 겨울엔 나뭇잎이 하나도 없었는데 지금은 어떠니? 연두색 잎들이 점점 커지고 있네.

### 활 동 2 걱정에 잠긴 봄의 왕

산책을 마치고 돌아와 교사는 다음의 활동을 도입한다.

- 이제부터 선생님은 걱정거리가 있는 어떤 사람이 될 거야. 너희들은 잘 살펴보고, 그 사람이 누구인지, 또 어떤 걱정거리가 있는 건지 알아보는 거다.

교사는 교실 한 구석으로 가서 '겨울 마법사의 편지' 를 주머니에 넣어둔다. 그리고 봄의 왕을 나타낼 수 있는 왕관을 쓰고 화려한 천을 망토처럼 두르고 꽃을 옷깃에 꽂은 다음, 약간 근심스러운 얼굴로 아이들 앞에 나타난다.

봄의 왕(교사) : (혼잣말한다) 아, 어떡하지? 우리나라는 언제나 따뜻하고 이렇게 예쁜 꽃과 나무들이 가득한 봄의 나라야. 난 그동안 봄의 나라를 잘 다스려왔는데…. (겨울 마법사의 편지를 꺼내며) 누가 이것을 놓고 간 것일까? (편지를 보며 읽는다.)

---

6) 이 프로그램은 아래 책에 실린 프로그램을 우리나라 유아들의 상황과 정서에 맞게 확장, 보완한 것이다. Nigel Toye and Francis Prendiville. *Drama and Traditional Story for the Early Years*, London:Routledge, 2000, pp.205-209.

보낸 사람, 겨울 마법사? 누굴까? '이제 너희 나라는 사라질 거야. 왜냐하면 바로 내가 너희 나라에 겨울을 가져올 거거든.' 겨울이 뭐지? 겨울? '너는 겨울이 뭔지도 모르지? 아무 것도 모르면서 과연 겨울을 이겨낼 수 있을까? 으하하하! 봄의 나라는 내 꺼야!' 아, 뭔지는 몰라도 큰일이 일어날 것만 같아. 어떡하지? (괴로워하며 머리를 숙인다.)

**[겨울 마법사가 보낸 편지]**

받는 사람 : 봄의 왕

이제 너희 나라는 사라질 거야. 왜냐하면 바로 내가 너희 나라에 겨울을 가져올 거거든. 너는 겨울이 뭔지도 모르지? 아무것도 모르면서 과연 겨울을 이겨낼 수 있을까?

으하하하! 봄의 나라는 내 꺼야!!!

보낸 사람 : 겨울 마법사

교사는 고개를 들고 역할에서 빠져나와 아이들과 함께 방금 만났던 사람에 대해 이야기를 나누며 정리한다.

- 우리가 방금 만난 그 사람은 누구니?

—봄의 나라 임금님이에요.

- 봄의 왕한테 무슨 문제가 있었니?

—무슨 편지를 받았어요. / 큰 일이 일어난대요. / 겨울이 뭔지 몰라요.

- 너희들은 겨울에 대해 잘 알고 있니? 겨울에는 날씨가 어떤데?

—겨울에는 추워요. / 눈이 와요.

## 활 동 3 우리는 계절 전문가

1) 전문가 역할 맡기

겨울에 일어나는 자연현상들과 사람들의 생활방식 등에 대해 이야기를 나눈 다음, 교사는 아이들에게 계절에 대해 잘 아는 사람들이 되어 봄의 왕을 도와주러 갈 것을 제안한다.

- 너희들이 걱정에 잠긴 봄의 왕을 도와줄 수 있을까? 어떤 것에 대해 잘 아는 사람들을 '전문가' 라고 부른단다. 너희들은 계절에 대해 잘 알고 있으니까 '계절 전문가' 가 될 수 있겠다. 그럼 우리가 계절 전문가가 되어 봄의 왕을 만나서, 겨울에 대해 알려주고 도와주자.

2) 역할 준비하기

교사는 계절 전문가인 아이들에게 왕을 만날 때 갖추어야 할 예의에 대해서 알려준다.

- 궁전에서는 몇 가지 지켜야할 예절이 있어. 먼저 아무나 함부로 들어갈 수 없고 문지기에게 우리가 누구인지 말해주어야 해. 임금님을 만나면 먼저 "안녕하십니까, 임금님! 우리는 계절 전문가입니다."라고 고개 숙여 인사하고 말해야 한다. 그리고 큰 소리로 떠들거나 뛰어다녀서도 안 돼요.

만약 아이들 중에서 왕궁의 문지기 역할을 자원하는 아이가 있다면 문지기로서 해야 할 일을 미리 일러준다. (예 : 아무나 그냥 들여보내지 않고 용건을 물어본다. / 손님이 온 것을 왕에게 알려준다. 왕이 들어오라고 허락하면 손님을 안내한다.)

### 활 동 4 봄의 왕을 도우러 간 계절 전문가

1) 신호와 함께 교사는 다시 '봄의 왕' 이 되고, 아이들은 '계절 전문가' 가 된다. 봄의 왕은 찾아온 계절 전문가들을 반가이 맞이한다.

봄의 왕(교사) : 여러분, 와주셔서 감사합니다. 우리 봄만 있는 나라에 큰 걱정이 생겼답니다. '겨울 마법사' 라는 사람이 우리나라를 뺏어가려고 해요. 도대체 겨울이 뭔지 알아야 준비라도 할텐데… 여러분은 겨울에 대해 아는 것이 있나요?

계절 전문가(유아) : 겨울은 아주 추워요. 그래서 장갑과 목도리도 필요해요.

봄의 왕(교사) : 잠깐! 그런데 그 장갑과 목도리라는 것이 뭔가요?

계절 전문가(유아) : 장갑은 손에 끼는 거예요. 목도리는 목에다 이렇게 두르는 건데 털실로 만들면 따뜻해요.

2) 겨울에 대해 아는 것들을 그림 그리거나 글로 써보게 한다.

봄의 왕(교사) : 휴우! 제가 겨울에 대해 모르는 것이 너무 많아요. 전 한 번도 겨울을 본 적이 없거든요. 제가 잊어버리지 않도록, 또 겨울 마법사를 놀라게 해주기 위해서 여러분이 그림이나 글로 겨울에 대해서 적어주면 어떨까요?

3) 2~3개의 모둠으로 나누어, 준비해둔 전지에 겨울하면 생각나는 것들을 크레파스로 그림 그리고 글로도 적어본다. 교사는 봄의 왕 역할로서 그림을 그리는 계절 전문가들 사이를 돌아다니며 아이들의 작업을 격려해주고, 반응해준다.

봄의 왕(교사) : 여러분은 정말 겨울에 대해 많은 것을 알고 있군요. (아이들이 겨울에 대해 써놓은 것들을 모둠마다 지나다니며 읽는다.) 겨울은 춥다. 또, 나무들이 벌거벗는다. 사람들이 밖으로 잘 나오지 않는다. 왜냐하면, 햇빛이 조금밖에 없어서 추우니까.

봄의 왕(교사) : 와, 이게 뭔가요? (대답을 듣고) 눈사람이요? 차가운 눈으로 만든 거라구요? 아, 그렇군요.

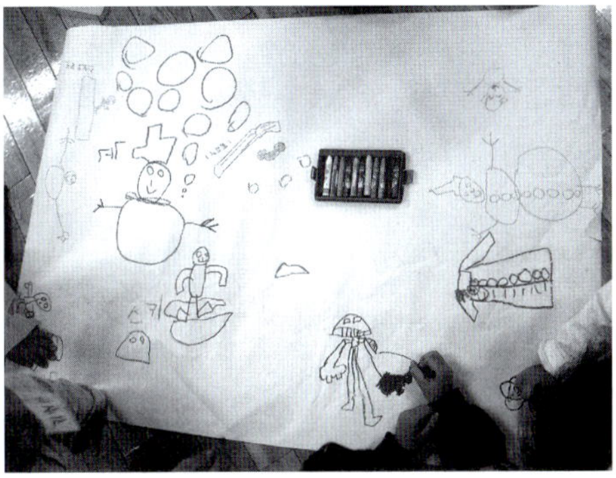

4) 어느 정도 그림작업이 진척되면, 교사는 겨울의 마법사가 다가온다는 암시를 주며 활동을 정리하게 한다.

봄의 왕(교사) : 쉬잇! 여러분, 겨울 마법사가 오고 있나봐요. 모두 이 '투명 벽' 안으로 들어오세요. 여기에 있으면 우리가 보이지 않을 거예요. 하지만 소리를 내지 않도록 조심해야 돼요.

### 활 동 5 겨울 마법사의 등장

1) 교사는 봄의 왕을 나타내는 왕관을 벗고, 까만 천을 걸치고 겨울 마법사가 되어 등장한다.

겨울 마법사(교사) : 음! 아무도 없군. 히-히-히! 이 봄의 나라는 이제 곧 내 것이 될 거야. 봄의 왕은 겨울이 뭔지 하나도 모르잖아. 내가 차가운 눈을 보여주기만 해도 놀라서 기절하겠지. 하하하!

2) 겨울 마법사로서 교사는 아이들이 그려놓은 그림과 글을 발견하고 놀라는 반응을 보여준다.

겨울 마법사(교사) : (아이들이 그려놓은 그림과 글들을 발견하고) 아니, 이게 뭐야! 뭐, 겨울은 춥다, 눈이 내린다, 눈사람도 만든다, 다람쥐는 겨울잠을 잔다! 으악! 어떻게 이렇게 겨울에 대해 많이 알고 있지? 장갑, 목도리, 산타클로스도 알잖아! 어떡하지? 이러면 내가 봄의 나라를 차지할 수 없을지도 몰라.

겨울 마법사(교사) : (아이들이 그린 종이를 들고 가져가는 척하며) 에잇! 이 종이만 가져가면 될 거야. 없애버려야지. 히히! 이것만 없으면 겨울에 대해 하나도 모르겠지. 손이 시려워, 꽁! 이런 노래도 모르겠지. (아이들의 반응을 기다린다. 만약 아무런 반응이 나오지 않는다면 좀더 자극하는 말을 한다.) 이 나라에는 겨울에 대해 말할 수 있는 사람이 한 명도 없는 거지?

3) 겨울 마법사는 아이들이 겨울에 대한 노래를 부르거나 말을 하면 놀라는 반응을 하며 도망간다.

겨울 마법사(교사): 아니, 어디서 들리는 거지? (말하거나 노래하는 것을 듣는다.) 겨울에 대해 알고 있다니…. 봄의 나라를 겨울나라로 만드는 건 쉽지 않겠는걸. 에이, 안되겠다. 도망가자.

4) 겨울 마법사로 퇴장한 후, 다시 봄의 왕이 되어 계절 전문가들을 만난다.

봄의 나라 왕(교사): 여러분, 지금 막 겨울 마법사가 성 밖으로 도망가는 것을 봤어요. 계절 전문가 여러분 덕분입니다. 그리고 저는 다른 계절에 대해서도 잘 알아야겠다는 생각이 들었어요. 여러분은 겨울 말고 다른 계절에 대해서도 알고 계시나요? 그럼, 언제 여러분에게 배워보고 싶네요. 계절 전문가님들, 정말 감사합니다.

## 마 무 리

아이들과 느낌을 나누는 시간을 갖고, 봄의 왕을 도와주는 과정에서 아이들이 보여준 긍정적인 태도에 대해 칭찬해준다. 겨울에 대해 그렸던 그림과 글을 교실 한 쪽 벽에 붙여 둔다.

## 궁금해요 ??

**Q** 교사가 '봄의 왕'과 '겨울 마법사'라는 두 역할을 하게 되는데요, 조금 자신이 없어요.

**A** 네, 교사가 역할을 맡아 아이들과 상호작용을 통해 드라마를 이끌어가는 것은 어느 정도 교사의 연극적 감각을 요하는 활동이기는 합니다. 하지만 '아기 돌보기'에서와 같이 아이들과 역할로서 만나는 경험을 한 번이라도 한 교사라면 이러한 활동의 묘미를 알게 되고 더 도전해보실 수도 있을 거라고 생각합니다. 두 역할은 상대적으로 차이가 뚜렷한 편이기 때문에 아이들은 쉽게 그 역할로 교사를 볼 수 있답니다. 자신이 없으실 때는 보다 명확히 하기 위해 역할로 들어가기 전에 "이 검은 천을 두르고 선생님이 겨울 마법사가 되어 나타날게."라고 설명해주어도 됩니다.

**Q** 아이들이 계절 전문가로서 투명벽 안에 있을 때, 겨울 마법사에게 어떻게 반응할지 알 수 없어서 불안하기도 해요. 아무런 반응도 없으면 어떡하죠?

**A** 맞아요. 그 장면이 제일 클라이맥스이기 때문에 아이들과 반응을 주고받는 것이 매우 중요합니다. 너무 아이들을 자극하면 바로 겨울 마법사를 혼내주러 뛰어들 수도 있지요. 그런 경우라면 빨리 도망가는 것이 좋겠지요. 하지만 아이들이 어떻게 반응해야할지 몰라 주저하고 있는 것처럼 느껴진다면 아이들의 반응을 이끌기 위해 약간의 자극을 역할 안에서 제공해야 합니다. 바로 활동 5의 2)항 대사들은 바로 그러한 자극을 위한 것이랍니다.

## 04 꼬마 허수아비의 용기

수업목표 : 가을의 자연현상과 관련 있는 허수아비의 기능을 이해하고, 역할을 맡아 실행해본다.
새를 물리치는 동작과 소리를 단계별로 구성하고, 각 단계에 맞춰 표현해본다.

준비자료 : 1) 허수아비가 논에서 새를 지키는 사진
2) 동요 〈허수아비 아저씨〉 (김규환 작사, 작곡)
3) 아빠 허수아비 복장 : 밀짚모자
4) 꼬마 허수아비 복장 : 색깔 천
5) 참새 종이 막대 인형 2–3마리
6) 대장 까마귀 복장 : 검정색 보자기

### 활동 1 허수아비에 대해 이야기 나누기

- 요즘 같은 가을이면 논에 가면 볼 수 있는 것이 있어. 이것은 농부 아저씨처럼 생겼지만, 진짜 사람은 아니고, (두 팔을 쫙 펴며) 이렇게 팔을 벌리고 (한 발을 들고 서서) 한 발로 서 있어. 이것은 무엇일까?

1) 아이들이 '허수아비'라고 알아맞히면, 준비한 사진자료를 보여주며 허수아비가 하는 일에 대해 생각해보도록 질문을 던진다.

- 노랗게 익은 이 곡식은 벼라고 해요. 벼는 논에서 키우는데, 잘 익은 벼의 껍질을 벗긴 것이 바로 우리가 밥으로 먹는 쌀이야. 그런데 벼가 자라는 논에 사람을 닮은 허수아비를 세워놓는다고 해. 허수아비에게 농부 모자도 씌워주고, 사람들이 입었던 헌옷도 입혀서 꾸민단다. 그런데 왜 그렇게 하는 걸까?

2) 가사와 이미지가 있는 동요 〈허수아비 아저씨〉 동영상 자료를 본다.

- 지금 들려줄 노래에 허수아비가 하는 일이 무엇인지 나와. 한 번 들어볼까? 노래를 아는 친구들은 따라 불러보자.

〈허수아비 아저씨〉
김규환 작사, 작곡

하루종일 우뚝 서 있는 성난 허수아비 아저씨
짹짹짹짹 아이 무서워 새들이 달아납니다.
하루종일 우뚝 서 있는 성난 허수아비 아저씨

- 이 노래에서 '성난 허수아비 아저씨'라고 했는데, 성난 표정은 어떤 걸까? 왜 그렇게 무서운 표정을 짓고 있는 걸까? 노래에서 '아이, 무서워, 새들이 달아납니다.'라고 했지. 새들을 놀라게 해서 논에서 쫓아내려고 일부러 허수아비를 만든 거란다. 농부들이 열심히 키운 벼를 새들이 와서 다 먹어버리면 안되니까.

3) 동요의 1절을 다시 한 번 들려주기로 하고, 노래가 나오는 동안 허수아비처럼 두 팔을 벌리고 한 발로 서서 중심을 잡아보기로 한다. 자기가 보여줄 수 있는 성난 표정도 지어본다.

- 노래가 나오는 동안 허수아비처럼 서 있어볼까? 한 발은 땅에 닿지 않도록 들고, 나머지 한 발로 중심을 잡고 서 보자. 두 팔을 허수아비처럼 쫙 펼치면 잘 서있을 수 있을 거야.

### 활 동 2 이야기 들려주기

'꼬마 허수아비의 용기'[7] 이야기를 들려준다.

- 오늘은 꼬마 허수아비가 아빠 허수아비에게서 배운 무서운 동작과 소리로 새들을 쫓아버린 이야기를 들려줄게.

옛날에 아빠 허수아비랑 꼬마 허수아비가 살고 있었어. 아빠 허수아비는 항상 아침 일찍부터 논과 밭으로 일을 하러 나갔지. 그리고 밤늦게 지쳐서 돌아왔어요. 꼬마 허수아비는 아빠

7) 여기 실린 '꼬마 허수아비의 용기'는 마가렛 와이즈 브라운이 1940년대에 처음 쓴 〈The Little Scarecrow Boy〉를 바탕으로, 극화하기 좋게 각색을 한 이야기이다. 그림책 〈The Little Scarecrow Boy〉(마가렛 와이즈 브라운 글, 데이비드 디아즈 그림, Harper Collins Publishers, 1998)도 출판되었다.

가 하는 일이 무언지 궁금했어요. 그래서 어느 날 아빠에게 물어보았어. "아빠, 아빠는 논에서 무슨 일을 해요?" 그러자 아빠가 말해주었지. "응, 아빠는 논에서 새들이 곡식을 못 먹게 쫓아내는 일을 한단다. 농부들이 힘들게 키운 벼를 새들이 다 먹어버리지 못하게 말이야." 그 이야기를 듣고 꼬마 허수아비는 아빠와 함께 새를 쫓으러 나가고 싶어졌어요. 그래서 같이 가게 해달라고 아빠를 졸랐지. 그러자 아빠는 "너는 아직 어려서 안 돼. 더 자라면 새를 쫓으러 가기로 하자."라고 했어.

꼬마 허수아비는 아빠 허수아비에게 어떻게 새를 쫓는지 물어보았어. 아빠는 새를 쫓으러 같이 나가는 대신, 꼬마 허수아비에게 새를 쫓는 방법을 알려주었지. 아빠는 새를 쫓아내는 데에는 3단계 동작과 소리가 있다고 했어. 1단계는 작은 새가 한 마리 정도 날아올 때 하는 동작과 소리지.(나중에 아이들과 단계별 동작과 소리를 정할 거지만, 이야기를 들려줄 때 소리와 동작을 한다는 것이 어떤 것인지 알 수 있도록 시범을 보여준다.) 그리고 새들이 2-3마리가 올 때는 2단계의 동작과 소리를 내서 쫓아낸다고 했어. 1단계보다는 좀 더 동작도 크고, 소리도 커지는 거야. 마지막으로 대장 새인 까마귀가 공격해올 때는 온힘을 모아서 3단계 동작과 소리로 물리치는 거지. 꼬마 허수아비는 아빠가 가르쳐준 동작들을 차례대로 연습했어. 아빠가 자러 간 동안에도, 꼬마 허수아비는 밤이 새는 줄 모르고 새를 물리치는 세 단계를 연습하고, 또 연습했대.

그러다 보니 새벽 해가 떠오를 때가 되었지. 그런데 이상하게 아빠가 일어나지 않는 거야. 콜록콜록 기침소리가 들렸어. 아빠 허수아비는 심한 감기에 걸려서 일어나지 못하고 있었지. '아빠가 아파서 새를 쫓으러 못 가는데, 그럼 누가 농부를 위해 논을 지키지?' 꼬마 허수아비는 자신이 아빠를 대신해서 새들을 쫓아야겠다고 생각하고 살금살금 조용히 집을 빠져나왔어. 그리고 논의 제일 한 가운데에 자리를 잡고 두 팔을 벌리고 서 있었어. 새를 쫓는 3단계 동작과 소리를 마음 속으로 생각하면서 새가 오기를 기다렸지.

아침이 되자 새들은 논에 곡식을 먹으러 왔다가, 아빠 허수아비가 아니라 꼬마 허수아비가 서 있는 것을 보았어. "에게, 꼬마 허수아비잖아? 짹짹, 나 혼자 먹으러 가도 무섭지 않겠어." 이러더니 작은 참새 한 마리가 먼저 다가왔지. 꼬마 허수아비는 가까이 다가올 때까지 기다렸다가 아빠에게 배운 1단계 동작과 소리로 참새를 쫓아냈어. 잠시 후에, 참새 2-3마리가 다시 날아왔어. 꼬마 허수아비는 2번째 동작과 소리로 참새들을 모두 물리쳤어. 그러자 대장 까마귀가 "너희들, 저런 꼬마 허수아비에게 놀라 도망가다니! 나 대장 까마귀가 가보겠다." 하더니 커다란 날개를 펄럭이며 무섭게 다가왔어. 꼬마 허수아비는 있는 힘껏 용기를 내어 연습했던 3단계 동작과 소리를 냈고, 대장 까마귀와 참새들은 깜짝 놀라 멀리 멀리 날아가고 말았대.

그때 박수 소리가 나서 돌아보니, 아빠 허수아비가 서 있었어. 꼬마 허수아비가 없어진 것을 알고 찾으러 나왔다가 새를 물리치는 용감한 꼬마 허수아비를 본 거야. 그날 이후부터 꼬마 허수아비는 언제든 아빠와 함께 새를 쫓으러 나갈 수 있게 되었대.

### 활 동 3 극화 준비하기 – 역할 및 공간 선정과 동작 연습

1) 유아들은 꼬마 허수아비 역할을 맡고, 교사는 해설, 아빠 허수아비, 그리고 참새 인형 조종과 대장 까마귀 역할을 한다. 아빠 몰래 논으로 가는 장면에서 교사는 꼬마 허수아비들 중의 한 명으로서 극을 이끈다.

- 너희들은 모두 꼬마 허수아비가 되고, 선생님은 아빠 허수아비가 될게. 참새들은 이 종이 막대 인형을 선생님이 움직여서 표현할게, 그리고 대장 까마귀는 선생님이 검정색 보자기를 망토처럼 두르고 표현할게.

2) 허수아비의 집 공간과 허수아비가 지킬 논 공간을 구분할 만큼 교실이 크면, 두 공간을 거리를 두고 설정한다. 만약에 교실이 넓지 않다면, 허수아비의 집이었던 공간을 다시 논이라고 설정하고 사용해도 좋다. 다만, 허수아비가 집을 나와서 논으로 가는 여정으로 교실 안에서 반 바퀴 정도 돌아와서 논이 되는 것으로 한다.

- 매트를 깔아둔 곳을 허수아비네 집이라고 하자. 그리고 반대편에 마스킹 테이프를 바닥에 붙여둔 곳이 허수아비가 지키는 논이 될 거야.

3) 새를 물리치는 3단계의 동작과 소리를 정하고, 연습하는 시간을 갖는다.

- 이야기 속에서 아빠 허수아비가 새를 물리칠 때 3단계의 동작이 있다고 했지? 우리가 1단계부터 동작과 거기에 어울리는 소리를 정해보기로 해요. 1단계는 참새 한 마리가 날아오는 정도니까 너무 큰 소리나 동작을 할 필요는 없어요. 1단계에 어울리는 것을 보여

줄 수 있는 사람이 있나요?(앞으로 나와 다른 아이들이 보고, 따라해 볼 수 있도록 한다.) 그 동작에 어울리는 소리나 말을 넣어보자. (몇 명 더 동작을 취해보게 하고, 교사가 1단계에 적합한 동작과 소리를 정한다. 다 함께 1단계를 연습해본다.) 1단계 동작과 소리를 기억했나요? 이번엔 새가 2-3마리 몰려올 때 할 2단계 동작을 정해보자. 누구 보여줄 사람?(아이들이 시도한 동작 중에서 2단계에 적합한 것을 찾아 소리도 더한다. 연습하는 시간을 갖는다.) 마지막으로 대장 까마귀가 왔을 때 물리칠 3단계를 만들어보기로 해요.(강도를 고려하여 아이들이 표현한 동작을 정리해서 결정하고, 연습해본다.)

### 활 동 4 이야기 속으로!

교사는 해설과 아빠 허수아비 역할로 집에서 일어나는 초반의 극화를 이끌고, 논으로 갔을 때는 새 역할로 극화의 긴장을 조절한다.

- 꼬마 허수아비들은 모두 집에서 잠을 자고 있기로 해요. 음악이 나오다가 소리가 줄어들면서 시작되는 거예요.

**장면 1 : 새를 쫓고 싶은 꼬마 허수아비**

해설(교사) : (밝고 잔잔한 음악을 튼다.) 가을이 되어 노랗게 익어가는 벼가 자라는 논이 보이는 언덕에 아빠 허수아비와 꼬마 허수아비들이 사는 집이 있었어요. 아직은 이른 아침이라 꼬마 허수아비들은 자고 있었답니다.(음악을 줄이면서 멈춘다.)

아빠 허수아비(교사) : 얘들아, 아침이다. 어서 일어나야지! 모두들 씻고 밥을 먹자꾸나.(교사는 아이들이 마임으로 세수를 하고, 가상의 식탁 앞으로 모이게 한다.)

아빠 허수아비(교사) : 어서 먹으렴. 아빠는 또 논에 나가 보아야 한단다. 그런데 너희들 아빠에게 물어보고 싶은 게 있니?(교사는 질문으로 이야기의 진행을 유도한다.)

해설(교사) : (아이들이 아직 역할로서 말하는 것이 익숙하지 않으면, 아빠 허수아비가 아닌 해설로서 이야기를 이어간다.) 꼬마 허수아비들은 항상 아빠가 하는 일에 대해 잘 알고 싶었어요. 그래서 "아빠는 논에서 무슨 일을 해요?"라고 꼬마 허수아비가 물어보았답니다.

꼬마 허수아비(유아) : 아빠는 논에서 무슨 일을 해요?

아빠 허수아비(교사) : 응, 아빠는 논에서 새들을 쫓는단다. 참새, 까치, 까마귀… 이런 새들이 너무 많이 날아오면, 농부가 애써 가꾼 쌀을 다 먹어버린단다. (밀짚모자를 쓰고 나가려고 하면서) 그럼, 집에서 재미있게 놀고 있거라. 아빠, 다녀올게.

꼬마 허수아비(유아) : 아빠, 우리도 같이 가면 안돼요?

아빠 허수아비(교사) : 너희들은 아직 어려서 안돼. 새들은 뾰족하고 날카로운 부리를 가지고 있거든. 대신 저녁에 아빠가 새를 쫓아내는 방법을 알려주마.(퇴장)

해설(교사) : 꼬마 허수아비들은 새를 쫓으러 나가고 싶었지만 그럴 수가 없었어요. 꼬마 허수아비들은 집에서 놀면서 아빠가 돌아오길 기다렸답니다.

**장면 2 : 새를 쫓는 동작을 연습하는 꼬마 허수아비**

아빠 허수아비(교사) : (밀짚모자를 쓰고 지친 모습으로 들어오며) 얘들아, 아빠 왔다.

꼬마 허수아비(유아) : 아빠, 다녀오셨어요!

아빠 허수아비(교사) : 그래, 오늘 하루 잘 보냈니? 뭐 하고 놀았니? (유아들의 자유로운 대답을 들어본다.) 콜록콜록! (감기에 걸려 몸이 좋지 않다는 것을 보여준다.)

꼬마 허수아비(유아) : 아빠, 약속대로 새 쫓는 법을 가르쳐주세요.

아빠 허수아비(교사) : 그래, 저녁밥을 먹고, 설거지랑 청소한 다음에 알려주마. 너희들이 도와줄 수 있겠니?

꼬마 허수아비(유아) : 네! (마임으로 설거지와 청소를 한다.)

아빠 허수아비(교사) : 정말 집안일이 빨리 끝났구나. (아이들이 모이도록 한다.)

꼬마 허수아비(유아) : 아빠, 이제 알려주세요, 네?

아빠 허수아비(교사) : 그래! 새를 쫓는 방법에는 3가지 단계가 있단다. 1단계는 작은 새 한 마리를 쫓아낼 때 쓰지. 자, 1단계! (교사는 미리 유아들과 약속한 1단계의 동작과 소리를 보여준다.)

꼬마 허수아비(유아) : 1단계! (교사가 먼저 시범 보이는 동작과 소리를 따라한다.)

아빠 허수아비(교사) : 잘했다. 그 다음은 2단계, 새들 2-3마리가 함께 날아왔을 때란다. 자, 2단계! (앞에서 약속한 2단계 동작과 소리를 보여준다.)

꼬마 허수아비(유아) : 2단계! (교사가 먼저 시범 보이는 동작과 소리를 따라한다.)

아빠 허수아비(교사) : 마지막으로 3단계다. 이건 대장 까마귀가 나타났을 때 쓰는 방법이란다. 아빠도 대장 까마귀가 나타나면 아주 조심한단다. 자, 3단계를 보여줄테니 잘 따라해보렴. 3단계! (3단계의 동작과 소리를 보여준다.)

꼬마 허수아비(유아) : 3단계! (3단계 동작과 소리를 따라한다.)

아빠 허수아비(교사) : 이제 1단계부터 너희들끼리 해보렴. 1단계! 2단계! 3단계! (유아들은 단계별 동작과 소리를 기억해서 해본다.) 그래, 그렇게 하는 거란다. 콜록콜록! 아빠는 일찍 자야겠다. 거울을 보고 열심히 연습해두면, 나중에 커서 아빠와 함께 새를 쫓으러 갈 수 있을 거야. 콜록콜록! 잘 자거라.(퇴장)

해설(교사) : (밀짚모자를 벗고) 아빠 허수아비가 자러간 동안에도 꼬마 허수아비들은 세 가지 동작과 소리를 연습했습니다.

꼬마 허수아비(유아) : 1단계! 2단계! 3단계! (단계별로 동작과 소리를 연습한다.)

꼬마 허수아비(교사) : 벌써 해가 뜨고 있나봐. 그런데 아빠가 왜 안 일어나시지? 아마 감기에 걸려서 몸이 아파 못 일어나시나봐. 어떡하지? (유아들의 반응을 보고) 우리가 아빠를 대신해서 새를 쫓으러 가면 어떨까? (유아들의 동의를 확인하고) 쉿! 아빠가 깨지 않게 살금살금 나가자.(유아들과 집 공간을 차례로 빠져나와 교실 안에서 이동하여 논으로 약속한 장소로 간다.)

**장면 3 : 새를 쫓는 꼬마 허수아비**

해설(교사) : (유아들이 논에 자리를 잡고 설 수 있도록 하며) 꼬마 허수아비들은 씩씩하게 논에 자리를 잡고 서있었어요. 눈을 크게 뜨고 새들이 오지 않나 지켜보았답니다. 한편 논이 보이는 저쪽 나무 뒤에는 새들이 모여 이쪽을 보고 있었어요.

참새들(교사) : (참새 막대 인형들을 손으로 조정한다.) 저 논으로 곡식 먹으러 가자. 어, 그런데 허수아비가 많아졌어. 그럼, 우리 오늘 못 먹는 거야? 어, 그런데 무서운 아저씨가 아니라 꼬마들인데? 좋아, 그러면 내가 한 번 가볼게.

해설(교사) : 참새 한 마리가 논에 서 있는 꼬마 허수아비들이 있는 곳으로 날아왔어요. 꼬마 허수아비들은 1단계 동작과 소리를 준비하면서, 참새가 가까이 날아올 때까지 기다렸어요.

참새(교사) : 짹짹, 짹짹 짹! 와, 맛있겠다. 그럼, 하나, 둘, 셋!(곡식을 먹으려고 날아오르는 동작으로 참새인형을 움직인다.)

꼬마 허수아비(유아) : 1단계! (1단계의 동작과 소리를 낸다.)

참새(교사) : (깜짝 놀라는 반응을 보이며) 짹짹 짹! 아이, 무서워. 도망가자. (퇴장)

해설(교사) : 참새는 깜짝 놀라 다른 새들이 있는 곳으로 도망을 갔고, 꼬마 허수아비는 기뻐하며 또 다시 새를 쫓기 위해 그 자리에 서 있었어요. 한편, 새들은 무슨 일인지 이야기를 나누었어요.

참새들(교사) : (참새 인형들을 움직이며) 혼자 가면 안 되겠어. 짹잭! 우리 다 함께 가보자.

해설(교사) : 꼬마 허수아비들은 멀리서 참새들이 날아오는 것을 보고 2단계를 준비하고 있었어요. 하지만 새들이 가까이 올 때까지 소리 내지 않고 움직이지도 않고 기다렸답니다.

새들(교사) : 어차피 꼬마 허수아비들이야. 짹짹짹! 자, 다 함께 가자! 하나, 둘, 셋! (꼬마 허수아비가 있는 쪽으로 날아간다.)

꼬마 허수아비(유아) : 2단계! (2단계의 동작과 소리를 낸다.)

참새(교사) : (깜짝 놀라 도망가며) 짹짹 짹! 아이, 무서워. 도망가자. (퇴장)

해설(교사) : 참새들을 물리친 꼬마 허수아비는 신이 났어요. 그런데 저 멀리서 대장 새인 까마귀가 나타났어요.

대장 까마귀(교사) : 뭐야, 저 꼬마들이 내 부하인 참새들을 놀라게 했단 말이야. 하지만 나에겐 못 당할걸. 난 오늘 여기 있는 벼를 모두 먹어버릴 거다.(천천히 걸어 들어간다.)

꼬마 허수아비(유아) : 3단계! 하나 둘 셋! (3단계의 정해진 대형을 만들고 약속한 동작과 소리를 낸다.)

대장 까마귀(교사) : 으아, 정말 무서워. 걸음아, 날 살려라!! (참새 인형들도 챙겨 나가며) 얘들아, 여기서 도망가자. (교사는 퇴장하면서 검정 보자기를 풀고, 신나는 음악을 튼다.)

해설(교사) : 꼬마 허수아비들은 대장 까마귀까지 물리쳐서 아주 기뻤답니다. 그런데 저쪽에서 아빠 허수아비가 꼬마 허수아비들을 보고 있었어요.

아빠 허수아비(교사) : (밀짚모자를 쓰고 박수를 치며 등장한다.) 짝짝짝!

꼬마 허수아비(유아) : 아빠!

아빠 허수아비(교사) : 얘들아, 너희가 대장 까마귀를 정말 물리친 거냐?

꼬마 허수아비(유아) : 네!

아빠 허수아비(교사) : 아침에 일어나서 너희가 안보여 나와 봤단다. 음, 너희들 정말 용기가 있더구나. 오늘 아빠 대신 새를 쫓아주어서 고맙다. 아빠랑 새를 쫓으러 나오고 싶으냐?

꼬마 허수아비(유아) : 네, 저희도 새를 쫓는 일을 하고 싶어요.

아빠 허수아비(교사) : 그래, 알았다. 가끔 아빠를 도와서 함께 새를 쫓기로 하자. 자, 이제 집에 가자.(교사는 아이들을 모아서 앉게 한다.)

해설(교사) : 용감한 꼬마 허수아비는 그 후로는 아빠 허수아비와 함께 새를 쫓으러 갈 수 있게 되었답니다.

### 활 동 5 마무리

- 오늘은 '꼬마 허수아비의 용기'라는 이야기에서 꼬마 허수아비 역할을 맡아서, 처음부터 끝까지 이야기 속에서 살아보았어요. 꼬마 허수아비 역할을 하면서 어떤 것이 기억에 남나요?

- 아빠 몰래 살금살금 나올 때, 좀 떨리기도 하고 재미있기도 했어요.

- 맨 마지막에 아빠 허수아비가 왔을 때, 꼬마 허수아비들은 기분이 어땠어요?

- 몰래 나왔다고 혼날까봐 걱정이 되기도 했는데, 아빠가 잘했다고 말해줬어요.

- 무서웠던 때는 없었나요?

- 대장 까마귀가 나타났을 때요./ 없었어요. 까마귀를 물리쳐서 정말 신이 났어요.

- 혼자 있었다면 숨고 싶었을 수도 있지만, 우리는 여럿이 있었으니까 힘을 내서 할 수 있었어. 이야기 속의 꼬마 허수아비처럼 여러분도 용기가 있었어요.

## 궁금해요 ??

**Q** 우리 반 아이들은 너무 흥분해서 단계별 동작도 잊고 새가 나타나자마자 달려드는 거예요. 그러다 다칠까봐 좀 걱정이 되었어요.

**A** 물리친다는 상황에 매우 몰입했나보네요. 이야기를 극화할 때에 특히 약속이 중요한 극적 순간들이 있어요. 여기서는 바로 새를 물리칠 때이지요. 약속한 단계별 동작이 지켜지지 않는다면, 잠시 극화를 멈추는 것은 어떨까요? 그리고 허수아비가 새를 물리치기 위한 동작을 실행하는 큐를 짚어주어야 해요. 새가 어디까지 왔을 때 동작을 시작할지를 약속하는 거지요. 바닥에 마스킹 테이프로 표시를 해두고 거기까지 왔을 때 준비한 동작을 시작하는 연습을 하는 거예요. 구체적인 벼 사진을 바닥에 붙여두고, 새들이 그 벼를 쪼는 동작을 할 때로 신호를 정해도 좋아요. 교사가 새 역할로 다가오면서, '하나, 둘, 셋!' 이라고 말로 신호를 줄 수도 있답니다.

**Q** 3단계 동작을 정하는 과정에서 시간이 너무 많이 걸렸어요. 의견이 잘 모아지지도 않고요. 그러다 보니 아이들의 집중력이 흩어지더라구요.

**A** 단계별 동작을 정할 때 아이들의 자발적인 참여를 이끄는 것은 좋아요. 하지만 결정하는 것은 아무래도 교사의 몫이라고 생각해요. 교사는 단계가 점층적으로 진행되어야 한다는 것, 아이들의 흥미와 안전도 고려하면서 결정하니까요. 첫 번째 동작은 단순하고 소리도 한 번에 나오는 것이 좋더라고요. 두 번째 동작은 팔을 쭉 편다던가 하는 식으로 크고 두 세 박자로 이어지는 동작과 소리로 정할 수 있어요. 단계별 동작들은 간단해서 다함께 할 수 있는 정도이면서, 마지막에는 '멈춤의 순간' 이 있는 형태로 구성하는 것이 좋아요. 3단계도 그런 방식으로 해도 좋은데, 약간의 반전으로 오히려 효과가 있었던 적도 있어요. 아이들이 무섭게 표현하라고 하니까 귀신이나 유령의 흉내를 내더라구요. 그래서 3단계를 크고 세게 움직이고 소리를 내는 게 아니라 <u>으흐흐</u> 하면서 오히려 천천히 다가가는 방식으로 했더니 아이들의 에너지도 정돈되면서 재미있는 반응이 나왔어요.

**〈 새를 물리치는 3단계 예시 동작 〉**

- **1단계** : 양손 팔목을 번갈아 가볍게 돌리며 '훠이~ 훠어이~' 라고 소리 낸다.
- **2단계** : 가슴 앞쪽으로 손목이 겹쳐지게 두 손을 모으고 있다가, 동시에 '얍!' 하는 기합소리를 내며 다리를 벌리고 두 팔을 위로 쫙 펼친다.
- **3단계** : '태권!' 이라는 구호에 맞춰, '태' 에 한 쪽 팔을 주먹 쥐어 앞으로 쭉 뻗으면서 같은 쪽 다리를 쿵 하고 바닥을 딛고, '권' 이라는 다음 소리에 맞춰 다른 쪽 팔을 뻗고 다리를 앞쪽으로 디딘다. 이 동작을 점점 구호를 큰 소리로 내며 3번 반복하며 앞으로 걸어 나간다. 마지막은 '이얍!' 하는 소리와 함께 손바닥을 쫙 편 채 두 팔을 앞으로 뻗고 흔든다.

Q 아이들이 모두 꼬마 허수아비가 되고 교사가 아빠 허수아비가 된다고 했는데, 집안 장면에서 별로 할 게 없어서 그런지 극화가 금방 끝나버리더라구요. 중간에 아이들은 저를 '아빠!' 가 아니라 '선생님' 이라고 부르고요.

A 극화에서 역할로 교사와 유아들이 만나는 것이 처음에는 서로 익숙하지 않을 수도 있어요. 하지만 대개 유아들은 그 역할이 되어 살아가는 것을 어려워하지는 않아요. 아빠 허수아비로서 아이들과 상호작용을 할 때, 아이들의 일상에서 일어나는 소소한 관계나 행동으로 시작하면 도움이 되어요. 아침에 일어나서 아이들을 깨우고 아침식사를 하는 장면에서부터 "꼬마 허수아비들아, 이도 잘 닦아야 한다.", "아빠가 오늘은 아침으로 된장국과 달걀 후라이를 했단다. 달걀 먹을 사람?(한 명씩 마임으로 건네준다.)" 이라고 하면서 교사가 아빠 역할로 아이들을 대하고 있다는 것을 드러내줄 수 있어요. 저녁에 동작을 가르쳐줄 때도 "저녁식사 마치고, 함께 설거지도 하고 청소도 하기로 하자. 그런 다음에 가르쳐주마." 라고 하면서 교사도 마임으로 일을 하는 것을 보여주고, "너희들이 도와주니까 금방 끝났네. 아빠가 피곤했는데 고맙다." 라며 아이들이 행동한 것에 대해 반응해주는 식이지요. 이렇게 짧은 극화 안에서 아빠와 꼬마 허수아비의 관계가 쌓이면, 마지막 장면에서 아빠의 칭찬과 인정이 유아들에게 성장한 기분을 느끼게 해줄 수 있어요.

## 05 산타클로스가 사라졌어요[8)]

수업목표 : 자신이 알고 있는 지식을 상대방이 이해가 가능하도록 설명한다.
사람을 찾는 포스터(벽보)의 형식을 이해하고 제작한다.

준비자료 : 1) 산타클로스의 형이 보낸 편지
2) 도화지와 크레파스
3) 경찰 역할을 위한 모자, 수첩, 볼펜
4) 산타클로스의 답장

### 활 동 1 산타클로스의 형으로부터 온 편지

1) 교사는 유아들에게 편지가 한 통 도착했다고 전하면서, 준비한 편지를 꺼내 보여주고 같이 읽어본다.

- 오늘 유치원에 오는데 이런 편지가 우리반 앞으로 와있는 거야. 누가 우리반에 편지를 보낸 걸까? 함께 읽어보고 알아봐요.

> 내 동생을 찾아주세요!!
> 내 동생이 어제부터 보이지 않아요. 이제 곧 겨울이 오면 선물도 준비해야 하고 할 일이 많은데 큰 일이에요.
> 내 동생의 썰매를 끄는 루돌프들도 슬프게 울고 있답니다.
> 여러분이 좀 찾아주세요.

산타클로스의 형이 보낸 편지

2) 편지를 읽고 난 다음, 아이들과 편지를 통해 알게 된 것들을 이야기해본다. 교사는 없어진 사람이 산타클로스라는 것을 알 수 있도록 대화를 이끈다.

- 이 편지를 함께 읽어보자. 아는 글자가 있으면 말해주렴.
- 동생이 겨울에 선물을 준비한다고 하는데 누구일까?

---

8) 이 프로그램은 아래 책에 실린 프로그램을 우리나라 유아들의 상황과 정서에 맞게 확장, 보완한 것이다.
Rick Fullwood. *Drama:Ideas for Infant Teachers*, London : London Drama, 1994, pp 36-37.

- 루돌프에 대해서 들어본 적이 있니? 루돌프가 이 동생의 썰매를 끈대.

—산타요. / 산타클로스 썰매를 끌어요.

### 활 동 2 누가 잃어버린 사람을 찾아줄까?

사라진 사람이 산타클로스라는 것을 알게 되면, 이번엔 어떤 직업의 사람이 잃어버린 사람을 찾아주는 일을 하는지에 대해 이야기 나눈다.

- 아, 그럼 사라진 동생이 바로 산타클로스구나! 어떡하지? 산타가 사라지면 우리도 크리스마스에 선물을 못 받겠네.

—찾아야해요.

- 그래. 그런데 이렇게 사람이 없어졌을 때는 어떤 사람에게 찾아달라고 부탁을 해야할까?

—소방관! / 경찰이요. 경찰이 사람을 찾아줘요. / 아니야. 경찰은 도둑을 잡아요.

- 경찰이 하는 일은 여러 가지인가 보다. 사람을 찾아주기도 하고 또 도둑도 잡아주고. 경찰이 하는 또 다른 일은 뭐가 있을까?
- (경찰이 하는 일에 대해 좀더 이야기를 나눠본 다음) 그래. 경찰이 하는 일이 참 많구나. 그럼 경찰이 사람 찾는 걸 우리가 도와주면 어떨까?

—좋아요.

### 활 동 3 우리는 경찰을 도와주는 진짜 도우미

교사는 아이들과 역할에 대해 약속을 한다. 교사의 역할은 산타클로스가 누군지 전혀 모르는 경찰이다. 교사는 경찰 역할로서 질문을 통해 아이들에게서 산타클로스에 대한 정보를 얻어낸다.

- 선생님이 이 모자를 쓰면 경찰이 될 거야. 여기 와서 문을 두드리면(몸짓으로 가상의 문을 두드리는 행동을 보여준다) '똑! 똑! 똑!' 너희들이 '들어오세요' 라고 인사해줄래?

—네!

경찰(교사) : (모자를 쓰고, 손에는 수첩과 볼펜을 들고 등장하며) 똑! 똑!

유아 : 들어오세요.

경찰(교사) : 아, 안녕하십니까? 저는 이 동네를 지키는 경찰입니다. 사라진 사람이 있어서 몇 가지 물어보려고 왔는데요. 이름이 산타클래스래나 뭐래나….

유아 : 네. 알아요. 산타클로스예요.

경찰(교사) : 아휴, 다행이네요. 저는 도대체 그 산타클로스라는 사람을 본 적도 없고 들은 적도 없거든요. 그래서 찾기가 힘드네요. 몇 가지 좀 물어봐도 되나요?

유아 : 네!

경찰(교사) : 먼저 산타클로스는 여자인가요, 남자인가요?

유아 : 남자요!

경찰(교사) : 그럼 산타클로스는 몇 살인가요? 말도 안 하고 없어진 걸 보니 엄마한테 혼이 난 건가 보죠? 이 유치원에 다니는 아이인가요?

유아 : 어? 아니에요. 산타클로스는 할아버지예요.

경찰(교사) : 할아버지요? 그럼 도대체 몇 살이지요?

유아 : 음, 아홉 살이요! / 아니야, 백 살!! / 나이가 아주 많아요.

경찰(교사) : (수첩에 적으며) 나이는 많다. 백 살….
그러면 산타클로스가 잘 입고 다니는 옷이 있나요? 무슨 색이죠?

유아 : 빨강색이요. / 그런데 흰 색도 있어요. 빨강모자에 하얀 것이 달려 있어요.

경찰(교사) : 잘 모르겠네요. 어떤 모양인지 한 번 그려 주실래요?

유아 : (한 명만 나오게 해서 산타클로스의 모습을 그려보게 한다.) 그리고 턱에는 흰 수염도 있어요. 장화도 신고, 커다란 선물 주머니도 가지고 다녀요.

경찰(교사) : 산타클로스의 직업은 뭔가요? 어떤 일을 하지요?

유아 : 밤에 와서 선물을 놓고 가는 사람이에요. / 착한 일을 한 아이에게만 줘요. / 굴뚝으로 몰래 들어와요.

경찰(교사) : 아니, 밤에 몰래 남의 집에 들어온다구요? (놀라며) 그럼 도둑이군요!! 내가 바로 도둑을 잡는 일을 하거든요.

유아 : 아니에요. / 산타클로스는 착한 사람이에요. / 산타클로스는 선물을 주는 사람이지, 도둑처럼 선물을 훔쳐가는 사람이 아니에요.

경찰(교사) : 어, 그래요? (수첩에 적는 척 한다) 산타클로스는 착한 사람이다, 선물을 준다.

경찰(교사) : 그런데 산타클로스는 어디에 사나요?

유아 : 북극이요. / 하늘이요.

경찰(교사) : 그럼, 북극에서 여기까지 올 때 버스나 기차를 타고 오나요?

유아 : 아니에요. / 썰매를 타고 하늘을 날아서 와요. / 루돌프 사슴이 썰매를 끌어줘요. / 선물을 가득 싣고 와요.

경찰(교사) : (수첩에 적으며) 와, 정말 신기하네요. (이제까지 적은 것들을 요약해서 읽어본다.) 참, 그런데 왜 저는 이제까지 한 번도 산타클로스한테 선물을 못 받아봤을까요? 착한 일을 안 해서 그런가? 나도 사람들을 많이 도와줬는데….

유아 : 음! 그건…. 경찰 아저씨가 어른이라서 그래요. / 애들만 받는 거예요.

경찰(교사) : 아, 그렇군요. 여러분 정말 고맙습니다. 여러분은 산타클로스에 대해서 정말 많이 알고 있는데, 저를 한 번만 더 도와주실래요. 저는 저쪽 동네에 가서 찾아볼 테니까 이쪽 동네는 여러분이 좀 맡아주세요. 그렇게 해주실 수 있나요?

유아 : 네! 걱정마세요.

경찰(교사) : 감사합니다. 그럼, 안녕히 계세요.

### 활동 4 산타클로스를 찾는 벽보(포스터) 만들기

1) 교사는 모자를 벗고 돌아와 아이들과 어떻게 산타클로스 찾는 것을 도와줄 수 있을지 이야기 나눈다.

- 경찰관에게 산타클로스에 대해 많이 알려줬니?

—네. / 경찰아저씨가 산타를 잘 몰라요.

- 그렇구나. 그런데 경찰아저씨가 이 동네에서 산타할아버지를 찾아달라고 부탁했지. 어떻게 찾아줄 수 있을까?

—지금 찾으러 나가요!

2) 사람을 찾기 위해 그 사람의 모습을 그림으로 그리고 또 그 사람에 관한 것들을 적어 두는 종이를 본 적 있는지 물어본다. 보통 강아지를 잃어버렸을 때 전봇대에 붙여놓는 것을 본 아이들이 있을 것이다.

- 우리가 빨리 찾아줄 수 있는 방법으로 이런 벽보를 그리는 게 좋겠다. 여러 사람이 보고 연락할 수도 있으니까.

3) 교사는 미리 준비한 도화지와 크레파스를 주고 아이들이 산타클로스를 찾는 포스터를 만들도록 한다. 교사가 유치원 전화번호 혹은 가상의 전화번호 (123-☆♡☆♡)도 적어넣게 하고, '산타클로스를 찾습니다.' 와 같은 문구도 넣어보도록 한다. 칠판에 글자를 써두어 아이들이 참고할 수 있게 해준다. 포스터가 완성되면 교실이나 건물 안에 잘 보이는 곳에 붙이러 다니는 시간을 갖는다.

## 활 동 5 마무리 및 평가

벽보를 붙인 다음, 교실에 모인다. 벽보를 보고 연락이 오면 산타클로스를 찾을 수 있을 거라고 이야기해주고 수업을 마무리한다.

## 후속활동

활동을 한 다음날, 산타클로스로부터 온 연락(전화 혹은 편지 또는 남자 목소리로 녹음된 테이프 등)을 아이들에게 전한다. 산타클로스는 그 벽보를 보고 자기를 열심히 찾는 사람들이 있다는 생각에 집으로 돌아오기로 했다고 말해준다. 갑자기 사라졌던 이유는 해마다 겨울이면 밖에 돌아다녀야 하기 때문에 감기에 자주 걸려, 너무 힘들어서 그런 거라고 설명한다. 교사는 아이들과 함께 어떻게 하면 산타클로스가 춥지 않고 감기에 걸리지 않을 수 있을지 이야기 나눈 다음, 그림 편지나 테이프에 녹음하는 방식으로 해결책을 전한다.

## 궁금해요 ?

**Q** 경찰 역할을 할 때, 아이들이 산타클로스가 누군지 알려주는 것에 흥미를 느끼지 않고 시시해하면 어떡하나요?

**A** 교사가 산타클로스에 대해 정말 모르는 경찰관이 되어 아이들이 알려주는 사실들에 잘 반응해준다면 흥미를 느낄 것입니다. 예를 들어, 성별, 나이 그리고 사는 곳과 하는 일 등을 질문할 때 "이 유치원에 다니나요?" 라고 묻거나, "아, 그러면 도둑이군요. 밤에 남의 집에 들어가다니!" 라고 반응함으로써 아이들의 참여를 자극할 수 있을 것입니다. 또한 기본적으로 아이들은 자신들이 알고 있는 것을 성인이 진지하게 요구할 때 알려주는 것에 성취감을 느낍니다.

**Q** 산타클로스 찾는 것을 도와주자고 하니까 진짜 밖으로 나가 찾자고 하네요. 그럴 때 어떻게 할까요?

**A** 실제 수업에서도 그런 일이 있었는데요, 교사의 재량에 달려있겠지요. 잠깐 바깥을 둘러보고 온 다음, 다른 방법을 찾다가 벽보에 대한 의견이 나온 적도 있었답니다. 아이들의 의견을 들어보고 가능한 것은 실행해봐도 좋고, 교사가 먼저 벽보의 방법을 제안해도 좋다고 생각합니다.

**Q** 아이들이 산타클로스를 찾았는지 궁금해 해서 다음 수업을 진행하기 힘들었어요. 후속 활동을 바로 진행하면 어떨까요?

**A** 아이들이 극적 활동에 몰입하면 할수록 다음 상황을 궁금해할 수 있습니다. 산타클로스를 찾았는지 아닌지가 그 순간의 관심사이니까요. 그래서 산타클로스를 찾게 되는 상황을 좀 당겨서 진행할 때도 많습니다. 잠시 간식을 먹는다던가 놀이를 하나 정도 하고 있다가 교사의 핸드폰이 울리며 전화가 오는 겁니다. 그러면 교사는 대답을 크게 하면서 아이들에게 산타클로스가 돌아왔다는 상황을 전합니다. 단, 이런 경우 통화가 길어지면 아이들이 산타클로스와 직접 통화를 하고 싶어하거나 정말 산타가 말하고 있는지 확인하고 싶어해서 어렵더군요. 다음날 산타의 편지를 받았던 경우에는 산타클로스가 감기에 걸려서 겨울에 일하는 게 힘들다는 내용을 보고 아이들과 함께 감기가 빨리 낫는 방법에 대해 그림으로 답장을 보내기도 했어요. 목에 수건을 두르고, 따뜻한 물을 마시고, 약도 먹어야한다는 것이 아이들의 처방전이었는데 겨울에

아이들이 감기에 걸렸을 때에도 해당되는 내용이지요. 간접적인 방식이기는 하지만 감기에 걸렸을 때 어떻게 해야 빨리 낫는지에 대해서도 알게 되고 스스로 왜 쓴 약을 먹어야하는지에 대해서도 받아들일 수 있는 계기가 되지 않았을까요?

chapter 5

# 우리나라

## 01 똑똑, 누구십니까?

활동목표 : 옛날 집의 온돌식 난방을 이해한다.
손님이나 주인 역할을 맡아, 노래 내용에 맞게 움직이고 표현한다.
준비자료 : 그림(옛날 집, 아궁이 불, 얼음)

### 도 입

교사는 옛날 집 그림을 보여주며 옛날 집 구조와 온돌식 난방에 대해 설명해준다.

- 선생님이 옛날 사람들이 살았던 집을 보여줄게. 이런 집 본 적 있니? 무엇이 보이니? 지붕은 무엇으로 만들었을까? 풀을 엮어서 지붕을 만들었기 때문에 초가집이라고 부른단다.

● 옛날 집에서는 방을 따뜻하게 덥히기 위해서 이렇게 아궁이에 불을 뗐어. 아궁이 가까운 쪽 방바닥은 아랫목이라고 부르고, 아궁이와 멀리 떨어진 방바닥은 윗목이라고 부른단다.

● 아랫목은 뜨거울까 차가울까? 윗목은? 아랫목은 뜨겁고, 윗목은 얼음처럼 차가웠대.

## 전개

1) 〈똑똑〉 노래를 배운다.
2) 교실의 한쪽 공간을 집으로 설정하고, 집 문으로서 의자 두 개를 붙여놓는다. 집 안쪽 공간 한쪽 벽에 '아궁이 불' 그림을, 반대쪽 벽에 '얼음' 그림을 붙여놓는다. 나머지 벽 쪽에 의자를 붙여놓는다.

● (안쪽 공간을 가리키며) 이쪽이 집이야. (문 두 개를 가리키며) 이것은 문이야. (의자 두 개를 떼었다가 붙이며) 문을 열고 닫을 수 있어. 문을 열고 집에 들어와 방으로 들어가면 (아궁이 불 그림 아래 바닥을 가리키며) 이쪽은 아랫목이야. 아랫목은 불 때는 아궁이랑 가까워서 뜨거워. (얼음 그림 아래 바닥을 가리키며) 저쪽은 윗목이야. 윗목은 불 때는 아궁이랑 멀어서 얼음처럼 차가워. 이쪽에는 의자가 있단다.

## 똑 똑

전래 동요
백창우 채보

조금빠르게 (♩= 120)

3) 교사는 주인이 되고, 유아들은 손님이 되어 노래를 부르면서 다음과 같은 방법으로 놀이를 진행한다.

손님(유아) : (문 밖에서) 똑똑!
주인(교사) : (문 안쪽에서) 누구십니까?
손님 : 손님입니다.
주인 : 들어오세요.
손님 : 문 따 주세요.
주인 : 철~ 컥!
다 같이 : 하나, 둘, 셋, 넷!
주인 : (아궁이 불 그림 아래 공간을 가리키며) 아랫목에 앉아라.
손님 : (주인이 가리킨 바닥에 잠시 앉았다가 엉덩이를 움켜쥐며 일어선다.) 아이구 뜨거워!
주인 : (얼음 그림 아래 공간을 가리키며) 윗목에 앉아라.
손님 : (주인이 가리킨 바닥에 잠시 앉았다가 엉덩이를 움켜쥐며 일어선다.) 아이구 차가워!
주인 : (의자를 가리키며) 의자에 앉아라.
손님 : (의자에 잠시 앉았다가 엉덩이를 움켜쥐며 일어선다.) 아이구 엉덩이야.
주인 : (바닥을 가리키며) 땅바닥에 앉아라.
손님 : 아이구 더러워! 못 앉겠어요.
주인 : 못 앉겠음 빨리빨리 나가주세요. (손님들은 문을 통해 집 밖으로 도망가고, 주인은 잡으러 쫓아간다. 잡힌 사람은 교사와 함께 집주인이 된다.)

4) 유아들 중에서 손님 역할을 하고 싶은 유아들은 모두 손님이 되어 놀이를 반복한다.

## 마 무 리

손님과 주인 역할을 하며 놀이해본 경험에 대해 이야기 나눈다.

- 주인 역할을 할 때, 어떤 것을 느꼈니? 손님들이 다 싫다고 하니까 기분이 어땠어?
- 손님 역할을 할 때는 무엇이 재미있었니?

## 궁금해요??

**Q** 우리 유치원은 교실 공간이 넓지 않아요. 이 놀이를 하려면 집 안과 밖 공간을 구분해야 하고 또 집 안 공간에는 의자를 아이들 인원수만큼 벽에 붙여놓아야 하잖아요. 그런데 그렇게 하면 아이들이 충분히 움직일 공간이 나오질 않아요.

**A** 아이들이 20명이 넘으면 의자만으로도 공간이 꽉 차겠죠. 의자 때문에 아이들이 이리저리 이동하며 앉고 일어섰다가 도망가는 공간이 나오지 않을 거예요. 그렇다면 의자를 아예 치워버리고 놀이하세요. '의자에 앉아라' 하면 마임으로 의자에 앉는 동작을 하는 거지요. 진짜 의자에 앉는 것보다 허공에 엉덩이를 걸치는 동작을 하며 놀이하는 것이 더 재미있을 수도 있어요.

**Q** 제가 처음에 주인이 되어서 놀이를 했는데, 끝에 도망가는 아이 한 명을 가볍게 쳤어요. 그 아이한테 '이제 선생님하고 함께 집주인이 되자.' 고 하니, 아이가 서럽게 우는 거예요. 이 아이는 평상시에도 놀이에서 지거나 술래가 되는 것을 인정하지 못하고 이런 반응을 곧잘 보이곤 한답니다. 어떻게 하면 좋을까요?

**A** 놀이발달의 측면에서 보면 유아기는 감각적 탐색놀이와 상상놀이에서 더 즐거움을 얻는 시기입니다. 온몸으로 느끼며 움직이는 것을 좋아하고, 자신이 상상하는 것을 현실에서 구현하면서 놀이하는 극적놀이에 흠뻑 빠져있지요. 8세 이후부터는 차츰 규칙 있는 놀이를 더 선호하게 됩니다. 8세 이후 아동들의 경우 놀이에서 누구에게나 엄격한 규칙이 적용되고, 이기고 지는 것, 누가누가 더 잘하는가가 중요해지게 되지요. 자기중심성이 강하고 자기객관화가 취약한 유아들 중에는 놀이의 규칙이 공정하게 누구에게나 적용되어야 한다는 것을 아직 받아들이지 못하는 유아도 있습니다. 놀이에서 지는 상황을 수용하여 술래로서 놀이를 즐기지 못하고, 자신이 지는 것에 속상해하고 스트레스를 받는 것이지요. 이런 아동한테는 "집주인 하고 싶지 않아요?"라고 되물어보고, 그렇다고 하면 손님 역할만 하게 해주세요. 유아들에게 초등학생 대하듯 너무 엄격한 놀이규칙을 적용하는 것은 적합하지 않습니다. 그것보다는 놀이 자체에 즐겁게 참여하는 것에 중점을 두어서 놀이를 진행하는 것이 좋습니다.

## 02 맛있게도 냠냠

수업목표 : 시의 운율과 내용을 말과 몸짓으로 표현해보며 시 읽는 즐거움을 느낀다.
준비자료 : 1) 시 그림판과 막대 인형들(꼬마 아이, 동전, 물귀신, 송아지, 호랑이, 생쥐)
2) 책상, 요가 매트 4장
3) 파란색 큰 천, 조화 여러 개가 꽂힌 바구니, 빵 넣을 바구니
4) 신문지 빵 : 신문지 하나를 동그랗게 뭉친 다음, 호일로 감싼다. 인원수만큼 준비한다.
5) 동전 : 두꺼운 도화지를 500원 동전 크기로 동그랗게 자른 다음, 알루미늄 호일로 싼다. 인원수만큼 준비한다.
6) 가짜 종이 지폐와 보자기

### 활 동 1 그림판 보며 이야기 듣기

교사는 그림판을 배경으로 막대 인형(꼬마 아이, 동전, 물귀신, 송아지, 호랑이, 생쥐)을 조작하면서 이야기를 들려준다.

이 그림에서 뭐가 보이니? 꼬불꼬불 길이 있고 나무하고 오리도 있고 집도 보이네. 이 길을 가다보면 가게가 있어요. 어떤 가게일까? 이쪽에는 빵 가게가 있고 저쪽에는 꽃 가게가 있네. (꼬마 아이 막대 인형을 조작하며) 꼬마 아이가 이 길을 걸어가고 있었어요. (동전 막대 인형을 길 위에 올려놓고) 그런데 길 위에 뭔가 반짝반짝한 것이 떨어져 있었어

요. 동전이었어요. 꼬마 아이는 동전을 주워서 신이 났어요. 그런데 길 앞쪽에서 맛있는 빵 냄새가 났어요. 또 다른 길로 가면 그 곳에는 꽃 가게가 있었죠. 꼬마 아이는 빵 가게로 갈까? 꽃 가게로 갈까? 여러분들은 어디로 가고 싶어요? 꼬마 아이는 빵 가게로 가서 빵 한 개를 샀어요. 빵을 보자기에 싸서 시냇가로 갔어요. 시냇가에 앉아서 맛있는 빵을 먹으려고 하는데, (물귀신 막대 인형을 조작하며) 물귀신이 나타나서 "이히히히, 맛있겠다, 냐얌냠. 나 한 입만 주라."라고 하는 거예요. 꼬마 아이는 "안돼!"하고는 도망을 쳤답니다. 한참 길을 가서 외양간 앞에서 빵을 먹으려고 하는데, (송아지 막대 인형을 조작하며) 송아지가 나타나서 "음메, 맛있겠다, 냐얌냠. 나 한 입만 주라."하는 거예요. 꼬마 아이가 빵을 주었을까? 빵을 주지 않고 황급히 보자기에 싸서 산 속으로 도망을 갔답니다. 산속에서 빵을 먹으려고 하니, (호랑이 막대 인형을 조작하며) 호랑이가 나타나서 "어흥, 맛있겠다, 냐얌냠. 빵 한 입만 주면 안 잡아먹지!"라고 했대요. 꼬마 아이는 무서웠지만 빵을 뺏기지 않고 집으로 돌아왔어요. 뒤뜰에 앉아서 빵을 먹으려는데 생쥐 두 마리가 나타나서 낼름하고 빵을 훔쳐 먹었답니다.

### 활 동 2 '맛있게도 냠냠' 시 읽어보기

'맛있게도 냠냠' 시를 함께 읽어본다. 시구에서 어려운 단어의 뜻을 교사가 설명해준다.

- 선생님이 너희들에게 해준 긴 이야기를 짧은 시로 만든 것이 있단다. 같이 읽어보자.

**맛있게도 냠냠!**

길로 길로 가다가
동전 한 닢 주웠네

꽃 가게로 갈까
빵 가게로 갈까

빵 가게로 가서
빵 한 개를 샀네

보에 싸서 걸머지고
시냇가에 가 먹으려니
물귀신이 나얌냠

도로 싸서 걸머지고
외양간에 가 먹으려니
송아지가 나얌냠

도로 싸서 걸머지고
산속에 가 먹으려니
호랑이가 나얌냠

도로 싸서 걸머지고
뒤뜰에 가 먹으려니
생쥐 두 마리가 낼름

- '보'가 무얼까? 보는 보자기를 의미한단다. 보자기에 여러 가지 물건이나 음식을 싸죠. '도로 싸서 걸머지고'는 '다시 아까처럼 보자기로 싸서 어깨에 걸쳐서 멘다.'는 뜻이야.

### 활동 3 길 만들기

1) 시의 공간적 배경이 되는 길을 요가 매트를 이용하여 Y자 모양으로 만든다. 갈림길의 한쪽 끝에는 꽃 바구니를 배치하고, 다른 쪽 길 끝에는 빵 바구니를 배치한다.

- 시에서 꼬마 아이가 길을 가다가 동전을 주웠지? 우리 교실에 그 길을 만들어보자. (요가 매트를 깔아 갈림길을 만들고 나서) 이쪽 길로 가면 빵 가게가 나와요. 하지만 저쪽 길로 가면 꽃 가게가 나온단다.

2) 길 위에 동전 하나를 떨어뜨려 놓는다.

### 활 동 4 꽃 가게로 갈까? 빵 가게로 갈까?

1) 유아들 중 자원자 2명이 꽃 가게 주인과 빵 가게 주인 역할을 맡도록 한다.

- 꽃 가게 주인 하고 싶은 사람? ○○이는 저쪽에 가서 꽃을 파는 거야. 동전 한 개에 꽃 한 개를 주면 돼요. 빵 가게 주인 하고 싶은 사람? □□는 이쪽에서 빵을 팔아요. 동전 한 개에 빵 한 개를 주는 거다.

2) 유아 한 명(△△)이 나와서 길이 시작되는 지점에 서면, 나머지 아이들이 모두 함께 "△△이가 길로 길로 가다가 동전 한 닢 주웠네."를 읊도록 한다.

3) △△이 길을 가다 동전을 주우면, 나머지 아이들은 "꽃 가게로 갈까 빵 가게로 갈까." 라고 시를 읊고, 빵 가게와 꽃 가게 주인은 "빵 사세요.", "꽃 사세요."를 외치며 자기 물건을 팔기 위해 노력한다.

4) △△은 갈림길에서 자신이 사고 싶은 것을 선택해서 그쪽 길로 가서 꽃이나 빵을 사고 동전을 지불한다. 나머지 아이들은 △△가 산 것을 보고 그것에 맞게 시를 읊는다. "빵 가게(혹은 꽃 가게)로 가서 빵 한 개를(꽃 한송이) 샀네." 원하는 것을 산 △△은 제 자리에 가서 앉는다.

5) 한 명씩 위의 과정을 반복한다. 교사는 매번 동전을 한 개 길 위에 놓아준다.

6) 모두 원하는 것을 샀으면, 어느 가게가 더 많이 팔았는지 각 가게어서 벌어들인 동전을 세어본다.

○ 어떤 가게가 더 장사가 잘 되었을까? 오늘 벌어들인 동전을 세어보면 되겠지. 먼저 꽃 가게가 꽃을 팔고 얻은 동전을 세어보자. (유아들과 함께 동전의 숫자를 센다.) 다음은 빵가게의 동전을 세어보자. (동전의 숫자를 센다.)

### 활 동 5 극화 ① - 빵을 가진 아이 역할로서

1) 꽃을 선택한 아동의 경우 꽃을 빵으로 바꾸어준다.

○ 지금부터 우리는 모두 시에 나오는 꼬마 아이가 되어 빵을 가지고 시냇가에도 가고 산속에도 갈 거예요. 꽃을 산 사람은 빵으로 바꾸어줄게.

2) 마임으로 빵을 보자기로 싸서 모두 함께 "길로 길로 가다가 길로 길로 가다가"를 반복하면서 교실을 한 바퀴 돈 다음, 시냇가에 도착한다. (교사가 미리 교실 한 구석에 파란 천을 깔아놓는다.)

3) 시냇가에서 손을 씻고 빵을 먹으려고 하는데 물귀신(교사)이 나타난다.

○ 우리 시냇가에서 빵 먹자. 먼저 손부터 씻어야지. 이제 보자기를 풀고(마임) 빵을 먹으려고 '앙~' 하고 입을 벌리는데 물귀신이 나타났어요. 선생님이 물귀신이 되어서 나타날게.

물귀신(교사) : (파란 천을 들고 일어서서) 히히히히, 맛있겠다. 냠냠! 나도 먹고 싶다. 나 조금 주면 안 되겠니?
꼬마 아이(유아) : 안돼! / 저리 가!
물귀신(교사) : 그러면 시냇물로 흠뻑 뒤집어 씌울 거다!
해설(교사) : 꼬마 아이는 물귀신을 피해서 다시 길을 갔어요.

4) 모두 함께 "길로 길로 가다가 길로 길로 가다가"를 반복하면서 교실을 한 바퀴 돈 다음, 외양간에 도착한다. (교사가 미리 시냇가 반대편에 책상을 하나 설치해 놓는다.)

5) 외양간 앞에서 빵을 먹으려고 하는데 송아지(교사)가 나타난다.

- 우리 외양간 앞에서 빵 먹자. 여기는 아무도 없을 거야. 보자기를 풀고 빵을 먹으려고 '앙~' 하고 입을 벌리는데 송아지가 나타났어요.

송아지(교사) : (책상 뒤에서 나타나며) 음메, 맛있겠다. 냠냠! 나도 먹고 싶다. 나 조금 주면 안 되겠니?
꼬마 아이(유아) : 안돼!
송아지(교사) : 빵 안 준다구? 흑… 나 배고픈데… 그러면 너희들 빵 대신에 풀을 좀 뜯어다 줄 수 있겠니?
꼬마 아이(유아) : 그래! / 좋아! (마임으로 풀을 뜯어서 소에게 준다.)
송아지(교사) : (유아가 주는 풀을 맛있게 먹으며) 아, 맛있다. 고맙다, 얘들아. 너희 덕분에 배가 부르다. 잘 가라!
꼬마 아이(유아) : 안녕!

6) 모두 함께 "길로 길로 가다가 길로 길로 가다가"를 반복하면서 교실을 한 바퀴 돈 다음, 산속에 도착한다.

7) 산속에서 빵을 먹으려고 하는데 호랑이(교사)가 나타난다.

- 우리 여기 깊은 산속에서 빵 먹자. 보자기를 풀고 빵을 먹으려고 '앙~' 하고 입을 벌리는데 호랑이가 나타났어요.

호랑이(교사) : 어흥, 빵 한 개 주면 안 잡아먹지!
꼬마 아이(유아) : 안돼!
호랑이(교사) : 안 준다구? 그러면 너희들이라도 잡아먹는다.

8) 교사는 여기에서 연극을 잠시 멈추고, 호랑이와 꼬마 아이의 행동을 약속으로 정한다.

- 꼬마 아이는 호랑이한테서 도망가지 않고, 호랑이를 골려줄 좋은 생각을 해냈어. 어떤 생각을 했을까? 빵을 높이 쳐들고는 "빵, 여기 있지!"라고 말했어. 호랑이가 폴싹 뛰어오르면 빵을 싹 치워버리고, 다른 쪽으로 쳐들어서 "여기 있는데… 잡아봐!"라고 말했지. 그래서 호랑이가 그 쪽으로 뛰어 오르면 재빠르게 치워버렸단다. 우리가 그렇게 한번 해보자.

해설(교사) : 꼬마 아이는 빵을 높이 쳐들고는 "빵, 여기 있지."라고 말했어요.
꼬마 아이(유아) : 빵 여기 있지!
호랑이(교사) : 홍, 내가 못 잡을 줄 알고? 내가 점프해서 빵을 잡을테닷! (빵 쪽으로 점프를 하다가 꽈당 넘어진다.) 아야, 엉덩이 아파. 흑…
꼬마 아이(유아) : (다른 쪽으로 빵을 높이 쳐들고) 빵 여기 있지!
호랑이(교사) : 이번엔 꼭 빵을 먹어야지. (점프를 하다가 꽈당 넘어진다.) 아야, 아야, 흑흑… 에이, 그깟 빵, 안 먹어! 엄마! (울면서 나간다.)

9) 모두 함께 "길로 길로 가다가 길로 길로 가다가"를 반복하면서 교실을 한 바퀴 돈 다음, 뒤뜰에 도착한다.

10) 뒤뜰에서 빵을 먹으려고 하는데 생쥐(교사)가 나타난다.

○ 우리 여기 뒤뜰에서 빵을 먹자. 보자기를 풀고 빵을 먹으려고 '앙~' 하고 입을 벌리는데 생쥐가 나타났어요. 생쥐는 재빠르게 꼬마 아이의 빵을 가져갔어요. 그러면 꼬마 아이의 기분은 어떨까? 매우 속상하겠지. 속상할 때 아기들은 어떻게 울지?

- '으앙' 하고 울어요. / 발을 구르며 울어요. / 땅을 치며 울어요.

○ 여러분도 생쥐가 빵을 가져갔을 때, 아주 속상한 아기들처럼 큰소리로 울어보세요.

11) 교사가 생쥐 역할로서 "찍찍 짹짹" 소리를 내며 나와서 아이들의 빵을 가져가고, 아이들은 울음을 터트린다.

### 활 동 6 극화 ② - 가게 주인, 물귀신, 송아지, 호랑이, 생쥐 역할로서

한번 더 연극을 하는데 이번에는 역할을 바꾸어서 진행한다.

1) 교사가 꼬마 아이 역할을 할 것임을 알리고, 유아들은 빵 가게 주인, 꽃 가게 주인, 물귀신, 송아지, 호랑이 역할 중에서 하고 싶은 역할을 정하게 한다. 생쥐 역할은 모두 함께 한다고 알려준다.

2) 각 역할별로 위치를 정해준다.

- 물귀신 : 교실 한쪽 벽면에 물귀신 역할을 맡은 유아들이 파란 천을 들고 서 있게 한다.
- 송아지 : 다른 쪽 벽면에 책상을 배치해 놓고, 유아들이 책상 뒤쪽에 대기해 있도록 한다.
- 호랑이 : 또 다른 벽면에 의자를 배치해 놓고, 유아들이 의자 뒤쪽에 대기해 있도록 한다.

3) 꼬마 아이(교사)가 처음에 길을 가면서 동전을 줍는 장면부터 시작한다. 꼬마 아이는 빵 가게에 갔을 때, 빵을 바구니째 몽땅(유아 인원수만큼) 사도록 한다. (동전은 하나 줍지만, 주머니에서 가짜 지폐를 꺼내어 빵을 다 산다.)

4) 꼬마 아이(교사)는 빵 바구니를 보자기에 싸서 둘러메고 길을 가다가 물귀신을 만난다.

꼬마 아이(교사) : 시냇가에서 손을 씻고 빵을 먹어야겠다. (빵을 먹으려고 입을 크게 벌린다.)
물귀신(유아) : 히히히, 맛있겠다, 냐얌냠. 나도 줘!
꼬마 아이(교사) : 안돼! 도망가야지.

5) 꼬마 아이(교사)는 다시 길을 가다가 외양간 앞에서 빵을 먹으려다가 송아지를 만난다.

꼬마 아이(교사) : 이 외양간 앞은 괜찮겠지. (빵을 먹으려고 입을 크게 벌린다.)
송아지(유아) : 음메, 맛있겠다, 냐얌냠. 나도 줘!
꼬마 아이(교사) : 안돼! 빵 나 혼자 먹을 거야. 그런데 송아지야, 배 많이 고파?
송아지(유아) : 응.
꼬마 아이(교사) : 그러면 내가 신선하고 맛있는 풀 뜯어다 줄게. (마임으로 풀을 뜯어서 송아지에게 먹여준다.) 맛있지? 그럼, 잘 있어. 안녕!
송아지(유아) : 안녕! 잘 가!

6) 꼬마 아이(교사)는 다시 길을 가다가 산속에서 빵을 먹으려다가 호랑이를 만난다.

꼬마 아이(교사) : 이 산속은 괜찮겠지. (빵을 먹으려고 입을 크게 벌린다.)
호랑이(유아) : 어흥, 맛있겠다, 냠얌냠. 빵 한 개만 주면 안 잡아먹지.
꼬마 아이(교사) : 알았어. (빵을 높이 쳐들고) 그럼 높이 뛰어올라서 이 빵을 잡아봐! (호랑이는 잡으려고 하다가 엉덩방아를 찧는다. 꼬마 아이는 다른 쪽 방향으로 빵을 높이 쳐들고) 다시 한 번 해봐! (호랑이는 잡으려고 하다가 엉덩방아를 찧는다.) 에이, 점프도 못하면서. 아프겠다, 쯧쯧. 그럼, 난 간다!

7) 꼬마 아이(교사)는 다시 길을 가다가 뒤뜰에서 빵을 먹으려다가 잠이 든다.

꼬마 아이(교사) : 뒤뜰에서 먹어야지. (빵을 먹으려다가 크게 하품한다.) 그런데 너무 졸립다. 한숨 자고나서 먹어야겠다. (쓰러져 잠이 든다.)

8) 유아들은 모두 생쥐가 되어서 한 명씩 자고 있는 꼬마 아이(교사)에게 가서 빵 한 개씩 몰래 가지고 온다.

- 너희들은 이제 모두 생쥐가 되는 거야. 꼬마 아이가 자고 있을 때 살금살금 가서 빵을 한 개만 가지고 오는 거다. 꼬마 아이가 잠에서 깨지 않도록 하려면 어떻게 움직여야 할까? 소리 내거나 말을 하면 안 되겠지.

9) 잠에서 깬 꼬마 아이(교사)는 자신의 빵이 다 사라진 것을 알아채고는 엉엉 운다.

꼬마 아이(교사) : (잠에서 깨어) 어, 빵이 다 어디 갔지? 아이고, 내 빵. 흑흑흑.

10) 생쥐들은 맛있게 빵을 먹는다.

**활 동 7** **마무리**

시를 다 함께 낭송한다.

- 연극 활동을 하고 나서 동시를 읽어보니, 그냥 읽을 때와 어떤 차이가 있니?
- 시는 많이 읽으면 읽을수록 진짜 재미를 느낄 수 있단다. 집에서도 다른 시를 찾아서 여러 번 읽어보렴.

## 궁금해요 ?

**Q** 같은 내용을 굳이 두 번 연극으로 할 필요가 있을까요? 한 번만 해도 충분하지 않을까요?

**A** 같은 내용을 반복하지만 활동 형식이 똑같은 건 아니에요. 역할이 바뀝니다. 첫 번째 극화에서 유아들은 시의 주인공인 꼬마 아이의 역할을 맡아서 연기합니다. 동전을 주워서 빵도 사고, 여러 군데 다니면서 위기도 잘 피해요. 여기까지는 유아에게 매우 만족스러운 체험입니다. 그런데 정작 마지막에는 이 주인공이 빵을 빼앗기고 말지요. 그래서 유아들은 빵을 먹고 싶은 욕구를 만족시키지 못한 채 연극을 끝내게 됩니다. 이렇게 수업이 끝나면 매우 아쉽겠죠? 그래서 두 번째 극화는 이 욕구를 만족시킬 수 있는 구조로 이루어졌습니다. 유아들은 가게 주인, 물귀신, 송아지, 호랑이 등 개성이 뚜렷한 인물을 먼저 연기해본 후, 마지막에는 모두가 생쥐로서 빵을 가져가 먹는 행동을 하게 됩니다. 첫 번째 극화에서 채우지 못한 욕구를 충족시킬 수 있는 기회를 갖게 되는 것이지요.

**Q** 아이들이 자꾸 빵과 동전의 겉면에 싼 호일을 벗겨보려고 하더군요. 이럴 땐 어떻게 하면 좋을까요?

**A** 왜 호일을 벗기려고 하는 걸까요? 호일 속에 도대체 무엇이 들어 있을까 궁금해서 그러는 것이겠죠. 어른들도 똑같은 반응을 보인답니다. 유아들과 똑같이 호일을 벗겨보고 싶어 해요. 이것을 방지하려면 교사가 미리 알려주고 보여주면 됩니다. 즉 활동 3에서 길을 만들고 꽃 가게와 빵 가게를 배치할 때, "여기 있는 빵은 선생님이 신문지로 만든 거란다. 신문지를 공처럼 뭉친 다음, 쿠킹 호일로 감싸서 만들었어."라고 말하면서 호일을 벗겨 신문지 뭉치를 보여주는 거예요. 동전의 경우도 똑같이 보여주고 제작과정을 설명해주세요. 그리고 나서 "여러분은 빵을 받았을 때 쿠킹호일을 벗기지 않았으면 좋겠다. 그러면 빵 모양이 망가질 수 있으니까."라고 당부한다면, 아이들이 굳이 호일을 벗기려고 하지 않을 거예요.

# 03 팥죽 할멈과 호랑이

수업목표 : 음악을 듣고 등장인물의 움직임을 찾아내어 몸짓으로 표현한다.
준비자료 : 1) 『팥죽 할멈과 호랑이』 그림책 (서정오 작, 박경진 그림, 보리출판사)
2) 팥, 솥단지로 이용할 큰 냄비나 빈 상자
3) 밤톨, 자라, 송곳, 절구, 멍석 그림 : 각 그림을 교실의 사방 벽에 붙여놓는다.
4) 밤톨, 자라, 송곳, 절구 음악(부록 CD 9, 10, 11, 12)
5) '팥죽 할멈과 호랑이' 노래(부록 CD 7, 8), '겨울' 테마(부록 CD 13)
6) 슬라이드 휘슬

## 도 입

- (팥을 보여주며) 이것이 무엇인지 아니? 팥이지. 팥을 넣어서 여러 가지 음식들을 만들 수 있단다. 어떤 음식들이 있을까?

- 팥밥 / 팥죽 / 팥빙수 / 붕어빵 / 팥시루떡 / 단팥빵

- 오늘은 이 팥이 나오는 이야기를 가지고 연극놀이 해보자.

## 활 동 1 그림책 보며 이야기 듣기

'팥죽 할멈과 호랑이' 이야기를 아이들에게 들려준다. 아이들이 멍석이나, 절구 등에 대해 잘 모를 때에는 그림책을 보여주면서 중간 중간 그 용도를 설명해준다.

**팥죽 할멈과 호랑이**

할머니가 산 밑에서 팥밭을 매고 있는데, 커다란 호랑이가 나타난다. 호랑이가 잡아먹겠다고 하자 할머니는 누가 팥 밭을 빨리 매나 내기를 하자고 제안한다. 호랑이는 커다란 앞발로 성큼성큼 팥 밭을 매어 내기에서 이긴다. 할머니는 팥 농사 다 지어서 팥죽 쑤어먹을 때까지만 기다려달라고 애원한다. 호랑이는 그때 다시 오겠다며 산속으로 돌아간다. 가을이 지나고 어느새 겨울이 되어 할머니는 팥죽을 한 솥 가득 쑤어놓고 훌쩍훌쩍 운다. 이때 밤톨이 떼구르르 굴러와서 "할멈, 할멈, 왜 울우?" 묻는다. 할머니는 "오늘 호랑이한테 죽게 돼서 운다." 라고 대답한다. 밤톨은 "팥죽 한 그릇 주면 내 살려주지."라며 팥죽을 얻어먹고 아궁이 속에 숨는다. 이어 자라, 송곳, 절구, 멍석이 할머니를 찾아와 "팥죽 한 그릇 주면 내 살려주지."라

며 팥죽을 얻어먹고는 각각 물 항아리, 방문 뒤, 마루, 마당에 숨는다. 이윽고 호랑이가 나타나 춥다고 호들갑을 떤다. 아궁이에 가서 불을 쬐려 하는데 밤톨이 튀어나와 눈을 때린다. 눈을 씻으려고 물 항아리 속에 손을 집어넣으니 자라가 호랑이 손을 꽉 물어버린다. 송곳에 엉덩이를 찔리고 절구에 머리를 맞은 호랑이를 멍석이 또르르 말아서 강물에 던져버린다.

## 활 동 2 노래 배우기

'팥죽 할멈과 호랑이' 노래를 익히도록 한다.

- 팥죽 할멈과 호랑이 이야기를 노래로 만든 것이 있단다. 다 같이 노래를 불러보자.

팥죽 할멈과 호랑이

홍윤숙 · 고민정 작사
정지연 작곡

## 활 동 3 극화 준비하기 – 역할 선정과 동작 연습

1) 밤톨, 자라, 송곳, 절구의 음악을 하나씩 들려주고 각각이 어떤 사물(자연물)을 연상시키는지 물어본다. 음악에 맞추어 다 함께 움직여본다. 멍석의 경우에는 음악 대신 슬라이드 휘슬 소리를 들려준다.

- 선생님이 음악을 들려줄 거야. 이 음악은 팥죽 할멈과 호랑이 이야기에 나왔던 것들을 표현한 거란다. 음악을 잘 듣고 밤톨, 자라, 송곳, 절구, 멍석 중에서 어떤 것이 생각나는지

말해보세요. (밤톨의 음악을 들려준다.) 어떤 것이 생각나니?

- 밤톨요!

○ 우리 음악에 맞추어 밤톨처럼 움직여보자.

2) 밤톨, 자라, 송곳, 절구, 멍석 중에서 자신이 하고 싶은 역할을 선택해서, 그 그림이 붙어 있는 벽 쪽에 가서 모여 앉는다.

○ 밤톨 역할을 하고 싶은 사람 손 들어보자. 벽에서 밤톨 그림을 찾아보렴. 모두 그림 쪽으로 가서 앉아요.

3) 이런 식으로 다섯 종류의 역할을 아이들이 골고루 맡도록 한다. 한 역할에 숫자가 많아도 상관없지만 되도록 고르게 역할을 맡도록 한다. 이때 호랑이를 하고 싶어 하는 아동이 있으면, 교사와 함께 호랑이 역할을 하도록 한다.

4) 음악을 잘 듣다가 자기 음악이 나오면 각각의 역할에 맞는 움직임을 하며 방 한가운데로 걸어 나왔다가 들어가도록 한다.

### 활 동 4 이야기 속으로!

교사는 해설과 호랑이 역할을 맡아 전체적인 극화의 흐름을 유도하고, 보조교사는 할머니 역할을 맡는다.

○ (모두 제자리에 있는지 확인한 후) '팥죽 할멈과 호랑이' 노래를 다 같이 불러보자. 노래가 끝나면 연극을 시작할 거예요.

해설(교사) : 깊은 산속 시골 마을에 할머니 한 분이 살고 있었어요. 할머니는 밭을 매고 있었어요.

할머니(보조교사) : 왜 이리 잡초들이 많이 났누? 잡초들 때문에 팥이 제대로 못자라겠네. (열심히 풀을 뜯는 마임)

해설(교사) : 이때 산속에서 호랑이 한 마리가 나타났어요.

호랑이(교사) : (할머니 뒤쪽에서) 어흥!

할머니(보조교사) : (깜짝 놀라며) 에구머니나! 호호호호랑이다! (도망간다. 호랑이는 쫓아간다. 할머니는 이리저리 숨는데, 호랑이는 매번 할머니를 찾아낸다.)

호랑이(교사) : 할멈, 내 할멈을 잡아먹으러 왔지! 어흥!

할머니(보조교사) : 아이고, 호랑아, 나 좀 살려주렴.

호랑이(교사) : 안돼. 내가 지금 무지 배가 고프거든.

할머니(보조교사) : 그럼, 우리 내기하자.

호랑이(교사) : 내기?

할머니(보조교사) : 그래, 이 팥밭을 누가 빨리 매는지 내기하는 거야. 네가 빨리 매면 나를 잡아먹고, 내가 더 빨리 매면 네가 나를 살려주는 거지.

호랑이(교사) : (혼자 속으로 생각하다가) 좋아. 준비, 시작! (호랑이는 두 발로 성큼성큼 밭을 매어 저 끝에 도착한다. 할머니는 아직 반밖에 밭을 매지 못한 상태이다.) 자, 내가 할멈보다 더 빨리 밭을 맸지? 이제 잡아먹는다!

할머니(보조교사) : 흑흑, 네가 나를 잡아먹으면, 이 팥밭은 누가 매누? 호랑아, 팥농사 다 지어서 팥죽 쑤어먹을 때까지만 기다려다오.

호랑이(교사) : 팥죽? 냠냠, 맛있겠다. 흐흐흐. 팥죽도 먹고 할멈도 먹고. 좋아, 그럼 그때까지 기다려주지. (어슬렁 어슬렁 사라진다. CD 13번을 틀어준다.)

해설(교사) : 할머니는 열심히 팥 농사를 지었어요. 여름이 지나고 가을이 되자, 할머니는 밭에서 팥을 거두었어요. 추운 겨울이 오자 할머니는 팥죽을 쑤었어요. (할머니는 솥단지를 가지고 와서 주걱으로 팥죽을 쑤는 마임을 한다.)

할머니(보조교사) : 흑흑. 이제 나는 죽게 생겼구나. 흑흑.

해설(교사) : 이때 밤톨이 나타나서 "할멈, 할멈, 왜 울우?"라고 물었어요. (밤톨 음악을 틀어준다. 밤톨 역할의 아이들이 나와서 할머니에게 물어보도록 한다.)

할머니(보조교사) : 오늘 호랑이한테 죽게 돼서 운다.

해설(교사) : 그러자 밤톨은 "팥죽 한 그릇 주면 내 살려주지."라고 말했어요.

밤톨(유아) : 팥죽 한 그릇 주면 내 살려주지

할머니(보조교사) : 그래, 여기 있다. (마임으로 팥죽을 주걱으로 퍼서 준다.)

밤톨(유아) : (맛있게 먹는다.)

해설(교사) : 밤톨은 팥죽을 뚝딱 먹어치우더니 아궁이 속에 숨었어요. (밤톨은 다시 제자리로 돌아가도록 한다.)

(이런 식으로 자라, 송곳, 절구, 멍석의 순으로 할머니와 만나서 팥죽 얻어먹는 장면을 연기하도록 돕는다.)

해설(교사) : 이렇게 할멈에게서 팥죽 한 그릇 얻어먹은 밤톨은 아궁이 속에, 자라는 물항아리 속에, 송곳은 방문 뒤에, 절구는 마루 한 옆에, 멍석은 마당 한 구석에 자리를 잡고 숨었어요. 이때 호랑이가 산속에서 내려왔어요. 이날은 아주 아주 추운 날이었어요.

호랑이(교사) : 아이구, 추워, 아이구, 추워. 할멈, 할멈!

할머니(보조교사) : 호랑아, 추우면 아궁이에 가서 불을 쬐렴.

(호랑이는 밤톨이 있는 쪽으로 가서 쭈그리고 앉아 불을 쬐고 있는 동작을 한다. 보조교사는 밤톨 편에 가서 어떻게 호랑이 눈을 때려줄 건지 논의한다. 예를 들어 팔을 휘둘러서 호랑이의 눈을 치기 등. 실제로 때리지는 않도록 주의를 준다. '하나, 둘, 셋' 에 맞추어서 밤톨 역할을 맡은 유아들은 호랑이의 눈을 때려준다.)

호랑이(교사) : 아구구구구, 앗, 뜨거! 앗, 뜨거! 물이 어디 있지? (자라 팀 쪽으로 가서 손을 내민다.)
(보조교사는 자라 팀에 가서 함께 호랑이의 손을 꽉 물어준다. 실제 무는 것은 아니다.)

호랑이(교사) : (손을 감싸쥐며) 아야, 아야.
(보조교사는 송곳 팀에 가서 돕는다. 송곳은 호랑이의 엉덩이를 향하여 두 손을 모아 콕 찌르는 마임을 한다.)

호랑이(교사) : (엉덩이를 잡고) 이건 또 뭐야? 아이고 엉덩이야.
(보조교사는 절구 팀에 가서 돕는다. 절구는 뒤뚱뒤뚱 가서 호랑이의 머리를 치는 마임을 한다. 호랑이는 절구한테 맞고는 멍석 앞으로 가서 쓰러진다. 보조교사는 멍석 팀으로 가서 돕는다. 멍석 팀은 호랑이를 감싸서 강물에 내다 버린다.)

호랑이(교사) : 아이고, 호랑이 살려! 호랑이 살려! 할멈, 나 좀 살려주구려.

할머니(보조교사) : 밤톨, 자라, 송곳, 절구, 멍석아! 어떻게 할까? 호랑이가 애걸하는데 살려줄까? 말까?
(아이들이 살려주자고 하면 다 같이 호랑이를 강물에서 끌어내어준다. 살려주지 말자고 제안하면, 호랑이를 내버려두고 할머니는 밤톨 등에게 일일이 고마움을 표한다. 다 함께 '팥죽 할멈과 호랑이' 노래를 부르며 연극을 끝맺는다.)

### 활 동 5 마무리

- 음악에 맞추어 이야기에 나오는 인물들을 몸짓으로 표현해 보았지? 몸짓을 하는데 음악이 도움이 되었니? 어떻게 도움이 되었니?
- 친구들이 했던 표현 중에서 재미있었던 것은 어떤 것이니? 우리도 함께해 보자. (특히 재미있었던 표현들을 다 같이 다시 한 번 해 본다.)

### 궁금해요??

**Q** 이야기에는 밤톨, 자라, 송곳, 절구, 멍석 외에도 쇠똥, 맷돌, 지게도 나오던데?

**A** 팥죽 할멈과 호랑이 이야기 버전도 여러 가지가 있더군요. 그래서 각 버전마다 등장

하는 인물들이 조금씩 다르지요. 사실 쇠똥과 맷돌은 유아들이 좋아하는 캐릭터이기도 합니다. 이 프로그램에서는 각 인물마다 음악을 사용함으로써 유아들이 인물의 특징적인 움직임을 창안하여 표현하도록 하였는데, 저는 음악 없이 의성어와 의태어를 사용해보기도 했습니다. 즉 각 인물이 움직일 때 어떤 소리가 날지 아이들과 함께 몸짓을 하면서 찾아보는 것이지요. 밤톨 같은 경우에는 떼굴떼굴이나 떼구르르 떼구르르, 쇠똥의 경우에는 뿌지직 뽀옹, 맷돌은 드르륵 드르륵, 지게는 어기적 어기적, 멍석은 폴싹폴싹, 자라는 엉금엉금, 송곳은 뾰족뾰족이나 콩콩콩콩, 절구는 쿵더쿵 쿵더쿵 등의 소리를 유아들이 찾아내곤 합니다. 한 가지씩 소리와 움직임을 정한 후, 각 인물들이 등장할 때 이런 소리를 입으로 내면서 몸짓 표현을 하도록 합니다. 이렇게 입으로 내는 의성어, 의태어 역시 음악만큼이나 리드미컬해서 몸짓 표현을 하는 데 많은 도움이 된답니다.

# 04 해와 달이 된 오누이

수업목표 : 용기와 지혜로 어려움을 극복하는 이야기를 연극적으로 체험함으로써, 자신감과 용기를 얻는다.
연극적 약속의 중요성을 이해하고, 연극적 약속을 지킨다.

준비자료 : 1) 『해와 달이 된 오누이』(혹은 '해님 달님') 그림책, 훌라후프, 미니 칠판
2) 보자기, 신문지 막대기, 파란 천, 밧줄
3) 임마 잎치마, 소쿠리, 떡, 호랑이 머리띠, 딜징갑

## 활 동 1 그림책 보며 이야기 듣기

교사는 유아들에게 '해와 달이 된 오누이' 그림책을 보여주며 이야기를 들려준다.

- 오늘은 이 이야기를 가지고 연극놀이를 할 거야.

## 활 동 2 엄마와 오누이

1) 교사는 엄마 역할을 맡고, 유아들은 오누이 역할을 맡아 연극을 시작한다.

- 너희들은 오누이가 되고, 선생님은 엄마 역할을 할게. 모두 누워 있어요. 밤에 오누이가 잠자고 있는 장면부터 시작하자.

해설(교사) : 옛날 옛적에 깊은 숲속 오두막집에 엄마와 오누이가 살고 있었습니다. 오누이와 엄마는 지금 자고 있어요. ('꼬끼오' 소리를 낸다.)

엄마(교사) : 얘들아, 아침이다. 어서 일어나거라. 얼른 마당에 나가서 세수하고 오너라. (유아들은 마임으로 세수하고 온다.) 여기 동그랗게 앉아라. (마임으로 밥상을 들고 온다.) 얼른 밥 먹자. 맛있니? 반찬은 골고루 먹어야지. 다 먹었니? 오늘 엄마가 너희들에게 할 말이 있어요. 우리 집에 먹을 게 다 떨어졌단다. 그래서 엄마가 저기 산 고개 너머 부잣집에 가서 일하고 먹을 것을 좀 얻어 와야겠다. 그동안 너희들끼리 집 잘 보고 있을 수 있겠니? 엄마 없는 동안 뭐하고 있을 거니?

오누이(유아) : 놀아요. / 책 봐요. / 공부해요.

엄마(교사) : 공부도 좋지만, 집안일도 해야 한다. 청소하고 설거지도 해야지. 그럼 싸우지 말고 사이좋게 잘 지내고 있어라. 엄마, 다녀올게.

2) 교사의 해설을 듣고 유아들은 오누이로서 해설대로 움직이도록 한다.

해설(교사) : 엄마가 일하러 떠난 후, 남겨진 오누이는 먼저 설거지를 하고 청소를 하였습니다. 그리고 마당에 나가 맘껏 뛰어다니며 놀았어요. 그런 다음 마루에 앉아서 책을 보며 공부를 했습니다.

### 활 동 3 일하러 간 엄마

1) 유아들은 엄마 역할이 되어 열 고개를 넘어 부잣집에 일하러 간다.

오빠와 누이동생이 이렇게 놀이도 하고 책도 보면서 하루를 지내는 동안, 엄마는 고개를 열 개나 넘어 부잣집으로 갔어. 부잣집으로 가서 엄마는 어떤 일을 했을까? 이제부터 너희들은 오누이의 엄마 역할을 맡을 거야. 열 개의 고개를 넘어 부잣집으로 가보자. (아이들이 교실을 어느 정도 이동할 때마다 "한 고개 넘고", "두 고개 넘고"라고 하며 숫자를 세어준다.)

2) 교사는 부잣집 마님이 되어 엄마(유아)를 맞이한다. 엄마들을 반반 나누어, 한 모둠에게는 보자기를 하나씩 나누어주며 걸레질을 시키고, 또 다른 모둠에게는 신문지 막대기를 하나씩 나누어주며 빗자루질을 시킨다.

부잣집 마님(교사) : 어서들 오세요. 오시느라고 힘들었죠? 오늘 우리집에 큰 잔치가 있어서 이따 저녁 때 손님들이 많이 온답니다. 그러니 열심히 일해주세요. (유아들을 반으로 나누어 보자기를 하나씩 주며) 이쪽 분들은 방을 걸레로 닦아주세요. (다른 반수의 유아들에게 신문지 막대기를 하나씩 주며) 이쪽 분들은 마당을 이 빗자루로 깨끗이 쓸어주세요.

3) 보자기 팀에게는 걸레질 후, 다음의 일을 이어서 부탁한다.

– 걸레를 빨아서 널기
– 빨래가 다 마르면 걷어서 개기
– 음식 만들기

4) 신문지 막대기 팀에게는 빗자루질 후, 다음의 일을 이어서 부탁한다.

- 산에 가서 도끼로 나무 해오기
- 도끼로 나무 쪼개기
- 나무를 쌓아놓고 아궁이 불 피우기

5) 부잣집 마님(교사)은 모든 일을 마친 오누이의 엄마(유아)에게 수고한 삯으로 떡을 준다.

부잣집 마님(교사) : 벌써 해가 지려고 하네. 하루종일 정말 고생 많으셨습니다. 여러분 덕택에 잔치를 잘 치를 수 있게 되었어요. 어두워지기 전에 집에 도착하려면 서둘러 가셔야겠어요. 그런데 집에 누가 기다리고 있나요?

엄마(유아) : 오누이요.

부잣집 마님(교사) : 아, 그래요. 그러면 제가 떡을 드릴게요.(마임으로 유아들에게 떡을 준다.) 가지고 가서 이쁜 오누이한테 주세요. 그럼 안녕히 가세요. 감사합니다.

## 활 동 4 떡 하나 주면 안 잡아먹지

1) 유아는 호랑이 역할을 맡는데, 세 모둠으로 나뉘어서 각각 교실의 구석 자리에서 대기한다.

- 부잣집에서 열심히 일한 엄마는 떡을 머리에 이고 산 고개를 넘어가다가 호랑이를 만나지? 이제부터 너희들은 호랑이가 될 거야.

2) 호랑이로서 언제 나타나고 뭐라고 말할지, 그리고 마지막 고개에서 엄마를 잡아먹는 표현은 어떻게 할지 약속을 정한다.

- 선생님이 엄마가 되어서 고개를 넘어 앉아서 쉬고 있을 때, 호랑이들이 한 모둠씩 나오는 거야.(그 순서를 정해준다.) 호랑이가 나와서 뭐라고 말하지? "떡 하나 주면 안 잡아먹지."라고 말하고 엄마로부터 떡을 받아먹고 자기 자리로 돌아가는 거다. 이렇게 세 고개를 넘은 다음에, 마지막 고개에서는 너희들이 모두 한꺼번에 나와서 "떡 하나 주면 안 잡아먹지."라고 말하는 거야. 엄마는 "떡이 다 떨어졌는데."라고 하지. 이때 호랑이가 엄마를 잡아먹는데, 그것을 우리가 어떻게 표현하면 좋을까?

- 먹는 척 해요. / 우리가 동그랗게 엄마를 감싸요.

○ 그래, 너희들이 엄마를 동그랗게 감싼 다음 먹는 척 하는 걸로 하자.

3) 엄마 역할을 선생님이 맡아 '호랑이와의 만남' 장면을 실연한다.

엄마(교사) : (앞치마를 두르고 실제 떡을 담은 소쿠리를 머리에 이고) 벌써 날이 어두워졌네. 언제 산 고개를 다 넘어가나. 얼른 가야겠다. (교실을 한 바퀴 돌고나서) 아이고, 힘들다. 좀 쉬었다 가야겠다. (첫 번째 모둠 아이들 쪽에 가서 앉는다.)

호랑이(유아 1모둠) : 어흥, 떡 하나 주면 안 잡아먹지!

엄마(교사)는 놀라면서 호랑이에게 떡을 하나씩 준다.(작게 자른 떡을 하나씩 유아 입에 넣어준다.) 호랑이들은 제자리로 돌아간다. 이런 방식으로 두 고개, 세 고개를 넘을 때마다 호랑이(유아 2모둠, 3모둠)를 만나 떡을 준다.

엄마(교사) : 이제 고개 하나만 넘으면 집이다.

호랑이(유아들 모두) : 어흥, 떡 하나 주면 안 잡아먹지!

엄마(교사) : 호랑이님, 이제 떡이 하나도 없어요.(소쿠리를 보여주며) 보세요. 하나도 없잖아요.

호랑이(유아들) : 그러면 너라도 잡아먹어야겠다.(동그랗게 엄마를 감싸고 먹는 척을 한다.)

### 활 동 5 오누이를 찾아온 호랑이

1) 유아들을 한쪽에 앉혀놓고, 이후 장면에서 오빠 역할을 할 사람과 누이 역할을 할 사람을 정한다. 모든 유아들은 두 역할 중 하나를 선택한다.
2) 유아들이 오빠와 누이 역할로서 해야 할 행동과 대사를 알려주고, 공간과 동선을 약속한다.

○ 엄마를 잡아먹은 호랑이는 엄마의 앞치마를 두르고 오누이만 있는 집을 찾아왔지? 이제

부터 너희들이 오누이가 될 거야. 호랑이는 선생님이 할게. 오누이 집은 너희들이 지금 앉아있는 곳으로 하자. 방문은 이걸로 할게.(미니 칠판 혹은 이젤 화이트 융판을 끌어다 놓는다.) 호랑이가 와서 "얘들아, 엄마 왔다." 하면 오누이는 어떻게 말하지? "엄마 목소리가 아니예요."라고 말할 거야. 호랑이는 목소리를 곱게 가다듬고 "엄마가 감기가 걸려서 그래. 얼른 문 열어라."라고 말하면?

- 손을 내밀어. / 손 보여줘.

○ 그렇게 말하렴. 호랑이는 손을 내밀었어. 털이 복슬거리고 발톱이 나와 있었지. 오누이는 또 "엄마 손 아니예요."라고 했겠지. 호랑이는 부엌으로 가서 밀가루를 묻혀서 손을 하얗게 만들어서 다시 내밀었어. 그 손을 보고 누이동생이 방문을 열어주었단다. 자, 연극을 할 때 누가 문을 밀어서 열어줄래? (누이동생들 중에서 자원자 두 명을 선정한다.) 호랑이인 것을 알고 오누이는 어디로 도망갔지?

- 우물가요. / 나무

○ 나무 위는 이 의자라고 하자.(의자를 집 반대쪽 벽에 붙여서 아이들 인원수만큼 나란히 놓는다.) 나무 앞에 있는 우물은 훌라후프로 만들자.(의자 앞 공간에 훌라후프를 놓고 그 위에 파란 천을 펼쳐 놓는다.) 너희들이 나무로 도망갈 때, 슬로우모션으로 도망갈 거야.(시범을 보인다.) 그러면 호랑이도 똑같이 슬로우 모션으로 쫓아갈게. 호랑이가 쫓아와서 우물 속을 들여다보면서 오누이가 우물 속에 있는 줄 알고 잡으려고 앞발로 물을 휘젓이면 누가 웃지? 누이동생이 웃지. 웃으며 "바보래요, 바보래요."라고 말한단다. 호랑이가 그 소리에 나무 위를 쳐다보고 "너희들 거기 있었구나. 나무 위에 어떻게 올라갔어?"라고 물으면 어떻게 말하지?

- 참기름 바르고 올라왔어.

○ 누가 그렇게 말하니?

- 오빠가.

○ 그래서 호랑이가 부엌에 가서 참기름을 바르고 올라가다가 미끄러지지. 그 모습을 보고 또 누이동생이 깔깔 웃고는 "도끼로 찍고 올라왔지." 말한단다. 옳거니 하고 호랑이가 도끼로 쾅쾅 나무를 찍고 올라갈 거야. 그러면 오누이는 기도를 하지. 기도 연습해보자. "하느님, 저희를 살리시려면 튼튼한 동아줄을 내려주시고, 저희를 죽이시려면 썩은 동아줄을 내려주세요." 그 기도 소리를 듣고 하느님이 밧줄을 내려주실 거야. 밧줄을 꼭 잡고 하늘나라로 올라가면 돼.

3) 교사가 엄마 역할을 맡고, 유아들은 오누이 역할을 맡아 '호랑이가 오누이를 찾아온 장면' 부터 끝까지 실연한다.

호랑이(교사) : (호랑이 머리띠를 하고, 방문-미니 칠판-앞에 서서, 굵은 목소리로) 얘들아, 엄마 왔다. 문 열어라.

오누이(유아) : 엄마다. / 아니야, 엄마 목소리가 이상해요.

호랑이(교사) : 에취, 에취, 감기가 들어서 그래. 그런데 엄마 목소리가 어떤데?

오누이(유아) : 가늘어요. / 고와요. / 예뻐요.

호랑이(교사) : (목소리를 가다듬고, 가는 목소리로) 얘들아, 엄마 왔다.

오누이(유아) : 손 내밀어 보세요. / 손 보여줘 봐.

호랑이(교사) : (갈색 털장갑을 낀 손을 내민다.) 여기.

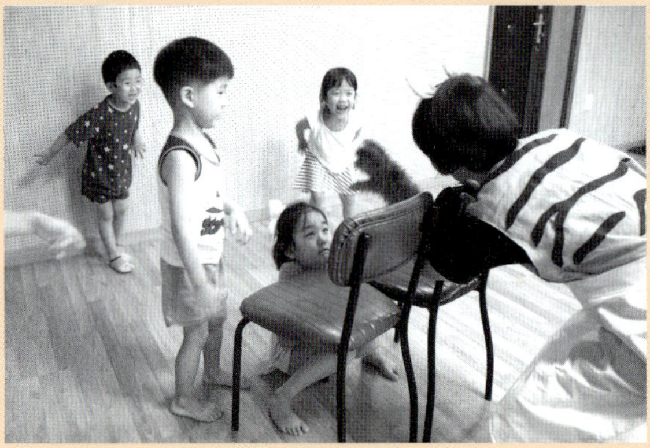

오누이(유아) : 엄마 손이 아니에요.

호랑이(교사) : 엄마 손이 어떤데?

오누이(유아) : 털이 없어요. / 하얀 색이에요. / 고와요. / 맨들맨들 해요.

호랑이(교사) : (혼잣말로) 어떻게 하지? 아, 그래. 밀가루를 손에 바르면 되겠다. 밀가루가 어디에 있을까? 부엌에 가서 찾아봐야지. (공간을 이동해서 밀가루를 바르는 마임. 털장갑을 벗고 돌아와서 맨 손을 내민다.) 자, 엄마 손이다. 털이 없고 하얗지? 이제 문 열어라.

사전에 약속했던 두 누이(유아)가 나와서 문(미니 칠판)을 밀어서 연다. 호랑이는 '어흥' 소리를 내며 얼음 한다. 오누이(유아)들은 슬로우 모션으로 움직여서 교실 반대쪽 의자 위로 올라가고, 호랑이도 슬로우 모션으로 그들을 쫓아가다가 우물을 보고 멈춘다.

호랑이(교사) : 오호라, 너희들 우물 속에 숨었구나. (물 속을 향해 손을 내밀어 잡으려 애쓴다.)
누이(유아) : 깔깔 깔깔. 바보래요, 바보래요.
호랑이(교사) : (그 소리에 오누이 쪽을 올려다보고) 어, 너희들 나무 위에 있었구나. 난 우물 속에 있는 줄 알았지. 얘들아, 거기 나무 위에 어떻게 올라갔어?

오빠(유아) : 참기름 바르고 올라왔지.
호랑이(교사) : 참기름? 참기름은 어디에 있는데? 부엌이라구? 그래, 고맙다. 흐흐흐흐. (부엌에 가서 참기름을 바르는 마임) 이제 참기름을 발랐으니 올라갈 수 있겠지. (나무를 오르다가 주르륵 미끄러진다.) 아이고 엉덩이야. 아이고 아파라.
누이(유아) : 깔깔. 도끼로 나무를 찍고 올라왔지.
호랑이(교사) : 도끼라구? 옳거니. (마임으로 도끼로 나무를 찍는 마임을 한다) 쿵쿵! 쿵쿵!
오누이(유아) : 하느님, 저희를 살리시려면 튼튼한 동아줄을 내려주시고, 저희를 죽이시려면 썩은 동아줄을 내려주세요.

교사는 교실 반대쪽에서 밧줄을 오누이에게 던져준다. 유아들이 한 명씩 밧줄을 잡고 이동할 수 있도록 한다. 아이들이 다 이동했으면, 교사는 역할 밖에서 "호랑이가 기도를 하면 너희들이 밧줄을 호랑이한테 던져줘. 호랑이가 밧줄을 잡고 올라오면, 너희들이 하나, 둘, 셋 하고는 동시에 밧줄을 놓는 거다. 그러면 어떻게 되겠니? 호랑이가 땅으로 떨어지겠지."라고 말하며 이후 장면을 안내한다.

호랑이(교사) : 오누이들이 기도를 하니까 하늘에서 동아줄이 내려오네. 그러면 나도 하느님한테 기도를 해야겠다. 하느님, 하느님, 저를 살리시려면 튼튼한 동아줄을 내려주시고, 저를 죽이시려면 썩은 동아줄을 내려주세요. (유아들이 밧줄을 던져주면 그것을 잡고 한 걸음씩 이동한다. 유아들이 밧줄을 동시에 손에서 놓으면, 땅으로 떨어지는 움직임을 마임으로 한다.) 으아아악~~~~

해설(교사) : 호랑이는 수수밭에 떨어져 죽고 말았습니다. 하늘로 올라가서 오빠는 해님이 되고, 누이는 달님이 되어 세상을 밝게 비추었답니다.

### 활 동 6 마무리

- 우리가 같이 약속하고 정한대로 친구들이 잘 움직이고 말했니? 슬로우 모션도 약속대로 잘 했어. 만약 너희들이 호랑이한테서 도망가겠다고 서둘렀다면, 서로 부딪치고 넘어져서 사고날 수도 있었겠지.
- 오누이와 호랑이 중에 누가 더 덩치가 크니? 누가 더 힘이 셀까? 덩치도 훨씬 작고 힘도 약한 오누이는 호랑이를 어떻게 물리칠 수 있었을까?

### 궁금해요??

**Q** '호랑이와 오누이' 장면에서 아이들한테 "선생님이 호랑이를 하고, 너희들은 오누이 역할을 맡을 거야."라고 말하는데, 한 아이가 자기도 호랑이를 하고 싶다고 하는 거예요. 이럴 때는 어떻게 하면 좋을까요?

**A** 무작정 "안돼!" 하지 마시고, 호랑이라는 역할에 대해 일단 설명해주세요. 이 장면에서 호랑이는 나무에서 미끄러지기도 하고, 마지막에는 떨어져 죽게 되는데, 그런 역할이라도 괜찮은지, 그런 연기를 할 수 있는지 물어보세요. 괜찮다, 할 수 있다고 하면 선생님과 함께 호랑이 역할을 하세요. 선생님이 그 유아의 손을 잡고 함께 호랑이

로서 등장하는 것이지요. 대사도 의논해서 함께 만들구요. 예를 들면, "우리 오누이만 있는 집에 가서 처음에 뭐라고 할까?"라고 물어보고 함께 대사를 말하는 거지요.

**Q** 앞에서 교사가 아이들한테 '해와 달이 된 오누이' 이야기를 처음부터 끝까지 자세히 들려주잖아요. 그런데 중간에, 호랑이가 오누이를 찾아오는 장면부터 끝까지 다시 한 번 이야기를 짚어주네요. 굳이 그럴 필요가 있을까요?

**A** 수업 전반부에 이야기를 들려주는 것은 전체적인 줄거리를 파악할 수 있도록 하는 것입니다. 이때는 '그렇게 …해서 …한 일이 일어났고, 다음에는 …했다.' 라는 방식으로 나레이티브 중심으로 전달합니다. 반면 수업 중간 지점에서 후반부를 이야기할 때는 연극적 언어를 사용합니다. 시간성과 공간성을 어떻게 활용하는지, 무대 세트가 무엇이 있는지 또 그것을 어떻게 사용할 것인지 알려주고 약속으로 정하며, 동선과 대사, 움직임의 타이밍을 맞추어서 설정합니다. 즉, 이야기 줄거리만 이해해서는 연극을 할 수 없습니다. 삼차원적인 시공간 내에서 어떻게 움직이고 말할 것인지 알고 있어야 하며, 또한 무대 세트나 소품, 의상 등을 적절하게 이용할 수 있어야 하고, 함께하는 친구들과 호흡을 맞출 수 있어야 합니다. 중반부에 교사는 유아들에게 그 부분을 일러주는 것이며 충분히 연습할 시간을 주는 것입니다.

# 05 마음을 전해준 새 후투티[9)]

수업목표 : 철새 후투티의 생김새와 특성을 알아보고, 새 역할에 맞게 움직이고 표현할 수 있다. 우리나라의 분단된 현실을 인식하고, 한민족 공동체로서 통일의 필요성에 대해 생각해본다.

준비자료 : 1) 후투티 사진(머리 깃털을 편 모습, 아기 새에게 벌레를 먹이는 모습)
2) 후투티 울음소리 음향
3) 후투티 날개용 천(인원수만큼), 초록색 모루 자른 것(애벌레, 인원수만큼), 후투티 종이 인형(후투티 형태로 자른 것, 인원수만큼)
4) 편지 쓸 종이(인원수만큼)와 사인펜
5) 새 박사님 모자, 할아버지 새 박사님 안경, 밧줄, 신문지 막대기, 크낙새 날개용 초록 천
6) 『은반지를 낀 후투티』 (박운규 글, 김홍렬 그림, 현암사)

## 도 입

1) 사진자료를 통해 후투티의 이름과 생김새를 설명하고, 철새라는 특성도 알려준다.

○ 이 새는 후투티라고 해요. 후, 투, 티. 한 번 소리내어 따라해 볼래? 후투티는 깃털에 검정색과 흰색 줄무늬가 있네. 머리 깃털도 독특하고. 이 머리 깃털 세운 모습이 인디언 추장 같다고 해서 인디언 추장새라는 별명도 있어. 보통은 뒤로 눕혀져 있는데 놀랐을 때나 흥분했을 때 높이 세운다고 해요. 후투티는 봄이 되면 우리나라로 날아오는 새야. 제비, 후투티, 꾀꼬리, 뻐꾹새 같은 새들이 봄에 왔다가, 추워지기 전에 우리나라를 떠나 멀리 다른 따뜻한 나라로 간대. 이런 새들을 철새라고 한단다. 철새들은 아주 먼 거리를 여행해야 한대요.

2) 후투티의 울음소리를 소리내어 본다.

○ 후투티는 울음소리도 특이해요. 한 번 들어볼까요? (후투티 울음소리 음향을 듣는다.) 울음소리를 흉내내어 볼 수 있겠니? '후푸~, 후푸~' 외국에서는 울음소리를 따서 후푸새라고 한

---

9) 본 프로그램은 2016 유아문화예술교육 지원사업 〈계절이 보내준 선물〉(주최 문화체육관광부, 주관 한국문화예술교육진흥원, 운영 (재) 용인문화재단)에서 사다리연극놀이연구소의 연구진(조경향, 정승희, 한정혜, 고지연)이 개발한 것을 정리한 것이다.

대요. 우리나라에서는 '훗~, 훗~'이라고 들려서 후투티라고 부르나봐. 그런데 어떤 사람들은 '뽀~, 뽀~'라고 들려서 별명으로 뽀뽀새라고도 부른단다. 오늘은 후투티가 주인공인 이야기로 연극놀이를 해보기로 해요.

### 활 동 1 후투티가 될 준비하기

아이들이 후투티 역할을 할 수 있도록 천을 목에 둘러주고 천이 어떻게 사용되는지를 깨어나는 장면과 관련지어서 극하를 시작하기 전에 설명해준다.

- 우리가 새 후투티가 되려면, 날개가 필요해요. 천을 목에 두르고 날개를 표현해보아요.(아이들에게 천을 묶어준다.) 새는 어디에서 태어나지요?

- 알에서요.

- 그래요, 알 속에 있다가 껍질을 깨고 나온대요. 여러분은 처음엔 모두 후투티 알이에요. 천을 뒤집어서 머리에 덮고 알 껍질 속에 있다고 하자. 깨어날 준비가 되면 두 손을 모아 딱딱한 부리를 만들어서 콕콕 껍질을 깨고 나오는 거예요. 후투티의 울음소리도 연습해볼까요? 뽀~뽀~뽀~ 아기 후투티가 깨어나면 배고프다고 엄마 후투티에게 뽀뽀뽀~ 소리를 내면서 말하기로 해요.

### 활 동 2 아기 후투티의 탄생과 날기 연습

교사는 엄마 후투티가 되어 아이들이 알에서 깨어나는 것부터 자라서 날기 연습을 시키는 상황까지를 이끈다.

- (천을 두르며) 선생님은 이제 엄마 후투티가 될 거예요. 봄에 낳은 알들이 껍질을 깨고 나와 자라나서 날 수 있게 될 때까지를 연극으로 해보기로 해요. 여러분은 알 껍질인 천 아래에서 가만히 기다려 주세요. 선생님이 해설로 연극을 시작할게요.

해설(교사) : 어느 봄날, 아름다운 숲에 뽀~뽀~뽀~ 엄마 새 후투티가 날아왔습니다.

엄마 후투티(교사) : 아, 햇살이 정말 따뜻하다. 이 숲이 조용해서 알을 낳기 좋겠어. (아이들이 모여 있는 곳으로 가서) 여기 이 나무둥지에서 우리 알들을 낳아야겠다. 뽀~ 뽀~ 뽀~ (천을 뒤집어쓰고 있는 아이들의 머리 위를 하나하나 만지며) 알 하나, 알 둘, 알 셋… 예쁜 알들아, 건강하게 태어나주렴.

해설(교사) : 엄마 후투티가 알들을 품어주면서, 하루, 이틀, 사흘, 시간이 흘렀어요. 그러자 알들은 깨어날 때가 되었답니다. 딱딱하고 뾰족하게 자란 부리로 안에서 알 껍질을 톡톡 치기 시작했대요. (두 손을 모아 부리를 표현하고, 그 부리로 천을 치는 동작을 보여준다.)

엄마 후투티(교사) : 우리 알들이 깨어날 때가 됐나보다. (먼저 천을 걷고 나온 아이가 있으면) 어, 여기 우리 아기 새가 알을 깨고 나왔구나. (하나, 둘, 깨어나는 아이들에게 인사해준다.) 뽀~뽀~ 뽀~

아기 후투티(유아) : 뽀뽀뽀~

엄마 후투티(교사) : 자, 후투티들아, 모두 깨어났구나. 너희들 배가 고프니? 뽀, 뽀~ 잠깐만 기다리렴. 엄마가 벌레를 잡아올게. (다른 쪽으로 날아가서 벌레를 잡아서 돌아온다.) 엄마가 맛있는 벌레를 가져왔단다. 입을 벌리렴. (두 손을 모아 부리를 표현하면서 마임으로 아기 후투티들의 입에 벌레를 넣어주는 동작을 차례로 한다.) 어느새 밤이구나. 우리 모두 자야할 시간이다.

해설(교사) : 아기 후투티들은 엄마가 가져다주는 먹이를 먹으며 쑥쑥 자라났어요. 아주 작았던 날개도 점점 자라났답니다. 이제 후투티들은 엄마와 날기 연습을 시작합니다.

엄마 후투티(교사) : 너희들도 이제 많이 자랐구나. 한 번 날개를 펄럭여보렴. (아이들 앉은 자리에서 두 팔을 폈다 접었다 한다.) 좋다. 날개도 자라고 힘도 조금 생긴 것 같구나. 오늘부터 날기 연습을 해보기로 하자. 우리 후투티들은 철새라서 추워지기 전에 멀리 나는 법을 배워야 한단다. 엄마가 먼저 나는 법을 보여줄게. 처음엔 날개를 펄럭펄럭 저으며 날다가 바람을 타면 날개를 쫙 펴고 가고 싶은 곳으로 쭈욱 날아가면 된단다.(교실 한쪽 끝에서 반대편 끝으로 날아갔다 돌아오는 동선을 염두에 두고, 처음에는 두 팔을 펼쳤다 접었다 하면서 나는 동작을 표현하다가, 두 팔을 옆으로 쫙 펼치고 목표 지점을 돌아 제자리로 돌아오는 것을 시범 보인다.)

엄마 후투티(교사) : 자, 이렇게 날아볼 수 있겠니? 처음에는 날개를 열심히 저어야 한다. 그러다가 날개를 쫙 펴고 바람을 느끼면서 날아서 돌아오는 거야.

엄마 후투티(교사) : 너희들이 먼저 날아 보거라.(아이들의 수에 따라, 2-3명이 한 번에 날아갔다 돌아와 앉으면, 다음 아이들이 날아갔다 오는 방식으로 진행한다.)

엄마 후투티(교사) : (모두 날기 연습을 하고 나서) 모두들 참 잘했다. 그러면 이번에는 우리 먹이인 애벌레를 빠르게 날아가 콕 집어서 먹는 연습을 하겠다. (의자 위에 모루를 애벌레로 약속하고 날아가서 손으로 집어오는 활동을 시범 보인다.) 엄마가 한 것처럼 날아가서 잘 보고 애벌레를 발견하면 콕 집어서 가져오는 거란다. (시간이 여유 있으면 1명씩 하도록 하고, 2인 이상이 도전할 때에는 인원에 맞게 모루를 의자에 놓아둔다.) 첫 번째 후투티들, 출발! (모든 아이들이 자기 애벌레를 잡아오는 연습이 끝나면) 애벌레 잡기도 모두 잘했다. 오늘 잡은 애벌레는 맛있게 먹고 남은 것은 이곳에 모아두도록 하자. (아이들은 애벌레를 먹는 마임을 하고, 소품으로 쓴 모루는 한 곳에 모아둔다.) 오늘 날기 연습이랑 벌레잡기 모두 잘 했단다. 밤이 되었으니 푹 자도록 하자.

**활 동 3** **새 박사님의 소원**

후투티가 새 박사님을 만나게 되는 장면을 후투티 종이 인형을 사용하여 보여준다. 새 박사님이 후투티에게 부탁하고 싶은 이야기를 장면 안에서 전한다. 교사는 후투티 종이 인형을 조종하다가, 새 박사님 역할로 등장하여 1인 2역을 한다.

- 후투티들이 그렇게 잘 자라던 어느 날, 한 후투티가 엄마 몰래 혼자 숲에 갔대. 선생님이 이 종이 인형 후투티로 어떤 일이 생겼는지 보여줄게.

(장면을 보여주는 지점에 밧줄을 올가미처럼 둥글게 묶어 두고 나머지 부분을 뒤쪽으로 길게 늘어뜨려 둔다. 올가미 위에 애벌레로 쓰일 모루 한 조각을 얹어둔다.)

후투티(교사) : (종이 인형을 움직이며) 나는 이제 혼자서도 숲에 갈 수 있어. 날쌔게 날아서 애벌레를 잡아먹을 수 있다니까. 엄마 몰래 숲에 가봐야겠다. (날아서 가다가 올가미 위의 애벌레를 발견하고) 어, 저기 있다! 나 후투티가 얼마나 날쌘지 보여줄 거야. 뽀~뽀~ (애벌레를 먹으러 갔다가 밧줄에 발이 묶인 것처럼 올가미를 살짝 조인다.) 아, 어떡해! 발이 묶여버렸잖아. 살려주세요! (밧줄 올가미 위에 후투티 인형을 얹어두고, 뒤쪽에서 새 박사님 역할로서 모자를 쓰고 등장한다.)

새 박사님(교사) : 후투티야, 너무 놀라지 마라. 내가 금방 풀어주마. (밧줄 올가미를 풀어주고, 후투티 종이 인형을 한 손으로 잡으며) 뽀~ 뽀~ 내가 후투티 너에게 부탁하고 싶은 게 있어서 이렇게 한 거란다. 놀라게 해서 미안하다.

후투티(교사) : 뽀~ 뽀~ 부탁이요?

새 박사님(교사) : 사실 나에게는 아버지가 있단다. 나는 새 박사인데, 우리 아버지도 새 박사란다. 그러니까 할아버지 새 박사님이지. 우리 아버지는 저 멀리 북쪽 나라에 살고 계시단다. 어릴 때 헤어져서 한 번도 만날 수가 없었어. 나는 북쪽 나라에 갈 수가 없거든. 그런데 후투티 너는 먼 나라에도 날아갈 수 있잖니? 그래서 너에게 나의 마음을 북쪽에 있는 아버지에게 전해달라고 부탁을 하고 싶구나.

후투티(교사) : 뽀~ 뽀~ 북쪽나라요?

새 박사님(교사) : 우리 아버지랑 나는 어릴 때 후투티 너희를 관찰하는 것을 좋아했단다. 우린 너희를 뽀뽀새라고 불렀단다. 뽀~뽀~ 우리 아버지도 너희를 보며 뽀~뽀~ 이렇게 소리를 내면서 뽀뽀새라고 부를 거야. 그리고 우리 아버지는 나랑 똑같이 생겼단다. 이런 모자를 쓰고, 아마 안경을 쓰고 계실 거야. 알아볼 수 있겠니?

후투티(교사) : 뽀~ 뽀~ 네, 찾을 수 있어요.

새 박사님(교사) : 뽀뽀새야, 고맙다. 만나서 꼭 내 편지를 전해주렴.

후투티(교사) : (알았다고 고개를 끄덕이며) 뽀~ 뽀~ 네, 그럴게요.

새 박사님(교사) : (미리 준비한 종이 쪽지를 종이 인형 후투티 발에 묶으며) 정말 고맙다. 뽀뽀새야.

### 활 동 4 마음을 담은 그림 편지 그리기

새 박사님의 마음을 담아 후투티가 북쪽의 할아버지 새 박사님에게 전해줄 그림 편지를 써본다.

- 이렇게 새 박사님은 후투티에게 편지를 전해주었대. 우리는 종이 인형으로 후투티를 움직여서 북쪽 나라로 가는 장면을 해볼 거예요. 그러려면 후투티가 전할 편지가 필요해요. 이 종이에 새 박사님의 마음을 담은 편지를 써보기로 해요. 보고 싶은 마음, 사랑하는 마음을 글자와 그림으로 표현하는 거예요.

### 활 동 5 후투티들의 모험

각자 쓴 그림 편지를 가지고 후투티 종이 인형을 움직여 북쪽으로 길을 떠나기로 한다.

- 편지를 다 쓴 사람은 종이 인형 후투티를 받아요. 이 후투티가 편지를 발에 묶고 날아가는 거예요. 우리는 손으로 편지랑 후투티 인형을 잡고 날아가는 것을 표현할 거예요. 그런데 북쪽에 가는 길에는 군인이 지키는 철조망이 있대. 거기를 들키지 않고 잘 넘어가야 해요. 철조망을 넘어가면 북쪽 나라가 되는데 거기 숲에서 할아버지 새 박사님을 어떻게 찾을 수 있다고 했는지 기억하니?

- 뽀~ 뽀~ 소리를 낼 거래요. / 뽀뽀새라고 부른대요. / 새 박사님하고 똑같이 생겼대요. / 새 박사님 모자를 쓰고, 안경도 썼대요.

- 새 박사님이 한 말을 잘 기억하고 있구나. 그럼, 이제 북쪽으로 가는 모험을 떠나볼까? 선생님은 엄마 후투티가 되어 길을 안내할게.

해설(교사) : 후투티들은 새 박사님의 편지를 가지고 길을 떠나게 되었습니다. 추워지기 전에 북쪽 나라로 가서 편지를 전하고 따뜻한 곳으로 가야했답니다. 후투티들은 힘차게 날개를 저어 날아가기 시작했어요.

엄마 후투티(교사) : (아이들을 한 줄로 세우고) 자, 얘들아! 지금부터 출발할 거다. 엄마 뒤를 따라 오렴. 다 함께 출발! (앞장서서 팔을 젓다가 쫙 펴고 나는 동작을 번갈아 하면서 교실 공간에 크게 원이나 8자 형태를 그리듯이 이동한다.)

엄마 후투티(교사) : (잠시 멈추고 모이게 한 다음) 오늘 밤은 여기서 자고 가기로 하자.

- 얘들아, 후투티들이 날아서 도착한 곳은 북쪽으로 넘어가는 철조망이 있는 곳이었어. 아침이 되면 이곳을 넘어가야 하는데, 철조망은 밧줄을 묶어둔 것이라고 할게. 여기를 밑으로 지나가거나 위로 날아가기로 하자. 선생님은 이제 이곳을 지키는 군인이 될 거야.(신문지 막대를 상징적으로 든다.) 군인이 이곳을 왔다갔다 할 거니까, 군인을 피해서 한 명씩 넘어가고 앉아서 기다려주렴.

(밧줄을 교실을 가로질러 넘어가거나 밑으로 기어갈 수 있을 만한 높이로 묶어 둔다.)

군인(교사) : (밧줄의 양쪽 끝에서 끝으로 경계를 서는 동작으로 규칙적으로 왔다갔다 한다.)

후투티(유아) : (군인이 지나가면, 한 명씩 밧줄을 넘어간다. 밧줄 위로 넘어서 갈지, 아래로 지나갈지 선택할 수 있다.)

군인(교사) : (아이들이 큰 소리를 내거나 집중이 흐트러지면) 무슨 소리지? (살피는 시늉을 하며 경계를 하다가 다시 규칙적으로 걷는다.)

후투티(유아) : (모든 동작과 소리를 멈추고 기다린 다음, 다시 한 명씩 밧줄을 넘어간다.)

- 후투티들은 모두 무사히 철조망을 넘어서 북쪽 나라에 도착했대. 하지만 새 박사님의 아버지인 할아버지 새 박사님이 어디에 있는지는 알 수가 없었대. 이제 선생님이 초록 천을 두르고 여기에 사는 새가 될 거야. 이 새를 만나면 할아버지 새 박사님이 어디에 있는지 물어보렴.

크낙새(교사) : (초록색 천을 목에 묶고 크낙새 소리를 내며 날아오며) 크낙, 크낙! (후투티를 발견하고) 어머나, 깜짝이야. 너희들은 못 보던 새인데, 누구니?

후투티(유아) : 우린 후투티야.

크낙새(교사) : 크낙, 크낙! 후투티? 처음 듣는 이름인데. 그런데 여기에 왜 온 거니? 발에 뭘 달고 있네?

후투티(유아) : 이건 새 박사님의 편지야. / 할아버지 새 박사님에게 보내는 거야. / 우리가 전해주려고 왔어.

크낙새(교사) : 할아버지 새 박사님? 아, 알겠다. 그 할아버지, 이 숲속에 자주 와. 우리 새들을 보는 걸 좋아하시거든. 난 할아버지 새 박사님이 찾아오는 나무도 아는데.

후투티(유아) : 정말? 어딘데?

크낙새(교사) : 음, 내 이름을 알아맞히면 알려줄게. 나는 무슨 새일까? 짹짹, 우는 새는?

후투티(유아) : 참새!

크낙새(교사) : 맞았어. 그럼, 뻐꾹뻐국 우는 새는?

후투티(유아) : 뻐꾹새!

크낙새(교사) : 맞아! 그럼, 크낙크낙 우는 새는? 그게 내 이름이야, 크낙크낙!

후투티(유아) : 크낙새?

크낙새(교사) : 맞아! 나는 크낙새란다. 할아버지 새 박사님이 잘 찾아오는 나무는 바로 저기야.(아이들이 모일 장소를 가리킨다.) 그 나뭇가지에 앉아서 기다리면 곧 오실 거야. 그 편지 잘 전해주고 가렴. 안녕! (퇴장)

### 활 동 6 할아버지 새 박사님 만나기

후투티는 할아버지 새 박사님을 만나 마음이 담긴 편지를 전해준다.

- 후투티들은 이곳에서 할아버지 새 박사님이 오기를 기다리기로 하자. 선생님이 새 박사님 모자를 쓰고, 안경도 쓰고 나와 할아버지 새 박사님이 될게.

해설(교사) : 후투티들은 나뭇가지에 앉아 할아버지 새 박사님이 나타나기를 기다렸어요. 어느 새 차가운 바람이 불어오기 시작했고, 후투티들은 추워졌어요. 그래서 서로 가까이 모여서 뽀뽀 소리를 내며 울었답니다.

후투티(유아) : 뽀~ 뽀~

할아버지 새 박사님(교사) : (등장하며) 아니, 저 소리는? 뽀뽀새 후투티 아니야? 이곳에서는 보기 힘든 새인데. (후투티를 보고) 정말 뽀뽀새가 맞구나. 우리 아들이 뽀뽀새를 좋아했었지. 안녕, 뽀뽀새야? 뽀~뽀~

후투티(유아) : 뽀~ 뽀~ / 새 박사님이 편지를 보냈어요. / (다가와서 편지를 건네주며) 뽀~ 뽀!

할아버지 새 박사님(교사) : 뭐, 편지를 보냈다고? (편지를 하나하나 펼쳐서 보면서 내용을 읽는다.) "보고 싶어요, 아빠.", "사랑해요.", "건강하세요." 내 아들이 나에게 보낸 편지구나. 하트랑 그림도 그려 보냈구나.

후투티(유아) : 편지를 전해달라고 했어요.

할아버지 새 박사님(교사) : 후투티들아, 정말 고맙다. 우리는 오랫동안 만나지 못했단다. 너희들 덕분에 이렇게 마음이 담긴 편지를 받아서 기쁘다. 봄이 되어 그곳에 가면 내 마음도 좀 전해주겠니? 나도 사랑한다고, 꼭 만나자고 말이야.

후투티(유아) : 뽀~ 뽀~ 알았어요.

할아버지 새 박사님(교사) : 이젠 너희들도 따뜻한 곳으로 떠나야 하지? 조심해서 가도록 하렴. 그리고 내 마음도 아들에게 꼭 전해주렴. 안녕! (손을 흔든다.)

해설(교사) : 후투티들은 할아버지 새 박사님의 마음을 기억한 채 힘차게 날개를 저어 따뜻한 남쪽 나라로 다시 길을 떠났답니다.

## 활 동 7 마무리

- 후투티가 되어 새 박사님의 편지를 전해주러 떠났었는데, 기분이 어땠나요?

—할아버지 새 박사님을 만나서 좋았어요. 그런데 왜 아빠랑 아들이 못 만나요?

- 우리나라를 남한, 우리나라 위쪽을 북한이라고 부르기도 해요. 그런데 북한과 남한은 원래는 하나의 나라였어요. 그런데 전쟁이 일어나서 북쪽으로 갈 수 있는 길이 막혀버렸어요. 아까 후투티들은 철조망을 날아서 건너갈 수 있었지만, 사람들은 그렇게 갈 수가 없잖아요. 그래서 새 박사님처럼 가족인데 못 만나는 사람들이 생겼던 거지요. 여러분이 후투티가 되어 두 사람의 마음을 전해주는 일을 했던 거예요. 여러분은 아빠랑 오래 못 본 적이 있나요?

—네, 있어요. 아빠가 출장을 갔었어요.

○ 그래도 여러분은 전화를 할 수는 있었지요? 하지만 이 새 박사님은 아주 오랫동안 연락도 못하고 지냈던 거예요.

—이게 진짜예요?

○ 아, 이 이야기는 실제 있었던 일을 바탕으로 만든 거예요. 오래 전에 우리나라의 새 박사님이 연구하던 새가 북쪽으로 날아가서, 그쪽 새 박사님이 발견한 적이 있었어요. 연구하는 새들은 발에 번호표가 새겨진 고리를 달고 있거든요. 그런데 알아보니 북쪽 새 박사님이 아버지였대요. 그래서 서로 편지를 주고받기도 했다고 해요. 우리는 『은반지를 낀 후투티』라는 책의 내용대로 후투티 새가 편지를 전해주는 것으로 연극놀이를 했어요. 앞으로는 서로 자유롭게 남쪽으로, 북쪽으로 다닐 수 있는 날이 오지 않을까요?

## 궁금해요??

Q 아이들이 새가 되어 알에서 깨어나고, 날기 연습을 하는 것은 재미있어요. 하지만 이 연극을 하려면 남한과 북한에 대한 이야기라든지, 전쟁이라든지 관련 내용에 대한 이해가 필요하잖아요. 아이들이 얼마나 이해할 수 있을까요?

A 이 이야기가 실화를 바탕으로 한다는 설명은 극화를 할 때 꼭 알려줄 필요는 없어요. 하지만 아들이 헤어진 아버지를 만나고 싶어 하는 마음은 아이들이 공감할 수 있지요. 북한에 대한 설명이 힘들 때는 그냥 '먼 북쪽 나라' 라고 상징적으로 말해도 좋아요. '철조망' 에 대해서도 공포감을 강조하지 않으면서 도전 거리 정도로 활동에서 다루고요. 근래 들어 남북정상회담이 뉴스에서도 나오기 때문에 자연스럽게 아이들도 정보를 가지고 있으니, 연관을 지어 이야기 나눌 수 있답니다.

Q 처음에는 아이들이 천을 두르고 후투티가 되었는데, 왜 중간에 종이 인형으로 바꾸나요?

A 아이들은 몸으로 표현하는 것을 즐기므로 처음부터 끝까지 몸으로 후투티를 표현해도 괜찮아요. 여기서는 하나의 이야기를 미리 들려주지 않고 전개해 나가는 극화의 구조라서, 〈활동3. 새 박사님의 소원〉 장면은 보여주기 방식으로 구성했어요. 그러

다 보니 교사가 1인 2역을 하기에 적합하게 후투티 종이 인형을 사용하게 되었는데, 아이들도 후투티를 인형으로 움직여보고 싶을 것 같았어요. 철조망을 넘어가는 활동도 인형을 조종해서 넘어가는 재미가 있답니다. 그리고 극화가 끝난 후, 후속 활동으로 자기만의 후투티 종이 인형을 색칠하고 꾸미는 시간을 주는 것도 좋을 것 같아요.

# chapter 6

# 세계 여러 나라

## 01 선장놀이

활동목표 : 일제히 이동하고 움직이는 과정 속에서 공동체 분위기를 형성한다.

### 도 입

놀이방법을 설명하기에 앞서, 새로운 용어들을 소개한다.

- 바다를 건너갈 때 무엇을 타고 가면 좋을까?

—배! / 커다란 배요! / 군함이요.

- 그래, 우리는 오늘 배에서 일 하는 사람인 선원이 되어볼 꺼야. 그런데 이 배에서 제일 높은 사람을 뭐라고 부를까?

—대통령? / 선장!

- 배에서 제일 높은 사람을 선장님이라고 부른단다. 선원들은 모두 선장님의 명령을 잘 들어야 해. 그래야 배가 안전하게 움직일 수 있거든. 우리 모두 배에 탄 선원들이 되어서 선장의 명령에 잘 따라 움직이는 선장놀이를 해보자.

### 전 개

1) 처음에는 교사가 선장이 되고, 아이들은 모두 선원이 된다.
2) 선장님이 내리는 명령들을 알려준다. 각 단어의 뜻을 알려주고, 장소를 지정한다. 뱃머리, 갑판, 선실, 후미 공간에 대한 위치는 각 교실의 상황에 맞게 교사가 지정한다.

- 선장님께, 경례! : 유아들은 군대식으로 '충성!' 이라고 외치며 선장을 향하여 거수 경례를 한다.
- 뱃머리! : 놀이 공간의 앞쪽을 뱃머리로 정하고, 선장의 명령이 떨어지면 그 곳으로 선원들은 모두 뛰어간다.
- 갑판! : 놀이 공간의 왼쪽을 갑판으로 지정해준다. 선원들은 갑판으로 약속된 장소로 뛰어간다.
- 선실! : 놀이 공간의 오른쪽을 선실로 지정해준다. 선원들은 약속된 장소인 선실로 뛰어간다.
- 후미!(혹은 배꼬리) : 놀이 공간의 뒤쪽을 후미(혹은 배꼬리)로 지정해준다. 선원들은 약속된 장소인 후미로 뛰어간다.
- 청소! : 이 명령이 떨어지면 유아들은 각자 청소하는 동작을 취한다.
- 폭격! : 이 명령이 떨어지면 유아들은 하던 일을 멈추고 제자리에 낮게 엎드리면서 머리를 숙인다.

3) 교사는 선장으로서 위의 명령들을 효과적으로 지시한다. 선원인 아이들은 명령에 따라 움직인다. 선장은 선원들이 명령에 잘 따르는지를 살핀 다음, 아이들 중에서 새로운 선장을 뽑는다.

4) 새로 선장이 된 유아는 위의 명령들을 한 가지씩 마음대로 지시한다.

### 마 무 리

선장을 하고 있는 아이에게 "모두 동그랗게 앉아라!" 라고 마지막 명령을 내리게 하여 활동 중인 아이들을 모은다.

- (선장을 해본 아이에게) 선장을 해보니 어땠니?
- 선장은 또 어떤 명령을 내릴 수 있을까?

### 궁금해요 ??

**Q** 많은 아이들이 극성스럽게 서로 선장을 하겠다고 합니다. 어떡하죠?

**A** 교사 입장에서 이런 경우 보통 어떻게 합니까? 제 경우에는 아무래도 평소에 적극적

이고 활발한 아이보다는 소극적인 아동에게 기회를 주게 됩니다. 명령을 내리는 선장 역할을 해봄으로써 리더십 훈련을 갖도록 하는 것이지요. 그리고 그 다음에는 선장을 했던 아이에게 다음 선장을 뽑도록 합니다. 친한 아이를 뽑을 것 같은데, 실제 관찰해보면, 유아라 할지라도 활동을 제일 열심히 했던 친구를 다음 선장으로 뽑더군요. 유아들은 교사가 아닌 같은 반 친구가 다음 선장을 뽑을 때에는 별다른 불평을 하지 않습니다. 이런 방법은 활동에 더욱 집중해서 명령에 따라 충실히 움직이도록 하는 자극이 되기도 합니다.

Q 아이들은 이 놀이를 좋아하지만, 명령을 내리고 그것에 복종하는 일방적인 관계를 조성하는 것 같아 걱정됩니다.

A 이 놀이에는 선장의 명령에 따라 다 함께 우르르 몰려다니는 것에서 생겨나는 집단적인 에너지가 있습니다. 그것 때문에 단순한 활동인데도 재미가 유발되는 것이지요. 또한 여러 명의 유아들에게 선장이 되어볼 기회를 준다면, 명령을 내리고 그것에 복종하는 양자의 입장을 모두 경험할 수 있으므로 균형있는 체험이 될 것입니다.

Q 갑판, 선실, 후미 등의 단어가 아이들에게는 너무 어렵지 않은가요?

A 배의 모형을 구할 수 있다면 배의 구조와 용어를 익힐 수 있는 좋은 기회가 될 수도 있습니다. 이것이 번거롭다면, 선장놀이를 '대장놀이'로 바꾸어 하면 무리가 없을 것입니다. 즉 '갑판', '선실', '후미', '뱃머리' 대신 '산', '강', '바다', '들판'으로 사방의 공간을 정하는 것이지요. 그 쪽 벽에 산, 강, 바다, 들판 그림을 붙여놓는다면, 유아들에게 훨씬 도움이 될 것입니다.

# 02 인디언 마을

수업목표 : 인디언 부족의 자연친화적 삶의 방식을 체험하고 고유한 가치개념을 이해한다.
준비자료 : 1) 세계지도 : 칠판이나 벽에 붙여놓는다.
2) 인디언의 모습과 풍습에 관한 사진들
3) 부직포로 된 띠 : 유아들의 머리에 두를 수 있는 크기로 하며, 띠의 양 끝에 찍찍이를 붙여둔다.
4) 나뭇잎 모양으로 오려둔 부직포, 크레용
5) 음악 : 인디언 전통 음악, '여행'(부록 CD 3, 4)
6) 인디언 추장의 복장 : 깃털 달린 머리띠, 장식술이 달린 조끼
7) 초와 라이터
8) 옥수수

## 활 동 1 인디언은 누구?

- 지난 시간에 선장놀이 해봤었지? 그렇게 큰 배가 있다면 너희들은 어디에 가고 싶니? 오늘 우리는 배를 타고 아주 먼 나라로 여행을 떠나볼 거야. (지도에서 우리나라와 미국 부분을 가리키면서) 우리나라에서 배를 타고 태평양 바다를 건너서 바로 이 곳으로 가볼 거야. 이 곳은 지금 미국이라고 하는데, 옛날에는 인디언 부족들이 살고 있던 땅이란다. 인디언 마을로 여행을 떠나기 전에 인디언에 대해 몇 가지 알아보자.

1) 아이들에게 사진자료를 보여 주며 인디언들의 생김새, 옷, 집, 풍습 등에 대해 간단하게 이야기를 나눈다.
2) 인디언이 이름을 짓는 방법에 대해서 이야기 해주고, 각자 인디언식으로 자기 이름을 짓게 한다.

- 인디언은 우리와 다르게 이름을 지었단다. 인디언은 그 사람의 특징이나 좋아하는 자연물, 혹은 앞으로 바라는 것을 이름으로 지었대. 그래서 우리처럼 이름이 세 자나 두 자가 아니라 긴 이름도 많아. 흐린날 태어난 아이의 이름은 '구름속의 비' 이고, 옥수수 밭에 숨어 잠자기를 좋아하는 아이의 이름은 '잠자는 옥수수' 이고, 달리기를 잘하는 사람의 이름은 '바람처럼 빨라' 라고 지어주었대. 그러면 '춤추는 나뭇잎' 은 어떻게 해서 생긴 이름일까? 나뭇잎처럼 가볍게 춤춰서? 아니면 나뭇잎을 아주 좋아해서? 우리도 인디언처럼 이름을 지어볼까?

3) 미리 준비해 둔 부직포 띠와 나뭇잎 모양으로 오려둔 부직포를 나누어준다. 띠와 나뭇잎 모양 부직포에 크레파스로 그림을 그려넣는다.

4) 띠에 나뭇잎 모양의 부직포를 스카치 테이프로 붙여준다. 아이들 머리에 맞게 찍찍이를 붙여주어서 띠를 머리에 두르도록 한다.

### 활 동 2 여행 떠나기

1) 다음의 여행 노래를 배운다.[10)]

여 행

정지연 작곡

10) 이 노래는 프랑스의 동시 〈여행〉의 내용을 수정하여 곡을 붙인 것이다.

2) '여행' 노래를 부르며 노를 저으면서 교실 한 바퀴를 돈다.

○ 모두 준비됐니? 이제 인디언 머리띠를 두르고, 여행 노래를 부르면서 인디언 마을로 떠나자. 배를 타고 가니까 노를 저으면서 갈까? 자, 출발!

3) 노래가 끝날 즈음 교사는 인디언 음악을 틀어주어 분위기를 조성해주고, 보조교사는 깃털로 장식한 인디언 머리띠를 두르고 장식술이 달린 조끼를 입고 나와 아이들을 맞이한다.

## 활 동 3 추장 만나기

보조교사는 인디언 추장으로서 아이들에게 인디언식 인사를 알려주고, 아이들의 인디언식 이름을 물어본다. 아이들의 인디언 이름을 듣고, 몇몇 아이들에게는 그 의미를 물어본다. 또한 인디언에 관해 궁금한 점이 있으면 물어보게 한다.

추장(보조교사) : 용감한 형제들아! 나는 체로키 족의 추장이다. (주먹으로 가슴을 치는 인디언식 인사를 한다.) 이게 우리의 인사다. 자, 모두 우리의 인사를 해 보아라. 나의 이름은 용감한 깃털이다. 여기 내 머리띠에 달려있는 깃털이 보이는가? 내가 어렸을 때 누구보다 용감하게 사냥을 했기에 어른들이 상으로 독수리 깃털을 주면서 '용감한 깃털' 이라고 이름지어 주었다. 너희들도 인디언식 이름이 있는가? 한 명씩 말해보아라. 모두 훌륭한 이름들이구나. 인디언에 대해 궁금한 것이 있으면 물어봐도 좋다.

## 활 동 4 용감한 자들의 시험

추장(보조교사) : 우리 체로키족은 인디언 부족들 중에서도 용감하기로 유명한 부족이다. 또한 우리는 가족과 형제, 이웃들을 매우 사랑한다. 적들이 우리 마을을 쳐들어올 때 가족과 이웃을 지키기 위해 우리는 누구보다 용감하게 싸운다. 또한 어린 아이들과 가족, 이웃들이 함께 먹을 음식을 마련하기 위해 산 속으로 들어가 무섭고 커다란 짐승도 용감하게 사냥한다. 너희들도 이렇게 할 수 있는가? 그러면 이제부터 너희들의 용기를 시험해보겠다.

(넓이 뛰기, 높이 뛰기, 기기, 한 줄로 걷기 등의 활동을 할 수 있는 장애물을 원형으로 적절히 설치하여, 유아들이 한 명씩 코스를 돌아오도록 한다.)

추장(보조교사) : 참으로 훌륭하다. 너희들은 위험한 것도 마다 않는 용감한 아이들이구나.

## 활 동 5 인디언들의 축하 축제

추장(보조교사) : 너희들이 용감한 자들의 시험에 다 통과했으니 축하하는 의미로 축제를 열기로 하자.

1) 인디언 음악을 틀고 즐겁게 춤을 추며 원형으로 돈다. 이때 추장인 보조교사가 '아아오오' 소리를 내며 입에 손바닥을 대었다 뗐다 하거나 앞으로 몸을 숙였다가 뒤로 많이 젖히기를 반복하는 인디언의 춤을 보여주면서 자연스럽게 따라할 수 있도록 유도한다.

추장(보조교사) : (원형으로 앉힌 후) 우리는 꼬마 아이가 어른이 될 때, 전쟁에 나가기 전에, 기쁜 일이나 슬픈 일이 있을 때, 그리고 자연의 신에게 감사의 뜻을 표현할 때 이러한 축제를 열었다. 너희들은 언제 이러한 잔치를 여는가? (아이들의 이야기를 듣는다.) 음, 그렇구나. (옥수수를 보여주며) 너희들은 이 곡물을 알고 있는가? 너희들도 이것을 먹는다구? 옥수수라고 부른다구? 음… 옥수수는 원래 우리 인디언 부족이 발견해서 재배를 시작한 곡식이다. 옥수수가 어느새 너희 나라까지 전해졌구나. 자, 용감하고 놀기도 잘하는 너희들에게 이 음식을 기쁜 마음으로 대접하겠다.

2) 아이들과 함께 옥수수를 나누어 먹는다.

### 활 동 6 위대한 정령

추장(보조교사) : 우리 인디언은 자연 속에서 살면서 자연에서 먹을 것을 얻기 때문에 자연 속에 위대한 신, 위대한 정령이 깃들어 있다고 생각한다. 자연은 우리에게 많은 것을 줄 뿐 아니라 우리가 힘들 때 위안을 주기도 하고, 슬기로운 지혜를 주기도 한다. 그래서 우리는 종종 동굴 속으로 들어가서 눈을 감고 자연의 소리에 귀를 기울이곤 한다. 너희들도 동굴 속으로 들어가서 위대한 정령의 말을 들어보지 않겠는가?

교실을 어둡게 한 상태에서 촛불을 가운데에 하나 켜둔다. 아이들이 눈을 감고 잠시 동안 명상의 시간을 갖도록 한다. 잠시 후 눈을 뜨고, 명상의 시간 동안 자연으로부터 들은 소리나 위대한 정령으로부터 들은 말이 있는지 물어보고 그것을 공유하는 시간을 갖는다.

추장(보조교사) : 자연의 소리를 들을 수 있었는가? 위대한 정령이 너희들에게 뭐라고 말했는가?

### 활 동 7 마무리

1) 추장에게 인사를 하고 '여행' 노래를 부르며 공간을 한 바퀴 돈다.

- 이제 우리가 돌아가야 할 시간이다. 추장님께 인사를 드리고 배를 타고 우리 교실로 돌아가자.

2) 인디언 마을에 여행을 다녀온 소감을 이야기 나눈다.

- 인디언 마을로 여행을 다녀왔는데, 재밌었니? 어떤 것이 제일 기억에 남니?
- 인디언 추장님은 어떤 분인 것 같니?
- 인디언은 우리랑 어떤 점이 다를까? 또 어떤 점이 같을까?

3) 아이들은 세계지도에서 체로키 족이 살았던 지역(미국의 남동부 지역)에 한 사람씩 나와서 스티커를 붙인다.

### 후속활동

인디언의 전설 몇 가지를 아이들에게 들려준다.

### 궁금해요 ??

**Q** 인디언식 명상의 시간을 유아들도 체험해 보는 것은 매우 좋은 것 같아요. 그런데 과연 유아들이 꼼짝 않고 가만히 앉아서 명상을 할 수 있을까요?

**A** 분위기 조성이 중요합니다. 일단 추장 역할을 맡은 보조교사가 '인디언에게 있어 자연의 의미가 무엇인지', '위대한 정령이란 무엇을 뜻하는지' 에 대해 진지하게 이야기

해주어야 할 것입니다. 인디언에게 자연은 신성한 의미를 지닙니다. 그러므로 추장은 아주 엄숙한 얼굴로 천천히 유아들의 눈을 하나 하나 맞추면서 이야기한다면, 유아들도 그 분위기를 느낄 것입니다. 그리고 방을 어둡게 하고 촛불을 방 한 가운데에 두는 것 역시 명상의 분위기를 만드는 데 도움이 됩니다. 제가 실제 이 수업을 유아들과 했을 때, 유아들은 놀랍도록 집중된 모습을 보여주었습니다. 그래서 계획보다 길게 명상의 시간을 가질 수 있었지요. 유아들에게 이렇게 자신의 내부에 집중할 수 있는 시간을 주는 것은 매우 의미 있는 일이라고 생각합니다.

# 03 미국-할로윈 축제

수업목표 : 미국의 축제인 할로윈의 유래에 대해 알아본다.
어른과 어린이가 함께 즐기는 축제를 경험한다.

준비자료 : 1) 늙은 호박 3개, 작은 양초 3개, 칼, 숟가락
2) 가장 도구 : 여러 가지 종류의 천과 스카프 등
3) 분장 도구 : 간단한 분장 도구 및 클린싱과 휴지
4) 사탕, 과자, 젤리
5) 음악 : '할로윈의 꼬마 유령'(부록 CD 5, 6)

## 활 동 1 할로윈 데이에 대해 이야기 나누기

1) 유아들이 교실로 들어올 때 교사는 유아들과 일일이 악수로 인사를 나눈다.

오늘은 우리가 어떻게 인사를 했지? 악수를 하는 것은 원래 미국 사람들의 인사법이란다. 요즘에는 우리나라 어른들도 이렇게 악수를 하며 인사를 나누지. 인디언 사람들은 어떻게 인사를 했었지? 주먹으로 가슴을 쳤었지. (지도에서 유럽과 미국의 위치를 가리키며) 미국은 유럽에 살던 사람들이 인디언 사람들이 살고 있던 땅에 들어가서 만든 나라야. 오늘은 미국의 어린이들이 제일 좋아하는 할로윈 데이에 대해서 연극놀이를 할 거야. 매년 10월 31일을 할로윈 데이라고 하는데, 이 날에 미국 사람들은 호박으로 만든 등불을 켜 놓는대. 그리고 어린이들은 아주 무서운 유령이나 귀신, 마녀로 변장해서 집집마다 돌아다니면서 사탕이나 과자를 얻는단다. 그런데 할로윈 데이의 호박 등불은 어떻게 생기게 되었을까?

2) 교사는 다음의 이야기를 아이들에게 해준다.

**호박 등불의 유래**

술 잘 먹고 교활한 잭이 마귀를 속여서 골탕 먹인 뒤 죽는다. 잭이 죽은 후 그에게 앙심을 품은 마귀가 잭을 천국도 지옥도 가지 못하게 하였다. 그래서 잭은 추운 날씨와 깜깜한 어둠 속에서 방황하게 되었다. 결국 추위에 지친 잭이 마귀에게 사정하여 겨우 숯을 얻었다. 그는 그 소중한 불씨를 꺼트리지 않고 온기를 계속 유지하기 위해 호박 속을 파고 숯을 넣어서 등불을 만들었다고 한다. 이것이 할로윈을 상징하는 '잭-오-랜턴(Jack-o' Lantern)' 이 되었다.

www.jackolanterns.net

**활 동 2** **호박 등불 만들기**

유아들과 함께 호박 등불을 두세 개 만든다. 늙은 호박의 속을 파내고 입과 눈 위치에 칼로 구멍을 뚫은 후 호박 안에 촛불을 넣는다.

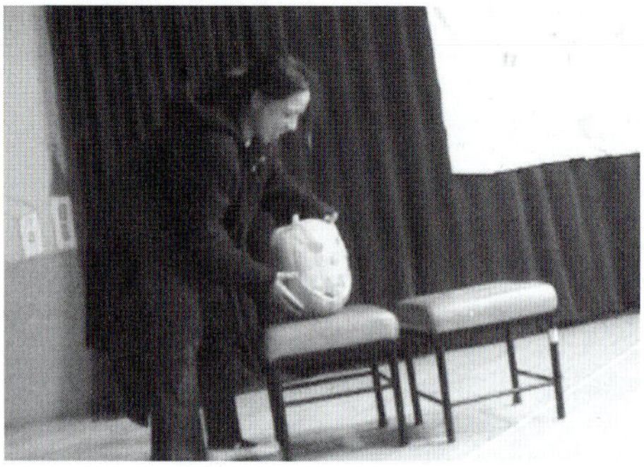

**활 동 3** **꼬마 유령으로 가장하기**

1) 유아들은 분장도구와 여러 종류의 천과 모자 등을 이용해서 무서운 유령으로 가장한다.
2) 한 명씩 앞으로 나와서 자신이 어떤 유령인지 소개하고, 무서운 소리를 내어본다.

**활 동 4** **노래 배우기**

다음 노래를 배워서 다함께 불러본다.

### 할로윈의 꼬마 유령[11)]

김 선 작사
구 전 동요

**활 동 5** **집집마다 방문하기**

교실 세 개의 문 앞에 호박 등불을 하나씩 켜 놓는다. 교실과 복도의 커튼을 내리고 가능한한 조명을 어둡게 한다. 각각의 교실에 교사 한 명씩 들어가 아이들을 기다린다.

- 모두 꼬마 유령, 마녀, 귀신으로 변장했니? 이제부터 '할로윈의 꼬마 유령' 노래를 부르면서 호박 등불을 켜놓은 집을 찾아다닐 거야. 호박 등불을 켜놓은 교실에 가서 문을 똑똑 두드리면 집주인이 나올 거야. 너희들은 집주인한테 "사탕을 줘. 그렇지 않으면 놀려줄 거야"라고 무섭게 말하렴. 그러면 집주인이 사탕이나 과자를 줄 거야. 우리 유치원(어린이집)에는 호박 등불이 켜진 곳이 세 군데 있단다. 그러니까 세 군데에서 사탕이나 과자를 받으면 여기 우리 교실로 돌아오렴.

아이들을 7~8명씩 세 모둠으로 나눈다. 아이들이 모둠별로 유치원이나 어린이집 내에서 '할로윈의 꼬마 유령' 노래를 부르며 호박 등불을 켜놓은 교실을 찾아가도록 한다. 교실에서 준비하고 있던 교사는 아이들을 맞이하여 다음과 같은 상호작용을 한다.

**교실 1에서**

집주인(보조교사 1): (아이들을 맞이하여) 너희들이 진짜 유령이야? 아닌 것 같은데… 별로 무섭지도 않고. 너희들이 정말 유령이라면 나를 무섭게 해봐. (아이들이 무서운 표정과 목소리로 보다 적극적으로 유령을 표현하도록 유도한다.) 무무무서

11) 이 노래는 서구에서 오래 전부터 전해 내려온 자장가인 〈This old man〉이라는 곡에 가사를 붙인 것이다.

워서 못살겠다. 가까이 다가오지 마. 정말 무섭단 말이야. 빨리 나가줬으면 좋겠다. 사탕을 주면 놀라게 하지 않는다고? 알았어. 여기 사탕 있어. 얼른 가줄래. (유아들에게 사탕을 하나씩 나누어준다.) 또 다른 집으로 찾아 가 봐. 꼭 호박 등불이 켜진 집으로 가야 한다.

교실 2에서

집주인(보조교사 2) : (아이들을 보고 소리를 지르며 구석에 가서 숨는다.) 무서워 할 필요 없다구? 사탕을 주면 놀라게 하지 않는다구? 잉잉. 우리집엔 사탕이 없는데… 과자도 괜찮니? 그런데 과자가 어디 있더라? 집안이 하도 어지러워서 과자를 못 찾겠네. 너희들이 청소를 해주면 과자를 찾을 수 있을 것 같은데, 청소를 좀 해주겠니? (아이들이 실제로 교실 청소를 하도록 한다.) 너희들 덕분에 집이 깨끗해졌네. 마음도 차분해지는 것 같다. 아, 생각났다. 과자가 어디 있는지. (선반에서 과자를 꺼내어 아이들에게 한 개씩 나누어준다.) 너희들은 너무 무서우니까 이제 다시는 우리 집에 오지 말고 다른 집으로 가보렴. 그럼 잘 가!

교실 3에서

집주인(보조교사 3) : (인형을 안고 있다가 아이들을 보고 으앙! 울음을 터트린다.) 너희들 때문에 정말 못살겠어. 너희들이 우르르 몰려다니면서 장난치고 노래를 부르니까 우리 아기가 잠을 통 못 자고 자꾸 울기만 하잖아. 너희들이 아름답고 조용한 노래를 불러주면 좋겠다. 아기가 잠이 들면 너희들에게 맛있는 것을 줄게.(아이들이 조용한 노래를 부르도록 한다.) 아, 아기가 잠이 들었나 보다. 너희들은 노래도 참 잘하는구나. 고맙다. (아이들에게 젤리를 하나씩 나누어준다.) 이제 밤이 깊었으니 모두 너희 교실로 돌아가거라. 안녕!

## 활동 6 마무리

- 호박 등불을 켜놓은 집을 찾아가 보았니? 집 주인이 무엇을 주었는지 선생님한테 보여주겠니?
- 할로윈 데이는 어느 나라의 축제날이라고 했지? 그래, 미국이야. 미국은 원래 누구의 땅이었지? 인디언의 땅이었어. 인디언이 여기 바로 이 곳에서 살고 있었는데, 저기 영국에서 얼굴 하얀 사람들이 배를 타고 여기까지 건너왔어. 그래서 지금은 인디언과 백인, 그리고 우리 같은 동양 사람들도 다 같이 살고 있어. 우리나라 사람들도 미국에 꽤 많이 살고 있단다.

세계지도에서 미국 위치에 스티커를 각각 한 장씩 붙이도록 한다.

## 후속활동

우리나라의 축제날이라고 할 수 있는 명절에는 어떤 것이 있는지 알아보고, 그 날 우리나라 사람들은 어떤 놀이를 했는지 알아본다.

## 궁금해요?

**Q** 아이들이 세 모둠으로 나뉘어서 세 개의 교실을 한 번씩 순회하고 오는 거죠? 그러니까 세 모둠이 로테이션하는 방식이네요. 그런데 7~8명씩 아이들만 다니게 하면 혼잡하지 않을까요? 모둠끼리 다니지 않고, 각자 행동하는 아이도 생길 것 같은데….

**A** 각 모둠에 교사가 한 명씩 붙어서 함께 다닐 수 있다면 제일 좋겠지요. 그렇지만 일반 유치원이나 어린이집에서는 그렇게 많은 인력이 한 프로그램에 투여되기는 현실적으로 불가능한 일이겠지요. 대신 각 모둠의 아이들에게 같은 색깔의 리본을 달아주거나, 손목에 매주세요. 그리고 아이들에게 "꼭 모둠원끼리 같이 다녀야 한다"는 규칙을 명확하게 제시해주시구요. 호박 등불을 켜놓고 유아들을 기다리는 각 교실의 교사들은 아이들이 왔을 때, 리본을 보고 모든 모둠원들이 함께 왔는지 확인하시고, 활동을 시작해주세요. 만약 한 명이라도 모자른 채 왔다면, 모든 모둠원이 함께 와야 한다고 알려주시고, 없어진 친구를 찾아서 다시 오라고 지시해주세요. 연령 통합반이라면, 7세 아이들이 어린 동생들을 잘 챙겨서 데리고 다니는 모습을 볼 수 있을 거예요.

Q 아이들이 교실을 이곳저곳 돌아다녀야 하는데, 우리 반 외에 다른 교실을 이용하기는 힘든 여건입니다. 그리고 담임 교사 이외에 3명의 보조교사를 구할 수도 없구요. 이런 상태에서는 위 연극놀이를 시도할 수 없겠지요?

A 아니오, 할 수 있습니다. 요리법에 나와 있는 재료나 도구가 다 갖추어져 있지 않을 때에도 있는 것을 가지고 맛있는 요리를 할 수 있듯이, 이 책에 실린 모든 프로그램은 현장의 환경과 조건에 따라서 재조정되고 수정되어 적용해야 할 것입니다. 그러기 위해서는 선생님들의 창의적인 아이디어가 필요합니다. 여기에서 제시한 준비물이나 환경이 갖추어지지 않았다고 포기하지 마시고, 프로그램이 좋다고 판단하시면, 주변에 있는 것들을 활용하고, 선생님 자신의 자원을 충분히 활용하여 프로그램을 변형하여 적용해보시기 바랍니다.

세 모둠이 돌아다니는 로테이션방식이 어려운 실정이라면, 이렇게 해보세요. 일단 호박 등불을 하나 함께 만든 후, 모두 천이나 모자 등으로 유령 가장을 합니다. 그리고나서 '할로윈의 꼬마 유령' 노래를 함께 배운 후, 교실 밖으로 나갔다가 다시 들어오도록 합니다. 교실을 어둡게 하고 호박 등불을 켜놓고, 교사는 간단한 의상을 걸치고 집주인 역할을 합니다. 유아들이 들어와서 노래를 부르면 '무섭게 하기', '청소하기', '아기 잠재우기' 라는 세 가지 과제를 하나씩 제시하세요. 세 장소에서 하나씩 제시한 과제를 한 교실에서 한꺼번에 제시하는 것이지요. 모든 과제를 잘 수행했으면, 그때 고맙다고 하면서 사탕을 줍니다. 이렇게 한다면, 한 교실에서 한 명의 교사가 이 프로그램을 할 수 있겠지요!

# 04 멕시코 —앵무새 페페[12)]

수업목표 : 멕시코의 자연환경과 풍습을 이해한다.
1인 2역을 맡아 스스로와 대화를 나누는 경험을 한다.

준비자료 : 1) 앵무새 본 (인원수만큼)
2) 나무 젓가락 (인원수만큼)
3) 크레용
4) 멕시코 음악, 멕시코의 풍경 사진
5) 산체스 복장 : 멕시코 모자(혹은 챙이 넓은 모자), 판초(혹은 망토)

## 활 동 1 여행 떠나기

1) 멕시코 사진을 보면서 이야기를 나눈다.

- (전통의상을 입은 멕시코인 사진을 보여주며) 이 사람은 어느 나라 사람일까? 멕시코라는 나라에 사는 사람이야. (세계지도에서 멕시코의 위치를 알아본다.) 멕시코는 바로 미국의 아래 쪽에 있는 나라란다. 지난번에 미국에 다녀왔지? 사진 속에 있는 멕시코 사람은 어떤 옷을 입고 있니? 피부 색깔은 어떠니? (멕시코의 풍경 사진을 보며 자연환경에 대해 이야기 나눈다.) 자, 이번에는 멕시코 음악을 한 번 들어볼까? (음악을 듣는다.) 음악을 들어보니 어떤 느낌이 드니? 오늘은 멕시코로 여행을 떠나보자.

12) 이 프로그램은 아래 책에 실린 프로그램을 우리나라 유아들의 상황과 정서에 맞게 변형, 재구성한 것이다. Johnny Saldana. Drama of Color, Porthmouth : Heinemann, 1995, pp. 47-54.

2) '여행' 노래를 부르면서 양팔을 벌려 비행기를 몸짓으로 표현하면서 교실을 한 바퀴 돈다.

○ 오늘은 뭘 타고 갈까? 비행기를 타고 가보자.

**여 행**[13)]

만약 나에게 비행기 한 대 있다면 / 나는 저 멀리 즐겁게 여행할 테야
앵무새 페페, 산체스, 정글이 있는 곳 / 나는 나는 멕시코에 가고 싶어요.
신나게 가자 하늘을 날아 훨훨 / 우리 모두 다 즐거운 여행 떠나자

### 활 동 2 산체스와 앵무새 페페 만나기

아이들이 교실을 한 바퀴 돌고 나면 멕시코 음악을 틀어준다. 보조 교사는 커다란 모자를 쓰고 판초를 두르고 준비하고 있다가 앵무새 막대 인형을 어깨 위에 얹고 나타난다.

산체스(보조교사) : (멕시코 인사말) 부에노스 디아스 . 멕시코에 온 걸 환영합니다.
교사 : 부에노스 디아스? 그게 무슨 말이에요?
산체스(보조교사) : 멕시코에서는 처음 만났을 때 이렇게 인사합니다.
교사 : (유아들에게) 우리도 멕시코 말로 인사해 볼까? 부에노스 디아스. 그런데 왜 아저씨는 그렇게 큰 모자를 쓰고 있어요?
산체스(보조교사) : 멕시코는 날씨가 더운 날이 많습니다. 그래서 이런 모자를 쓰고 다니죠. 또 멕시코에는 사막이 있는데, 거기에는 물이 없어도 오래 살 수 있는 선인장이 많이 있습니다. 우리나라에 대해 궁금한 게 있으면 물어보세요. (이와 같은 형태로 멕시코에 대해 아이들과 질문을 주고받는다)
앵무새 페페(보조교사): (앵무새 막대 인형을 조작하면서, 보조교사가 목소리를 다르게 한다.) 페페. 페페.
교사 : 어, 새가 말을 하네요.
산체스(보조교사) : 내 친구 앵무새입니다. 이름은 페페라고 하지요. 페페야, 이 분들께 인사 해보겠니?
페페(보조 교사) : 안녕.

---

13) 이 노래는 앞의, 〈인디언 마을〉 프로그램에 실린 〈여행〉 노래에서 가사를 바꾼 것이다.

유아 : 안녕.

페페(보조교사) : 내 이름은 페페야. (한 아이의 어깨로 날아가서) 니 이름은 뭐니?
(이와 같이 아이들과 인사를 나눈다.)

산체스(보조교사) : 이제 저는 그만 가봐야겠네요. 페페! 인사하고 가자.

페페(보조교사) : 가자. 가자. 애들아, 안녕! 잘 있어. (산체스와 페페는 인사를 나누고 나간다.)

**활 동 3 '앵무새 페페'에 관한 이야기 들려주기**

- 산체스가 어렸을 적에 앵무새 페페하고 있었던 일을 선생님한테 들려주었는데, 참 재미있었어. 너희들한테도 들려줄게.

교사는 다음의 이야기를 아이들에게 들려준다. 앵무새 페페가 말하는 부분에서는 목소리를 재미있게 변형시켜 들려준다.

**앵무새 페페**

멕시코의 어느 마을에 산체스라는 어린 아이가 살고 있었어요. 마을의 모든 아이들이 산체스를 부러워하였어요. 왜냐하면 산체스에게는 페페라는 앵무새가 있었기 때문이에요. 페페는 사람 말을 아주 잘 따라 했고, 주인이 가는 곳이면 어디든 따라다녔어요. 산체스의 어깨에 앉아 학교도 같이 다녔어요. 학교에서 아이들은 영어 알파벳을 배우고 있었는데, 페페도 그걸 배워서 집이나 거리에서 'ABCDEFG' 하며 알파벳 노래를 부르곤 했어요.

그런데 크리스마스 이틀 전 큰 일이 일어났어요. 학교가 끝나고 산체스와 페페가 집으로 갈 때 앵무새들이 많이 날아와 하늘을 맴돌고 있었어요. 그때 갑자기 페페가 그 앵무새들을 보고 산체스의 어깨 위에서 날아올라 그들과 함께 숲 속으로 가 버린 거예요. 페페를 잃은 산체스와 그 친구들은 너무나 가슴이 아팠대요.
하루가 지나고 크리스마스 이브가 되었어요. 학교에서 선생님은 재미있는 이야기도 해주고 크리스마스 노래도 가르쳐 주었지만, 아이들은 계속 슬픔에 잠겨 있었어요. 선생님은 아이들을 기쁘게 해 주기 위해 함께 페페를 찾으러 가기로 했어요.

선생님과 아이들은 페페가 날아간 숲 속을 향해 걸어 가고 있는데 저 쪽에서 사냥꾼 한 명이 뛰어오는 것이었어요. 사냥꾼은 선생님에게 "혹시 학교 학생들 중에 없어진 학생이 있나요?" 라고 물었어요. 선생님은 아이들의 수를 세어 보더니 "아니요. 학생들은 여기 모두 있어요" 라고 대답했어요. 그러자 사냥꾼은 이상하다는 듯이 고개를 갸우뚱거리며 "알파벳으로 노래하는 소리가 들리던데, 숲 속에 학교가 생겼나?" 라고 말하며 갔대요. 이 말을 듣자마자 선생님과 아이들은 숲 속으로 뛰어갔어요. 소리가 들리는 쪽으로 다가가니 거기에 앵무새 한 무리가 나무 가지에 앉아 페페가 가르쳐 주는 알파벳 노래를 부르고 있었어요. 산체스가 "페페!" 하고 부르자 페페가 날아와 산체스의 어깨로 와 앉았어요. 다른 앵무새들도 아이들의 어깨에 날아와 앉았어요. 이제 산체스뿐 아니라 마을의 모든 아이들이 자기 앵무새를 가지게 되었대요. 아이들은 기뻐하며 마을로 내려가서 가장 큰 크리스마스 파티를 열었어요. 아이들과 앵무새들은 함께 'ABCDEFG' 하며 알파벳 노래를 즐겁게 불렀대요.

### 활 동 4 앵무새 인형 만들어 놀아보기

1) 이야기를 들은 소감을 나눈 후, 1인당 한 개씩의 앵무새 본을 나누어준다. 유아들이 앵무새 본에 색칠을 하면, 교사는 나무 젓가락을 스카치 테이프로 붙여준다.

- 앵무새 페페 이야기 재미있었니? 너희도 앵무새 한 마리씩 갖고 싶니? 그러면 우리 함께 페페 앵무새를 만들어보자.

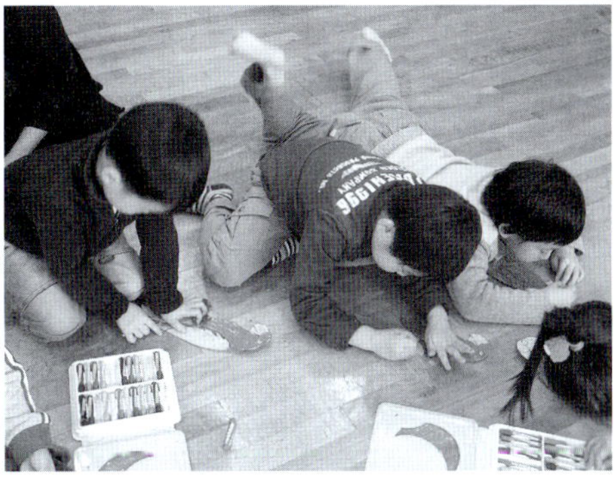

2) 교사의 해설에 따라 앵무새 막대 인형을 여러 가지 방식으로 조작해 보고 1인2역(자신과 앵무새)으로 대화를 나누어 본다.

- 앵무새들이 교실을 한 바퀴 날아가네요. 앵무새가 여러분 머리에 앉습니다. 무릎 위에도 앉고, 왼손 위에도 앉습니다. 어깨 위에 앉더니 여러분 귀를 부드럽게 톡톡 부리로 쪼아 댑니다. 느낌이 어떠니? 선생님이 여러분 왼손 바닥에 새 모이를 조금씩 줄 테니 그것을 앵무새에게 주세요.(한 명씩 학생들 손바닥 위에 새 모이를 놓아주는 몸짓을 취한다.) 자, 앵무새가 왼손 쪽으로 날아와 고개를 까닥이며 모이를 먹고 있네요.
- 그런데 이 앵무새의 이름은 무엇일까? 페페였지. 자, 페페와 인사해 볼까? (교사가 목소리를 바꾸어 가며 대화 나누는 것을 시범 보여준다) 안녕 페페, "안녕 ㅇㅇ야" / 페페 밥 먹었니? "응, 먹었어." / 뭐 먹었어? "콩이랑 쌀이랑 먹었어" 너희들도 페페와 인사해 보자. 그리고 페페한테 궁금한 것도 물어보고 말도 가르쳐 주렴.

### 활 동 5 학교에서

앵무새 인형을 가지고 학교 장면을 다함께 실연한다. 이때 아이들은 '아이' 와 '페페' 역할 두 가지를 번갈아가면서 하도록 한다.

- 우리가 모두 산체스가 될 거야. 페페를 너희들 어깨 위에 살짝 얹어보자. 이제 우리 모두 페페와 함께 학교에 가자.

교실을 한 바퀴 돈다. 보조교사가 안경 등의 소품을 사용하여 '학교 선생님' 역할로 나타난다. 교사는 산체스 역할로 아이들과 함께 한다.

학교 선생님 (보조교사) : 안녕, 애들아. 모두 같이 인사해보자. 페페도 선생님과 인사해보자. 페페, 안녕! (아이들이 페페 목소리로 인사하도록 유도한다.) 페페도 인사를 잘 하는구나. 오늘은 영어 공부를 하려고 해요. 우선 알파벳부터 배워보자. 선생님을 따라서 읽어보자. (칠판에 A, B, C, D, E, F, G를 하나씩 쓰면서 따라 읽도록 한다.) 이번에는 페페가 선생님을 따라해보세요. A! B! C! D! E! F! G! 페페도 영어를 잘 하네. 알파벳으로 노래도 부를 수 있단다. (알파벳 노래를 가르쳐준다.) 알파벳 노래를 산체스와 페페 중에 누가 더 잘하는지 볼까? 산체스 먼저 노래해보세요. 이번에는 페페만 해보세요. 잘 했어요. 오늘은 여기까지 배우고 다음에 더 배우도록 합시다. 참, 내일은 무슨 날인지 알아요? 크리스마스 이브에요. 그래서 내일은 학교에서 재미있는 파티를 열 거예요. 자, 우리 인사하고 집에 가자.( 공간을 한 바퀴 돌고 난 후 모여 앉게 한다.)

### 활 동 6 앵무새 찾기

1) 산체스가 집에 돌아 오는 길에 페페가 앵무새 무리를 따라가는 장면을 설명해주고, 페페 인형을 거두어 모아 놓는다.

- 학교에서 뭘 배웠니? 영어 알파벳을 배웠구나. 알파벳 노래 한 번 해보자. 이번엔 페페가 해보자. 우아, 정말 훌륭하다. 이렇게 산체스와 페페가 학교에서 열심히 공부하고 집으로 돌아가고 있는데, 저기 멀리서 앵무새 수십 마리가 날아왔어. 이것을 본 페페는 산체스의 어깨 위에서 날아 올라 자기 친구들을 쫓아갔어요. (아이들 한 명 한 명에게서 페페 인형을 받아 앵무새가 하늘로 날아가는 모습을 보여준다) 페페가 떠나가자 산체스는 어땠을

까? 그래, 매우 슬펐대. 그래서 집에 돌아와서 밥도 먹지 않고, 놀지도 않았대.

- 다음 날 산체스는 페페 없이 혼자 학교에 갔어. 그 날은 크리스마스 이브여서 선생님은 캐롤도 가르쳐 주고, 놀이도 함께 해주었어. 하지만, 산체스는 전혀 즐겁지 않았어. 왜냐하면 페페가 없었기 때문이지. 그래서 선생님은 아이들과 함께 페페를 찾으러 가기로 했어.

2) 보조교사는 '학교 선생님' 으로 아이들과 함께 교실을 한 바퀴 돌며 숲 속을 헤치고 가는 마임을 한다.

| | |
|---|---|
| 학교 선생님 (보조교사) : | 자, 얘들아. 우리 페페를 찾으러 갈까? 가시덤불도 있고, 무서운 동물들도 나오는 숲 속인데 갈 수 있니? 그래. 용기를 내서 찾으러 가자. (아이들과 함께 공간을 어느 정도 걸어가다가) 어, 진짜 가시덤불이 나왔네. 여기를 어떻게 지나가지? (아이들이 여러 가지 제안을 내면, 그 중에서 하나를 선택해서 가시덤불을 통과한다.) 다 통과했니? 지금부터는 숲 속에서 무서운 동물이 나올 지도 모르니까, 잘 살피면서 소리 내지 말고 가자. 어디선가 페페의 소리가 들리는지 잘 들어보자. |

3) 이때  교실 구석에 책상을 놓고 교사가 그 밑에서 학생들이 만든 앵무새 인형들을 두 손에 들고 알파벳 노래를 부른다.

학교 선생님 (보조교사) : 어디서 페페 소리가 들리니? 어디? (아이들의 안내를 받아 페페 쪽으로 간다) 여기 있네. 그런데 앵무새들이 무얼 하고 있는 거지? 아, 우리가 배운 영어 알파벳 노래를 연습하고 있구나. 페페가 친구들한테도 가르쳐주었나보다. 참 똑똑한 앵무새다, 그치? 이제 너희들이 한 명씩 다가가서 페페를 불러보렴. 그리고 페페한테 하고 싶은 얘기도 해줘.

4) 학생들이 한 명씩 책상 곁으로 다가가 "페페야, 이리와", "보고 싶었어", "내가 모이 줄게" 등의 말을 하도록 유도한다. 그러면 담임교사는 그 학생의 페페 인형을 조작하면서 페페가 되어 학생과 대화를 나눈다. 교사는 페페의 역할로서 "ㅇㅇ야, 안녕!", "나 많이 보고 싶었어?", "미안해. 이제 네 곁을 떠나지 않을게" 등의 말을 할 수 있을 것이다. 그리고는 페페 인형을 그 학생에게 넘겨준다. 모든 유아에게 이런 과정으로 페페 인형을 돌려준다.

## 활동 7 마무리

1) 페페 인형과 함께 '여행' 노래를 부르면서 교실을 한바퀴 돌아 원형으로 앉는다.

- 페페를 다시 만났을 때 기분이 어땠니? 페페에게 하고 싶은 말을 한 마디씩 해주자.
- 너희들에게도 페페 같은 좋은 친구가 있니?
- 페페를 집으로 데려가서 잘 돌봐주세요.

2) 세계지도에서 멕시코 부분에 스티커를 한 장씩 붙인다.

## 궁금해요??

**Q** 아이들이 과연 산체스와 앵무새 페페의 두 가지 역할을 헛갈리지 않고 잘 할 수 있을까요?

**A** 걱정하지 마세요. 아주 잘한답니다. 유연하고 빠르게 역할을 바꾸는 것에서 학생들마다 차이가 날 뿐, 자신과 대화를 나눈다는 개념은 모두 잘 이해를 합니다. 아이들은 두 가지 목소리를 번갈아내면서 말하는 것을 매우 즐깁니다. 그리고 이 프로그램

에는 유아들에게 말하고 싶은 욕구를 강력하게 불러일으키는 요소가 있습니다. 그래서 소극적이거나 몸짓 표현을 어려워했던 아이들이 특히 앵무새 막대 인형에 상당한 애정을 가지고 조작하면서 자연스럽게 자기를 표현하면서 적극적으로 말을 하는 모습을 발견하곤 하는데, 마치 애완동물을 다루는 것과 같은 느낌을 가지는 것 같았습니다. 이 프로그램을 잘 활용한다면 유아들의 언어 능력 개발을 자극할 수 있으며 또한 강력한 정서적인 몰입을 유도할 수 있을 것입니다. 실제 수업에서 프로그램 이후 학생들이 만든 페페 인형을 각자 집에 가지고 가도록 하였습니다. 일주일 후 "페페, 잘 있니?" 라고 물으니 "인형을 가지고 동생과 같이 놀았다", "인사도 하고 모이도 주었다" 라고 대답하였습니다. 집에서 지속적으로 인형을 가지고 놀이했다는 것을 알 수 있었습니다.

## 05 프랑스 —예술의 도시 파리

수업목표 : 프랑스의 거리와 사람들을 상상해서 공간을 꾸미고 몸을 가장한다.
명화 작품을 감상하며 자신의 느낌을 이야기한다.

준비자료 : 1) 프랑스 화가의 그림
2) 파리의 풍경 사진
3) 프랑스 국기를 그리기 위한 도화지와 크레파스
4) 가장놀이 재료 : 끈, 보자기나 스카프, 모자, 가방, 안경, 여러 종류의 악세사리(전날 아이들에게 집에서 이런 물품들을 1~2가지 정도 가지고 오도록 하여도 좋다)
5) 프랑스 음악
6) 공간 꾸미기에 사용할 수 있는 여러 종류의 큰 천
7) 바게트
8) 여행 가이드 복장 : 모자와 스카프, 프랑스 국기

공간 준비 : 교실 외 다른 공간(다른 교실이나 복도) 벽에 파리의 풍경 사진과 프랑스 화가의 그림들을 붙여놓는다.

### 활 동 1 여행 떠나기

- (커다란 바게트를 보여주며) 이 빵 이름이 뭐지? 바게트는 겉은 딱딱하지만 속은 부드럽지. 이 바게트를 처음으로 만든 나라가 어느 나라인지 알고 있니? 프랑스라고 한단다. 오늘은 프랑스로 여행을 떠나보자. (세계지도에서 프랑스의 위치를 알아본다.)

두 모둠으로 나누어서 ① 모둠이 먼저 '여행' 노래를 부르며 교실을 나가서 '파리' 로 꾸민 교실로 들어간 후, 여행 가이드(보조교사)의 안내를 받도록 한다. ① 모둠이 파리의 풍경과 그림을 둘러보는 동안, ② 모둠은 담임교사와 함께 프랑스의 국기를 만드는 작업을 한다. ① 모둠이 여행을 마치고 돌아오면 ② 모둠이 여행을 떠나고, 그 동안 ① 모둠은 국기를 만든다.

**여 행**[14)]

만약 나에게 비행기 한 대 있다면
나는 저 멀리 즐겁게 여행할 테야.

---

14) 이 노래는 앞의 〈인디언 마을〉 프로그램에 실린 〈여행〉 노래에서 가사를 바꾼 것이다.

바게트와 뾰족 에펠탑, 멋쟁이의 도시
나는 나는 프랑스 파리 가고 싶어요.
신나게 가자. 비행기 타고 훨훨
우리 모두 다 즐거운 여행 떠나자.

**활 동 2** 여기는 파리!

1) 아이들이 파리로 꾸민 교실로 들어올 때 프랑스의 노래를 틀어놓는다. 보조교사가 여행 가이드의 역할을 하며 프랑스의 국기를 들고 아이들을 맞는다.

여행 가이드 (보조교사) : 파리에 오신 것을 환영합니다. 여기는 프랑스의 수도 파리입니다. 여러분들은 모두 파리에 처음 오셨습니까? 여러분이 파리 관광하는 것을 돕기 위해서 제가 나왔습니다. 저는 여행 가이드라고 해요. 제가 여러분에게 파리의 이 곳 저 곳을 안내하겠습니다. 자, 그럼 이 쪽으로 오시죠.

2) 파리의 풍경 사진들을 보여주며, 간단하게 설명해준다.

**예 1** 몽마르트 언덕 사진

여행 가이드 (보조교사) : 이곳은 몽마르트 언덕입니다. 옛날부터 화가와 시인들이 여기에 모여 살았습니다. 지금도 이 언덕에는 지나가는 사람들의 그림을 그려주는 사람들이 많이 있지요. 여러분이 몽마르트의 화가가 되어서 저를 좀 그려보시겠어요? (보조교사는 모델이 되어 포즈를 취해준다. 유아들이 마임으로 그림을 그려보도록 한다.)

예 2 에펠탑

여행 가이드 (보조교사) : 이 탑의 이름은 무엇일까요? 힌트! 에펠이라는 사람이 만들었습니다. 네, 만든 사람 이름을 따서 에펠탑이라고 부른답니다. 이 속에 엘리베이터가 있어서 엘리베이터를 타고 꼭대기까지 올라갈 수 있답니다. 꼭대기에 올라가면 파리 시내가 아주 잘 보이겠죠?

예 3 야외 카페

여행 가이드 (보조교사) : 파리에는 차와 음식을 파는 카페들이 아주 많이 있어요. 카페들은 밖에 의자와 탁자를 내놓고는 손님들이 밖에서 차를 마실 수 있도록 해준답니다. 밖에서 차도 마시고 음식도 먹으면 기분이 좋겠죠?

예 4 빵집

여행 가이드 (보조교사) : 프랑스는 바게트로 아주 유명합니다. 여러분도 한 번 맛을 보시겠어요? (실제 바게트를 조금씩 나누어 준다.) 맛이 어떤가요?

3) 풍경 사진들을 둘러본 다음, 그림을 감상하도록 한다.

여행 가이드 (보조교사) : 파리를 둘러보셨는데, 어디가 가장 맘에 드십니까? 파리는 옛날부터 예술로 유명한 도시랍니다. 그래서 유명한 화가들이 파리로 몰려와서 그림을 그렸지요. 이제부터 그 화가들의 그림을 감상하겠습니다.

1. 장 프랑수아 밀레 〈이삭줍기〉

여행 가이드 (보조교사) : 이 그림을 그린 화가는 밀레예요. 밀레는 프랑스 노르망디 지방의 가난한 농부의 아들로 태어났어요. 밀레는 땅을 갈고 씨를 뿌리는 사람들을 그림으로 그렸어요. 그런데 이 당시에는 평범한 농부들의 생활을 그린 것이 큰 사건이었대요. 왜냐하면 이때는 귀족과 같이 높은 사람들만 그리는 게 당연하다고 생각했기 때문이래요. 이 농부들은 어떤 일을 하고 있을까요?

2. 클로드 모네 〈해돋이〉

여행 가이드 (보조교사) : 이 그림은 무엇을 그린 걸까요? 모네라는 화가가 해가 떠오르는 것을 실제 보고 너무나 아름다워 이 그림을 그렸대요. 그래서 그림의 제목도 해돋이랍니다.

3. 제르맹 에드가 드가 〈발레하는 소녀들〉

여행 가이드 (보조교사) : 그림 속의 이 사람은 누구일까요? 맞아요 발레하는 사람들. 드가라는 화가가 이 그림을 그렸는데, 드가는 가만히 있는 사람들을 그리기보다는 이렇게 움직이고 있는 사람들을 그렸답니다. 우리도 이 그림의 발레리나처럼 해볼까요?

④ 폴 고갱 〈타히티 섬의 처녀들〉

여행 가이드 (보조교사) : 이 그림에 나오는 사람들은 어느 나라의 사람들일까요? 타히티라는 섬에 사는 사람들이에요. 고갱이라는 화가가 파리에서 배를 타고 멀리 타히티까지 가서 그 곳 사람들을 그림으로 그린 것이랍니다. 그림에서 여자들이 왜 꽃을 귀에 걸었을까요? 남편을 구한다는 뜻이라고 합니다.

⑤ 빈센트 반 고흐 : 〈밤의 테라스 카페〉

여행 가이드 (보조교사) : 여기는 어디일까요? 아까 사진에서 야외 카페를 보았죠? 고흐라는 화가가 밤에 야외 카페 모습을 그린 것이랍니다. 이 사람들은 무슨 이야기를 하고 있을까요?

## 활 동 3 공간 꾸미기

활동 2에서 보았던 파리의 풍경 중에서 기억나는 곳 서너 장소를 교실 내의 의자나 책상, 천 등을 이용해서 꾸며본다.

- 파리 여행을 잘 다녀왔니? 어떤 곳이 가장 기억나니? 그러면 우리 교실을 파리로 꾸며보자.

- 세느강 : 푸른색 천을 길게 펼쳐놓는다.
- 에펠탑 : 의자로 탑을 쌓는다.
- 야외 카페 : 책상과 의자를 이용해서 만든다. 책상 위에는 컵이나 꽃을 갖다놓아도 좋다.
- 빵집 : 종이에 여러 가지 빵 모양을 그려서 진열해놓는다.
- 몽마르트 언덕 : 가방들을 작은 언덕 모양으로 쌓아놓고 천으로 뒤덮는다.

### 활동 4 우리는 파리의 멋쟁이!

스카프와 모자, 벨트, 가방, 안경, 머리 띠 등을 이용하여 멋쟁이로 가장한다.

- 파리에서 그림들도 보았니? 파리는 미술뿐 아니라 문학, 연극, 영화, 무용, 음악 등에서 훌륭한 예술가가 많이 나온 곳이란다. 이렇게 파리의 사람들이 예술을 사랑하고 아름다운 것을 좋아하기 때문에 파리를 예술의 도시라고 부르지. 그래서 파리에는 멋쟁이들이 아주 많대. 우리 다같이 멋쟁이로 꾸며볼까?

### 활동 5 거리의 패션쇼

두 명씩 샹송 음악에 맞추어 '파리 거리' 를 돌아다니다가 자신이 마음에 드는 장소에 가서 근사한 포즈로 얼음한다. 그 모습을 교사가 사진으로 찍어준다. 사진을 찍은 유아는 다시 걸어 나온다. 교사는 미리 패션 모델이 등퇴장할 곳을 일러둔다.

- 이제부터 우리는 파리의 패션 모델이 되어서 패션쇼를 해볼 거야. 패션쇼를 본 적이 있니? 패션쇼에서는 패션 모델이 근사한 옷을 입고 멋지게 걸어나와서 이렇게 폼을 여러 가지로 잡는단다. (교사가 약간의 시범을 보여준다.) 두 명씩 나와서 파리 거리를 맘껏 걸어다니다가 맘에 드는 곳에 가서 멋진 포즈로 얼음하고 있으렴. 그러면 선생님이 사진을 찍어줄게. 그러고나면 다시 걸어서 이 쪽으로 나오면 된단다. 선생님이 프랑스 사람들이 좋아하는 노래를 틀어줄게.

### 활 동 6 몽마르트 거리의 화가

1) 그림을 그리고 싶지 않은 유아들은 모델이 되어서 원하는 장소에서 포즈를 취해주고, 그림을 그리고 싶어하는 유아들은 모델들 중에서 아무나, 혹은 파리의 풍경들 중에서 아무 곳이나 하나 선택하여 그림을 그린다.

- 파리의 몽마르트 언덕에는 화가들이 많이 살고 있다고 했지? 이번에는 우리가 몽마르트의 멋쟁이 화가가 되어서 그림을 그려보자. 그림을 그리고 싶지 않은 사람은 그림의 모델이 되어서 포즈를 취해주세요.

2) 그림작업이 끝나면, 그것을 벽에다 붙여준다.

### 활 동 7 마무리

1) '여행' 노래를 부르며 공간을 한바퀴 돌아서 우리나라로 되돌아온다.
2) 세계지도를 보고 프랑스 위치에 스티커를 각각 한 개씩 붙인다.

- 너희들의 모습이 정말 멋져서 프랑스 화가들이 보면 그림으로 그리고 싶어하겠다. 오늘 너희들이 멋쟁이가 되기 위해서 돈을 많이 썼니? 돈을 하나도 안 쓰고 너희들이 집에서 가져온 것만 가지고도 멋쟁이가 되었지? 너희들처럼 파리 사람들도 매우 검소해서 비싼 옷을 잘 사지 않는대. 비싸지 않은 옷, 헌 가방과 구두를 가지고도 아름다운 멋을 내는 거지.
- 프랑스 파리에도 다녀오고, 거리에서 패션쇼도 해보았는데, 어땠니? 지금 이야기한 너희들의 느낌을 적어서 동시로 만들어볼까? (아이들의 느낌을 종합하여 하나의 동시로 만든다.)

### 후속활동

1) 우리나라 국기를 그리고, 그 의미를 알아본다.
2) 프랑스 사람들을 그린 그림을 감상한 다음, 그림 속에 나오는 사람들의 자세를 자신의 몸으로 취하여 본다. 세 명의 인물이 나오는 그림이라면, 세 명의 유아가 함께 얼음 조각상을 만드는 것이다.

## 궁금해요 ??

**Q** 위의 연극놀이에서는 가장하기가 주된 활동인 것 같은데, 화가들의 명화를 이용해서 연극놀이를 할 수 있는 방법 좀 소개해주세요.

**A** 명화, 사진, 그림책의 그림 등 다양한 시각자료들은 그 자체로 연극놀이 프로그램을 위한 좋은 자료가 됩니다. 연극놀이로 풀어낼 수 있는 방법도 여러 가지입니다. 크게는 다음 세 가지로 나누어 볼 수 있습니다.

▫그림을 움직임으로 표현해보기

대개는 구체적인 사물을 그린 것이 아닌 추상적 현대미술을 보면서 그림을 움직임으로 연상해보는 것이 가능합니다. 4~5 종류의 다른 움직임을 느낄 수 있는 그림들을 골라 모둠별로 하나씩 주고 움직임으로 표현해보고 그림을 다 함께 보는 방식으로 함께 나누어보면 어떨까요?

▫그림을 정지 조각상처럼 표현해보기

여러 인물들이 나오고 상황이 느껴지는 그림이라면 그림 속 상황을 얼음 조각상으로 표현해보는 것도 좋습니다. 미리 그 상황과 각 인물에 대해 이야기를 나눈 후라면 그 인물이 되어 한 마디 해보거나 움직이는 것도 가능할 것입니다. 익숙해진다면 그림 속 상황을 잠시 즉흥으로 해볼 수도 있겠지요. 이때 교사도 함께 그림 속 인물이 되는 것이 좋겠습니다.

▫그림 3장으로 이야기 구성하기

여러 그림들을 모아놓고 3장 정도를 골라 이야기를 구성해보는 활동은 6세 후반, 7세 유아라면 충분히 가능할 것입니다. 나오는 인물들을 중심으로 이야기의 순서를 정하고 시작 상황부터 마무리까지 이야기를 엮어봅니다. 그것을 글로 쓴다면 3장짜리 그림책이 되겠네요. 이렇게 구성한 이야기를 아이들이 좋아한다면 극화해보거나 간단한 발표를 위한 시나리오로 쓸 수 있답니다.

그 외에도 화가의 삶에 대해 극적인 상황으로 알아볼 수도 있고, 화가의 화풍을 이해하는 데도 연극놀이가 활용될 수 있을 듯해요. 한 번 상상력을 발휘해서 좋아하는 그림을 택해 도전해보세요.

# 참고문헌

교육과학기술부·보건복지부(2013a). 3-5세 연령별 누리과정 해설서.

교육과학기술부·보건복지부(2013b). 3-5세 연령별 누리과정 교사용 지침서.

김경철 외(2017). 유아교육과정. 서울 : 양서원

김선(1997). 교육연극에서의 리더의 접근방식 연구. 중앙대학교 대학원 석사학위 논문.

문화체육관광부·한국문화예술교육진흥원·용인문화재단·사다리연극놀이연구소(2016). 2016 유아 문화예술교육 〈계절이 보내준 선물〉 교안.

방인옥 외(2003). 유아교육과정. 서울 : 정민사.

비고츠키(2001). 아동의 상상력과 창조. 팽영일 역. 서울 : 창지사.

엘레나 보드로바 · 데보라 J. 리옹(1998). 정신의 도구 : 비고츠키 유아교육. 김억환 · 박은혜 역. 이화여자대학교 출판부.

이기숙(2003). 유아교육과정. 서울 : 교문사.

이은해, 지혜련, 이숙재 편역(1993). 놀이이론. 서울 : 창지사.

이정환 외(1995). 5세 어린이를 위한 유치원 교육과정 운영의 실제 : 세계 여러나라. 서울 : 교문사.

사다리연극놀이연구소(2002). 제 1회 유아교사를 위한 연극놀이 워크숍 자료집.

사다리연극놀이연구소(2003). 2003년 특수교사를 위한 연극놀이 워크숍 자료집.

사다리연극놀이연구소(1998). 열려라 연극놀이! : '98 사다리연극놀이연구소 활동사례 모음집.

정상원 사진집(2000). 장승. 서울 : 눈빛.

제인현(2002). "유아를 대상으로 하는 연극놀이의 현장사례 연구," 연극교육연구 제 8집 별쇄본. 한국연극교육학회.

최경숙(2005). 발달심리학. 서울 : 교문사.

한정혜(2000). 유아를 위한 연극놀이에서의 이야기극화 연구. 동국대학교 대학원 석사학위 논문.

황헌만(2005). 장승. 서울 : 열화당.

Bredekamp, Sue(1995). 발달에 적합한 유아교육 실제. 강숙현 외 역. 전남대학교 출판부.

Hughes, Fergus P(2003). 놀이와 아동발달. 김광웅 외 역. 서울 : 시그마프레스.

Sime, Mary(1997). 피아제가 보여주는 아이들의 인지세계. 문용린 역. 서울 : 학지사.

AATE(1987). *A Model Drama/Theatre Curriculum : Philosophy, Goals and Objectives*, New Orleans : Anchorage Press.

Ackroyd, Judith & Boulton, Jo(2001). *Drama Lessons for Five to Eleven-Year-Olds*, London : Fulton Publishers.

Bloomfield, Anne(2002). *Teaching Intergrated Arts in the Primary School*, London : David Fulton Publishers.

Bolton, Gavin(1979). *Towards a Theory of Drama in Education*, London : Longman.

Brown, Victoria & Pleydell, Sarah(1999). *The Dramatic Difference*, Porthmouth, NH : Heinemann.

Davis, Jed H. & Behm, Tom(1978). Terminology of Drama/Theatre with and for Children, *Children's Theatre Review, XXVII, 1.*

Fullwood, Rick(1994). *Drama:Ideas for Infant Teachers*, London : London Drama.

Gerke, Pamela & Landalf, Helen(1999). *Drama Curriculum for Kindergarten and First Grade*, Lyme : A Smith and Kraus Book.

Hendy, Lesley & Toon, Lucy(2001). *Supporting Drama and Imaginative Play in the Early Years*, Buckingham : Open University Press.

Jennings, Sue(1999). *Introduction to Developmental Playtherapy*, London : Jessica Kingsley Publishers.

Jennings, Sue(1973). *Introduction to Dramatherapy*, London : Jessica Kingsley Publishers.

Koste, Virginia Glassgow(1995). *Dramatic Play in Childhood*, Porthmouth, NH : Heinemann.

Neelands, Jonothan(1992). *Structuring Drama Work*, Cambridge : Cambridge University Press.

O' Toole, John(1992). *The Process of Drama*, London : Routledge.

Saldana, Johnny(1995). *Drama of Color*, Porthmouth : Heinemann.

Salisbury, Barbara(1992). *Theatre Arts : The Elementary Classroom*, New Orleans : Anchorage Press.

Somers, John(1994). *Drama in the Curriculum*, London : Cassell.

Spolin, Viola(1986). *Theater Games for the Classroom*, Illinois : Northwestern University Press.

Toye, Nigel & Prendiville, Francis(2000). *Drama and Traditional Story for the Early Years*, London : Routledge Falmer.

Ward, Winifred(1981). *Stories to Dramatize*, New Orleans : Anchorge Press.

Winston, Joe & Tandy, Miles(1999). *Beginning Drama 4-11*, London : David Fulton Publishers.

Warren, Kathleen(1999). *Hooked on Drama*, Katoomba : Social Science Press.

## 저자 소개


### 김 선

- 중앙대학교 대학원 연극학과 졸업(교육연극 전공)
- 사다리연극놀이연구소 연구원
- 사다리연극놀이아카데미 교장

### 한정혜

- 동국대학교 대학원 연극영화학과 졸업(교육연극 전공)
- 사다리연극놀이연구소 소장
- 백석예술대학교 극작가 강사

### 제인현

- 한양대학교 대학원 연극영화학과 졸업(아동극 전공)
- 사다리연극놀이연구소 연구원

### 이송은

- 중앙대학교 대학원 유아교육과 박사과정 졸업(문학박사)
- 동화가 있는 집 연구소 소장
- (사)한국책놀이지도사협회 이사장

[개정]

# 유아를 위한 연극놀이

초판 1쇄 발행 2007년 10월 25일
초판 4쇄 발행 2016년 8월 6일
개정 2쇄 발행 2020년 10월 14일

지은이 | 김 선 · 한정혜 · 제인현 · 이송은

펴낸이 | 김기섭
편집인 | 이윤희
펴낸곳 | 창지사 www.changjisa.com
08589 서울시 금천구 가산디지털 1로 83 파트너스타워 1차 9층
전화 (02) 719-2211~3
팩스 (02) 701-9386
등 록 | 1977년 4월 28일 · 제 1-421호



ISBN 978-89-426-1179-9 (93370)

KOMCA

값 19,000원

이 도서의 국립중앙도서관 출판예정도서목록(CIP)은 서지정보유통시스템 홈페이지(http://seoji.nl.go.kr)와 국가자료공동목록시스템(http://www.nl.go.kr/kolisnet)에서 이용하실 수 있습니다.(CIP 제어번호: CIP2018032865)